23. **Unfallversicherungsgesetz** und Gesetz über die Ausdehnung der Unfall- und Krankenversicherung. Von Dr. **E. von Woedtke,** Direktor im Reichsamt des Innern. Fünfte Auflage. 2 M.

24. Reichsgesetz, betr. die **Kommanditgesellschaften auf Aktien und die Aktiengesellschaften.** Von **H. Keyssner,** Kammergerichtsrath und Dr. **H. Veit Simon,** Rechtsanwalt. Vierte Auflage. 1 M.

25. Reichsgesetz wegen **Erhebung der Brausteuer** vom 31. Mai 1872 mit Ausführungsvorschriften. Von **E. Bertho,** Regierungsrath. 1 M. 60 Pf.

26. Die Reichsgesetzgebung über **Münz- und Notenbankwesen,** Papiergeld, Prämienpapiere und Reichsanleihen. Von Dr. jur. **R. Koch,** Präsident des Reichsbankdirektoriums. Dritte Auflage. 2 M. 80 Pf.

27. Reichsgesetzgebung, betr. das **Gesundheitswesen** für Behörden, Aerzte, Apotheker und Gewerbetreibende. Von Dr. jur. **C. Goesch** und Dr. med. **J. Karsten.** 1 M. 60 Pf.

Zu beziehen durch jede Buchhandlung.
Verlag von **J. Guttentag,** G. m. b. H. in Berlin SW.48.

läuterungen von **Herm. Jastrow,** Amtsgerichtsrath. Preis 1 M. 80 Pf.

47. Das **deutsche Vormundschaftsrecht** und das preuß. Gesetz, betr. die Unterbringung verwahrloster Kinder vom 13. März 1878. Mit Einleitung und Erläuterungen von **Max Schultzenstein,** Oberverwaltungsgerichtsrath und Amtsgerichtsrath Dr. **Köhne.** Preis 2 M. 80 Pf.

48. Gesetze und Verordnungen, betreffend den **Drogen-, Gift- und Farbenhandel** außerhalb der Apotheken unter besonderer Berücksichtigung des Königreichs Preußen. Von Dr. **Broh,** Rechtsanwalt. 1 M. 25 Pf.

49. Die **Kolonialgesetzgebung.** Von Professor Dr. **Philipp Zorn.** (In Vorbereitung.)

50. Der **Viehkauf** (Viehgewährschaft) nach dem Bürgerlichen Gesetzbuche. Text-Ausgabe mit Erläuterungen und Sachregister von Dr. **Hans Stölzle,** Rechtsanwalt in Kempten (Bayern). Mit einem Anhang: Verordnung, betreffend die Hauptmängel und Gewährsfristen beim Viehhandel. Vom 27. März 1899. Erläutert von Heinrich Weiskopf, Königl. Kreisthierarzt in Augsburg. ca. 1 M. 50 Pf.

Guttentag'sche Sammlung
Nr. 1. Deutscher Reichsgesetze. Nr. 1.
Text-Ausgaben mit Anmerkungen.

Verfassung
des
Deutschen Reichs.

(Gegeben Berlin, den 16. April 1871.)

Text-Ausgabe mit Ergänzungen, Anmerkungen
und Sachregister

von
Dr. L. v. Rönne.

Achte neubearbeitete Auflage

von
Paul v. Rönne,
Landrath.

Berlin SW.[48]
Wilhelmstraße 119/120.
J. Guttentag, Verlagsbuchhandlung,
G. m. b. H.
1899.

Abkürzungen.

Abs. = Absatz.
ad. v. = ad vocem.
Art. = Artikel.
BG. = Bundesgesetz.
BGB. = Bundesgesetzblatt.
D. R. = Deutsches Reich.
G. = Gesetz.
GB. f. Elf.-Lothr. = Gesetzblatt für Elsaß-Lothringen.
Guttentag's Gesetzgebung = Die Gesetzgebung des Deutschen Reiches von der Gründung des Nordd. Bundes bis auf die Gegenwart. Berlin, J. Guttentag, Verlagsbuchhandlung.
Guttentag'sche Samml. D. Reichsgesetze = Guttentag'sche Sammlung Deutscher Reichsgesetze. Berlin, J. Guttentag, Verlagsbuchhandlung.
Pr. GS. = Preußische Gesetzsammlung.
Prot. = Protokoll.
RCB. = Centralblatt für das Deutsche Reich.
RG. = Reichsgesetz.
RGB. = Reichsgesetzblatt.
Reichsverf. = Reichsverfassung.
V. = Verordnung.
Vertr. = Vertrag.
Zus. = Zusatz.

Vorbemerkung.

Die von dem Enkel des Verfassers der ersten sechs Auflagen bearbeitete achte Auflage der „Verfassung des Deutschen Reichs“ enthält in ihrer Einleitung die gedrängte Darstellung der Entstehungsgeschichte des Reichsgrundgesetzes. Hieran schließen sich unter I. das Gesetz v. 16. April 1871, betreffend die Verfassung des Deutschen Reichs (das sogenannte Einführungsgesetz) und unter II. die Verfassung selbst. Zu dem Einführungsgesetze sind, in den Anlagen I. bis VIII., die in demselben in Bezug genommenen Vertragsbestimmungen und das Gesetz v. 22. April 1871, betreffend die Einführung Norddeutscher Bundesgesetze in Bayern, vollständig mitgetheilt. Zum Texte der Verfassung sind die dieselbe ergänzenden, beziehungsweise erläuternden Reichsgesetze bei den betreffenden Artikeln gleichfalls ihrem vollständigen Wortlaute nach, und die in der Schlußbestimmung zum Abschn. XI. der Reichsverfassung in Bezug genommenen Bestimmungen des Bündnißvertrages mit Bayern v. 23. November 1870 unter III. § 5 und der Militärkonvention mit Württemberg v. 21./25. November 1870* in den Anlagen IX. und X. gegeben. Außerdem sind zu jedem Artikel die darauf gegründeten, bis jetzt ergangenen Bundes-, beziehungsweise Reichsgesetze, und die auf dieselben bezüglichen durch das Centralblatt für das Deutsche Reich veröffentlichten Ausführungserlasse in systematischer Anreihung an die Bestimmungen der Verfassung angegeben. Die auf Grund des Art. 4 Nr. 13 der Reichsverfassung bis jetzt erlassenen Bundes-, beziehungsweise Reichsgesetze sind in einer besonderen Uebersicht (Anlage XI.) zusammengestellt. Insbesondere hat auch die das Reichsland Elsaß-Lothringen betreffende Reichsgesetzgebung vollständige Berücksichtigung gefunden. Uebrigens möge hier noch darauf hingewiesen werden, daß das im Verlage von J. Guttentag erschienene Werk: „Die Gesetzgebung des Deutschen Reiches von der Gründung des Norddeutschen Bundes bis auf die Gegenwart" den vollständigen Abdruck sämmtlicher bis einschließlich 1885 ergangenen Reichsgesetze mit allen zu denselben erlassenen Ausführungsbestimmungen und amtlichen Erläuterungen enthält. 1)

---

1) Vgl. die im Verlage von J. Guttentag erschienene „Systematische Zusammenstellung des gesammten geltenden Reichsrechtes" von Dr. A. Glock.

Zur Geschichte
der
Verfassung des Deutschen Reichs.

(Vgl. die Einleitung zu v. Rönne's Staatsrecht des Deutschen Reiches. Zweite Auflage. Leipzig, 1876.)

In dem Friedenstraktate von Preßburg v. 26. Dez. 1805 hatte Oesterreich die neu geschaffenen Königskronen von Bayern und Württemberg und die volle Souverainetät dieser Staaten, sowie Badens anerkannt. Am 17. Juli 1806 unterzeichneten in Paris die Gesandten von sechszehn deutschen Fürsten die Rheinbundsakte v. 12. Juli 1806 und sagten sich förmlich vom Deutschen Reiche los. Am 6. August 1806 legte Kaiser Franz II. die Römisch-Deutsche Kaiserkrone nieder und erklärte das reichsoberhauptliche Amt und die Würde für erloschen. In dem Posener Friedenstraktate v. 11. Dez. 1806 trat Sachsen dem Rheinbunde bei; die übrigen kleineren Norddeutschen Staaten wurden gleichfalls Mitglieder desselben. Durch Dekret Napoleons v. 7. Dez. 1807 wurde auch das neu geschaffene Königreich Westfalen für einen Bestandtheil des Rheinbundes erklärt, welcher nun alle Deutschen Staaten, mit Ausnahme von Oesterreich, Preußen, Schwedisch-Pommern und Holstein, umfaßte. Derselbe löste sich indeß in Folge des zwischen

Preußen und Rußland am 28. Febr. 1813 zu Kalisch geschlossenen Bündnisses stillschweigend wieder auf.

In dem Art. 6 des Pariser Friedensvertrages v. 30. Mai 1814 wurde festgesetzt, „daß die Staaten Deutschlands unabhängig und durch ein föderatives Band vereinigt sein sollten". Obgleich in dem Aufrufe von Kalisch v. 13. (25.) März 1813 im Namen der Herrscher von Rußland und Preußen den Deutschen die „Wiedergeburt ihres ehrwürdigen Reiches" feierlich verheißen war, so erfolgte diese doch keineswegs. Auf dem am 1. Nov. 1814 zu Wien eröffneten Kongresse kam vielmehr nur die Deutsche Bundesakte v. 8. Juni 1815 zu Stande, und in Folge der weiteren zu Wien gehaltenen Ministerialkonferenzen die sogen. Wiener Schlußakte v. 15. Mai 1820, welche durch Beschluß der Bundesversammlung v. 8. Juni 1820 als ein „der Bundesakte an Kraft und Gültigkeit gleiches Grundgesetz" anerkannt wurde.

Der in Folge der Märzereignisse des Jahres 1848 unternommene Versuch, den Deutschen Staatenbund in einen Bundesstaat umzuwandeln, blieb erfolglos. Die Bundesversammlung ordnete durch den Beschluß v. 7. April 1848 die Wahlen zur „Deutschen Nationalversammlung" an. Die von dieser unterm 28. März 1849 beschlossene „Verfassung des Deutschen Reiches" (RGB. v. 28. April 1849) konnte indeß nicht in's Leben treten, da der von der Deutschen Nationalversammlung in Frankfurt a. M. zum erblichen Kaiser erwählte König von Preußen die ihm angebotene Deutsche Kaiserwürde ablehnte.

Die nunmehr von den Regierungen der Deutschen Staaten unternommenen Versuche, auf dem Wege der Vereinbarung der Einzelstaaten einen Deutschen Bundesstaat zu begründen, blieben gleichfalls ohne Resultat und endeten mit der „Reaktivirung der Bundesversammlung" und der vollständigen Restauration der Bundesverfassung von 1815.

Auch der im Jahre 1863 von Oesterreich gemachte Versuch, eine Reform des Deutschen Bundes herbeizuführen, hatte keinen Erfolg.

Die Entwickelung des Schleswig-Holsteinischen Konfliktes führte nunmehr zum offenen Bruche zwischen Oesterreich und Preußen. Nachdem die Majorität der Bundesversammlung in der Sitzung v. 14. Juni 1866 gegen den Protest Preußens den Antrag Oesterreichs auf „Mobilmachung sämmtlicher nicht Preußischer Bundesarmeekorps" angenommen hatte, erklärte der Preußische Bundestagsgesandte im Namen und auf Befehl des Königs, „daß Preußen durch den gedachten Beschluß den bisherigen Bundesvertrag für gebrochen und deshalb nicht mehr verbindlich ansehe, denselben vielmehr als erloschen betrachten und behandeln werde." Gleichzeitig erklärte jedoch der Preußische Gesandte, „daß der König mit dem Erlöschen des bisherigen Bundes keineswegs die nationalen Grundlagen, auf denen der Bund aufgebaut gewesen, als zerstört betrachten wolle, sondern daß Preußen an diesen Grundlagen und an der über die vorübergehenden Formen erhabenen Einheit der Deutschen Nation festhalte und es als eine unabweisliche Pflicht der Deutschen Staaten ansehe, für die letzteren den entsprechenden Ausdruck zu finden." Mit dieser Erklärung legte die Preußische Regierung ihrerseits die „Grundzüge einer neuen, den Zeitverhältnissen entsprechenden Einigung v. 10. Juni 1866 vor, indem sie sich bereit erklärte, „auf den alten, durch eine solche Reform modifizirten Grundlagen einen neuen Bund mit denjenigen Deutschen Regierungen zu schließen, welche hierzu die Hand reichen wollten."

Der Sieg Preußens über Oesterreich und die mit diesem verbündeten Deutschen Staaten führte dahin, daß der Kaiser von Oesterreich im Art. 2 der Friedenspräliminarien von Nikolsburg v. 26. Juli 1866 und demnächst im Art. 4 des Friedensvertrages von Prag v. 23. August 1866 die „Auflösung des Deutschen Bundes" anerkannte und seine Zustimmung zu einer Gestaltung Deutschlands ohne Betheiligung des Oesterreichischen Kaiserstaates ertheilte, indem er zugleich versprach, „das engere Bundesverhältniß anzuerkennen, welches der König von Preußen nördlich von der Mainlinie begründen werde," und sich damit einverstanden erklärte, „daß die südlich von dieser Linie gelegenen Deutschen Staaten in einen Verein treten, dessen nationale Verbindung mit dem Norddeutschen Bunde der näheren Verständigung vorbehalten bleibe und der eine internationale und unabhängige Existenz haben werde."

An Stelle des bisherigen „Deutschen Bundes" trat nunmehr zunächst der neu errichtete „Norddeutsche Bund". Preußen, welches das Königreich Hannover, das Kurfürstenthum Hessen, das Herzogthum Nassau, die Herzogthümer Schleswig und Holstein, die freie Stadt Frankfurt und die ihm von Bayern und dem Großherzogthume Hessen abgetretenen Gebietstheile der Preußischen Monarchie einverleibte, hatte mit Sachsen-Weimar, Oldenburg, Braunschweig, Sachsen-Altenburg, Sachsen-Koburg-Gotha, Anhalt, Schwarzburg-Sondershausen, Schwarzburg-Rudolstadt, Waldeck, Reuß jüngere Linie, Schaumburg-Lippe, Lippe, Lübeck, Bremen und Hamburg unterm 18. August 1866 einen Bündnißvertrag (Pr. GS. S. 626) errichtet, welchem Mecklenburg-Schwerin und Mecklenburg-Strelitz mittelst Vertrages v. 21. August 1866 (a. a. O. S. 631) beigetreten waren, und in welchem vereinbart war, daß auf der Basis der Grundzüge v. 10. Juni 1866, unter Mitwirkung eines gemeinschaftlich zu berufenden Parlamentes, eine Bundesverfassung festgestellt werden solle. Diesem Bündnißvertrage traten in den mit ihnen abgeschlossenen Friedensverträgen die Regierung des Großherzogthums Hessen für ihre nördlich des Mains gelegenen Gebietstheile, die Regierungen von Sachsen-Meiningen und Reuß ältere Linie und schließlich der König von Sachsen bei. Zufolge der von den verbündeten Regierungen getroffenen Vereinbarung ergingen in den sämmtlichen betheiligten Staaten im Wesentlichen übereinstimmende Wahlgesetze auf der Grundlage des von der Deutschen Nationalversammlung in Frankfurt beschlossenen Reichswahlgesetzes v. 12. April 1849, und nachdem hiernach am 12. Februar 1867 die allgemeinen Wahlen stattgefunden hatten, wurde von dem Könige von

Preußen mittelst Patents v. 13. Febr. 1867 (Pr. GS. S. 205) das gewählte Parlament zum 24. Febr. 1867 nach Berlin einberufen. In der Sitzung v. 4. März 1867 wurde demselben der von den verbündeten Regierungen vereinbarte „Entwurf der Verfassung des Norddeutschen Bundes" zur Beschlußnahme vorgelegt. Von dem Reichstage wurde dieser Entwurf in einundvierzig Punkten abgeändert und in dieser veränderten Gestalt mit 230 gegen 53 Stimmen angenommen (Sten. Ber. des konstituirenden Reichstages Bd. 1 S. 729). Die verbündeten Regierungen traten den vom Reichstage beschlossenen Abänderungen bei, und der Präsident der Bundeskommissarien erklärte hierauf in der Sitzung des Reichstages v. 17. April 1867 (Sten. Ber. a. a. O. S. 731) im Auftrage des Königs von Preußen und auf Grund der demselben von den verbündeten Regierungen übertragenen Machtvollkommenheit die Verfassung durch die zum Norddeutschen Bunde verbündeten Regierungen für angenommen.

Nachdem auch die Landesvertretungen der Einzelstaaten des Bundes, beziehungsweise die Bürgerschaften der freien Städte, ihre verfassungsmäßige Zustimmung ertheilt hatten, erfolgte die obrigkeitliche Publikation der Bundesverfassung in sämmtlichen Staaten des Bundes. Durch das Publikandum des Bundespräsidiums v. 26. Juli 1867 (BGB. S. 1) wurde demnächst (unter Abdruck der Bundesverfassung) bekannt gemacht, daß dieselbe, nachdem sie von dem Könige von Preußen und den sämmtlichen übrigen Fürsten der verbündeten

Staaten, beziehungsweise von den Senaten der freien Städte, mit dem zu diesem Zwecke berufenen Reichstage vereinbart worden, unterm 25. Juni 1867 verkündet worden sei und am 1. Juli 1867 die Gesetzeskraft erlangt habe. Zugleich erklärte der König von Preußen am Schlusse des Publikandums v. 26. Juli 1867, daß er die ihm durch die Verfassung des Norddeutschen Bundes übertragenen Rechte, Befugnisse und Pflichten für sich und seine Nachfolger an der Krone Preußens übernehme.

Der Art. 79 der Verfassung des Norddeutschen Bundes hatte in Betreff der vier Süddeutschen Staaten nicht allein die Bestimmung getroffen, daß die Beziehungen des Bundes zu denselben durch besondere Verträge zu regeln, sondern auch vorgeschrieben, daß ihr Eintritt in den Nordbund auf den Vorschlag des Bundespräsidiums im Wege der Bundesgesetzgebung erfolgen könne.

Der von Frankreich im Juli 1870 auf Deutschland unternommene Angriff und die in diesem Kriege von den Deutschen Fürsten und Stämmen gemeinsam erkämpften Siege hatten das Deutsche Volk und seine Fürsten mit der Ueberzeugung erfüllt, daß es zwischen dem Norden und Süden Deutschlands eines festeren Bandes bedürfe, als der völkerrechtlichen Verträge, und daß die Zeit gekommen sei für die volle staatliche Vereinigung aller Theile Deutschlands. Dies bestimmte die sämmtlichen Süddeutschen Regierungen, mit dem Norddeutschen Bunde zur Begründung eines „Deutschen Bundes“ in Verhandlungen zu treten. Das Resultat waren: a) die Vereinbarung v. 15. Nov. 1870 zwischen dem Norddeutschen Bunde, Baden und Hessen über Gründung des Deutschen Bundes und Annahme der Bundesverfassung (BGB. 1870 S. 650), b) der Vertrag v. 25. Nov. 1870 zwischen dem Norddeutschen Bunde, Baden und Hessen einerseits und Württemberg andererseits, betr. den Beitritt Württembergs zur Verfassung des Deutschen Bundes (BGB. 1870 S. 654), und c) der Vertrag v. 23. Nov. 1870, betr. den Beitritt Bayerns zur Verfassung des Deutschen Bundes (BGB. 1871 S. 9).

Dem zum 24. Nov. 1870 einberufenen Reichstage des Norddeutschen Bundes wurden nunmehr die gedachten Verträge nebst den dazu gehörigen Protokollen und Anlagen im Namen des Präsidiums des Norddeutschen Bundes und mit dem Bemerken, daß der Bundesrath denselben mit der nach Art. 78 der Bundesverfassung erforderlichen Mehrheit seine Zustimmung ertheilt habe, zu verfassungsmäßiger Genehmigung vorgelegt, welche derselbe ertheilte. (Sten. Ber. des Reichstages des Nordd. Bundes v. 5. bis 9. Dez. 1870.)

Der Bundesrath des Norddeutschen Bundes brachte nunmehr, im Einverständnisse mit den Regierungen von Bayern, Württemberg, Baden und Hessen, bei dem Reichstage des Norddeutschen Bundes die „Herstellung der Deutschen Kaiserwürde" in Vorschlag. Mittelst Vorlage des Kanzlers des Norddeutschen Bundes v. 9. Dez. 1870 (Sten. Ber. des Reichstages, Aktenst. Nr. 31 S. 114) wurde beantragt, daß der Deutsche Bund den Namen

Deutsches Reich, und der König von Preußen als Bundespräsident den Namen Deutscher Kaiser führen solle. Der Reichstag des Norddeutschen Bundes trat dieser Abänderung der Verfassung am 10. Dez. 1870 (mit 188 gegen 6 Stimmen) bei (Sten. Ber. des Reichstages Bd. 1 S. 167 ff. u. S. 181 ff.). Die Proklamirung der Herstellung der Kaiserwürde erfolgte durch den König von Preußen zu Versailles am 18. Jan. 1871 und ward an demselben Tage dem Deutschen Volke durch Proklamation v. 18. Jan. 1871 (Königl. Preuß. Staats-Anzeiger v. 18. Jan. Nr. 19) verkündet.

Nachdem solchergestalt die „Verfassung des Deutschen Reiches" zwischen den gesetzgebenden Faktoren des bisherigen Norddeutschen Bundes und den Regierungen der vier Süddeutschen Staaten auf dem im Art. 79 der Verfassung des bisherigen Norddeutschen Bundes vorgesehenen Wege vereinbart und festgestellt worden war, ertheilten auch die Landesvertretungen der vier Süddeutschen Staaten ihre dazu verfassungsmäßig erforderliche Genehmigung. (Vgl. v. Rönne's Staatsrecht des D. Reiches 2. Aufl. Bd. I S. 21—25.)

Auf Grund der Verordnung des Deutschen Kaisers v. 3. Jan. 1871 (BGB. S. 7) fanden am 3. März 1871 im ganzen Reiche die Wahlen zum ersten Deutschen Reichstage nach dem Reichswahlgesetze v. 31. Mai 1869 statt und auf Grund der Kaiserl. V. v. 26. Febr. 1871 (a. a. O. S. 47) trat am 21. März 1871 der erste Deutsche Reichstag in Berlin zum ersten Male zusammen und wurde von dem Kaiser in Person feierlich eröffnet. (Vgl.

die Thronrede in den Sten. Ber. des D. Reichstages 1871 S. 2—3.)

Der Gang der Verhandlungen, welche zur Gründung des Deutschen Reiches geführt haben, hatte zur Folge gehabt, daß das Verfassungsrecht des letzteren in drei verschiedenen Urkunden, nämlich in der zwischen dem Norddeutschen Bunde, Baden und Hessen am 15. Nov. 1870 vereinbarten Verfassung, in dem Vertrage zwischen dem Norddeutschen Bunde und Bayern v. 23. Nov. 1870 und in dem Vertrage zwischen dem Norddeutschen Bunde, Baden und Hessen einerseits und Württemberg andererseits v. 25. Nov. 1870, enthalten war. Diese Zerstreuung der Grundlagen, auf welchen der politische Zustand Deutschlands beruhte, erschien als ein Uebelstand und die Zusammenfassung der in den verschiedenen Urkunden enthaltenen Verfassungsbestimmungen in einem einzigen Dokumente als ein Bedürfniß. Außerdem fehlte dem Texte der Verfassung die Konsequenz der Terminologie, weil in demselben die erst nach der Unterzeichnung der drei Urkunden beschlossene Annahme des Namens des „Deutschen Reiches" und der Wiederherstellung der „Deutschen Kaiserwürde" nicht vollständig durchgeführt worden war. Um diesen formellen Mißständen abzuhelfen, wurde dem ersten Deutschen Reichstage unterm 21. März 1871 von dem Bundeskanzler im Namen des Kaisers der „Entwurf eines Gesetzes, betr. die Verfassung des Deutschen Reiches" (Sten. Ber. des D. Reichstages Aktenst. Nr. 4) zur verfassungsmäßigen Beschlußnahme vorgelegt, welchem eine anderweitige Redaktion der „Verfassungsurkunde für das Deutsche Reich“ beigefügt wurde. Der Reichstag hat sowohl den neu redigirten Entwurf der Verfassungsurkunde, als auch den Entwurf des Einführungsgesetzes, — unter Ablehnung sämmtlicher Abänderungsanträge, — unverändert angenommen. (Vgl. die Sten. Ber. v. 27. März und v. 1., 3. und 14. April 1871.) Materielle Aenderungen des Verfassungsrechtes enthält die neue Redaktion nicht, außer einer Bestimmung, welche in den früheren Dokumenten nicht vorkommt, nämlich die Bestimmung im Art. 8, nach welcher der durch den Vertrag v. 23. Nov. 1870 Nr. II. § 6 geschaffene Ausschuß des Bundesrathes für die auswärtigen Angelegenheiten, außer den Bevollmächtigten von Bayern, Sachsen und Württemberg, aus zwei vom Bundesrathe alljährlich zu wählenden Bevollmächtigten anderer Bundesstaaten bestehen soll. Nicht aufgenommen sind die auf die Einführung Norddeutscher Gesetze als Bundesgesetze bezüglichen transitorischen Bestimmungen, welche der Art. 80 der mit Baden und Hessen vereinbarten Verfassung, der Vertrag mit Bayern v. 23. Nov. 1870 unter III. § 8, und der Art. 2 Nr. 6 des Vertrages v. 25. Nov. 1870 zwischen dem Norddeutschen Bunde, Baden und Hessen einerseits und Württemberg andererseits enthält, indem diese Bestimmungen nicht zum Verfassungsrechte des Reiches gehören, sondern ihre richtige Stelle in dem die Verfassung verkündenden Gesetze finden. Auch die in den Verträgen und Schlußprotokollen enthaltenen Verabredungen, theils vorübergehenden, theils erläuternden, theils administrativen Charakters, haben keine Aufnahme in die neu redigirte Verfassung gefunden; ihre fortdauernde Geltung ist jedoch durch den § 3 des Einführungsgesetzes außer Zweifel gestellt.

Der von dem Bundesrathe und dem Reichstage genehmigte Entwurf des Einführungsgesetzes, nebst der demselben beigefügten Verfassungsurkunde für das Deutsche Reich, haben ihre Sanktion durch das Gesetz v. 16. April 1871, betreffend die Verfassung des Deutschen Reiches (BGB. S. 63 Nr. 628) erhalten. Die dieses Gesetz publizirende Nr. 16 des Bundesgesetzblattes ist zu Berlin am 20. April 1871 ausgegeben worden.

Durch das Reichsgesetz v. 9. Juni 1871 (RGB. S. 212) sind die von Frankreich an Deutschland abgetretenen Gebiete Elsaß und Lothringen mit dem Deutschen Reiche vereinigt und zufolge des Reichsgesetzes v. 25. Juni 1873 (RGB. S. 161) ist in diesem Reichslande die Verfassung des Deutschen Reichs (vom 1. Jan. 1874 an) in Wirksamkeit getreten.

Endlich hat das Bundesgebiet eine Vergrößerung durch den Erwerb von Helgoland erfahren. Durch das Reichsgesetz vom 15. Dezember 1890 (RGB. S. 207) ist die Insel Helgoland nebst Zubehörungen mit dem Deutschen Reiche vereinigt worden. Mit dem Tage der Einverleibung der Insel in den preußischen Staat[1]) (§ 1 Abs. 2 a. a. O.) trat die Verfassung des Deutschen Reichs, mit Ausnahme des Abschnitts VI über das Zoll- und Handelswesen, auf der Insel in Geltung.

---

[1]) Gesetz v. 18. Febr. 1891, betr. die Vereinigung der Insel Helgoland mit der Preußischen Monarchie (Pr. GS. S. 11.)

I.

Gesetz,

betreffend

die Verfassung des Deutschen Reichs.

Vom 16. April 1871.

(BGB. Nr. 16 S. 63.)

Wir **Wilhelm**, von Gottes Gnaden Deutscher Kaiser, König von Preußen 2c. verordnen hiermit im Namen des Deutschen Reichs, nach erfolgter Zustimmung des Bundesrathes und des Reichstages, was folgt:

§. 1. An die Stelle der zwischen dem Norddeutschen Bunde und den Großherzogthümern Baden und Hessen vereinbarten Verfassung des Deutschen Bundes (Bundesgesetzbl. vom Jahre 1870. S. 627. ff.), sowie der mit den Königreichen Bayern und Württemberg über den Beitritt zu dieser Verfassung geschlossenen Verträge vom 23. und 25. November 1870. (Bundesgesetzbl. vom Jahre 1871. S. 9. ff. und vom Jahre 1870. S. 654. ff.) tritt die beigefügte

Verfassungs-Urkunde für das Deutsche Reich.

§. 2. Die Bestimmungen in Artikel 80. der in §. 1. gedachten Verfassung des Deutschen Bundes (Bundesgesetzbl. vom Jahre 1870. S. 647.),[1] unter III. §. 8. des Vertrages mit Bayern vom 23. November 1870. (Bundesgesetzbl. vom Jahre 1871. S. 21. ff.),[2] in Artikel 2 Nr. 6. des Vertrages mit Württemberg vom 25. November 1870.

---

[1]) Vgl. unten Anlage I. [2]) Vgl. unten Anlage II.

(Bundesgesetzbl. vom Jahre 1870. S. 656.),[1]) über die Einführung der im Norddeutschen Bunde ergangenen Gesetze in diesen Staaten bleiben in Kraft.

Die dort bezeichneten Gesetze sind Reichsgesetze. Wo in denselben von dem Norddeutschen Bunde, dessen Verfassung, Gebiet, Mitgliedern oder Staaten, Indigenat, verfassungsmäßigen Organen, Angehörigen, Beamten, Flagge u. s. w. die Rede ist, sind das Deutsche Reich und dessen entsprechende Beziehungen zu verstehen.

Dasselbe gilt von denjenigen im Norddeutschen Bunde ergangenen Gesetzen, welche in der Folge in einem der genannten Staaten eingeführt werden.[2])

§. 3. Die Vereinbarungen in dem zu Versailles am 15. November 1870. aufgenommenen Protokolle (Bundesgesetzbl. vom Jahre 1870. S. 650. ff.),[3]) in der Verhandlung zu Berlin vom 25. November 1870. (Bundesgesetzbl. vom Jahre 1870. S. 657.),[4]) dem Schlußprotokolle vom 23. November 1870. (Bundesgesetzbl. vom Jahre 1871. S. 23. ff.),[5]) sowie unter IV. des Vertrages mit Bayern vom 23. November 1870. (a. a. O. S. 21. ff.)[6]) werden durch dieses Gesetz nicht berührt.

Urkundlich unter Unserer Höchsteigenhändigen Unterschrift und beigedrucktem Kaiserlichen Insiegel.

Gegeben Berlin, den 16. April 1871.

(L. S.) **Wilhelm.**

Fürst v. Bismarck.

---

[1]) Vgl. unten Anlage III.
[2]) Vgl. unten Anlage IV.
[3]) Vgl. unten Anlage V.
[4]) Vgl. unten Anlage VI.
[5]) Vgl. unten Anlage VII.
[6]) Vgl. unten Anlage VIII.

II.

Verfassung

des

Deutschen Reichs.

Seine Majestät der König von Preußen im Namen des Norddeutschen Bundes, Seine Majestät der König von Bayern, Seine Majestät der König von Württemberg, Seine Königliche Hoheit der Großherzog von Baden und Seine Königliche Hoheit der Großherzog von Hessen und bei Rhein für die südlich vom Main belegenen Theile des Großherzogthums Hessen, schließen einen ewigen Bund zum Schutze des Bundesgebietes und des innerhalb desselben gültigen Rechtes, sowie zur Pflege der Wohlfahrt des Deutschen Volkes.[1]) Dieser Bund wird den Namen Deutsches Reich führen und wird nachstehende

Verfassung

haben.

[1]) Aus dieser Bestimmung hat man auf die Zuständigkeit des Reichs zum Erlasse der unter dem Namen der „sozialpolitischen Gesetze" begriffenen Reichsgesetze geschlossen. Vgl. indeß Art. 4 Nr. 1 der Reichsverf. ad v. Versicherungswesen.

I. Bundesgebiet.[1])

Artikel 1.

Das Bundesgebiet besteht aus den Staaten Preußen mit Lauenburg,[2]) Bayern, Sachsen, Württemberg, Baden,[3]) Hessen, Mecklenburg-Schwerin, Sachsen-Weimar, Mecklenburg-Strelitz, Oldenburg, Braunschweig, Sachsen-Meiningen, Sachsen-Altenburg, Sachsen-Koburg-Gotha, Anhalt, Schwarzburg-Rudolstadt, Schwarzburg-Sondershausen, Waldeck, Reuß älterer Linie, Reuß jüngerer Linie, Schaumburg-Lippe, Lippe, Lübeck, Bremen und Hamburg.

I. RG. v. 9. Juni 1871, betr. die Vereinigung von Elsaß und Lothringen[4]) mit dem Deutschen Reiche.

(RGB. 1871 S. 212, GB. f. Elſ.-Lothr. 1871 S. 1.)

Wir Wilhelm, von Gottes Gnaden Deutscher Kaiser, König von Preußen ꝛc. verordnen hiermit im Namen

---

[1]) Vgl. v. Rönne's Staatsrecht des D. Reiches, 2. Aufl., Bd. I. § 7 S. 48 ff.

[2]) Das Herzogthum Lauenburg, welches seit dem 13. Sept. 1865 mit der Krone Preußens in Personalunion vereinigt worden war, (vgl. v. Rönne's Staatsrecht der Preuß. Monarchie, 4. Aufl., Bd. I. § 10 S. 49), ist jetzt in Gemäßheit des Ges. v. 23. Juni 1876 (Pr. GS. S. 169) für immer mit der Preuß. Monarchie vereinigt worden.

[3]) Vgl. die Vereinbarung zwischen dem Deutschen Reiche und der Schweiz wegen Regulirung der Grenze bei Konstanz v. 24. Juni 1879 (RGB. S. 307), wodurch

des Deutschen Reichs, nach erfolgter Zustimmung des Bundesrathes und des Reichstages, was folgt:

§ 1. Die von Frankreich durch den Artikel I. des Präliminar-Friedens vom 26. Februar 1871 abgetretenen Gebiete Elsaß und Lothringen werden in der durch den Artikel I. des Friedens-Vertrages vom 10. Mai 1871 und den dritten Zusatzartikel zu diesem Vertrage festgestellten Begrenzung mit dem Deutschen Reiche für immer vereinigt.

§ 2. Die Verfassung des Deutschen Reichs tritt in Elsaß und Lothringen am 1. Januar 1873 in Wirksamkeit. Durch Verordnung des Kaisers mit Zustimmung des Bundesrathes können einzelne Theile der Verfassung schon früher eingeführt werden.

Die erforderlichen Aenderungen und Ergänzungen der Verfassung bedürfen der Zustimmung des Reichstages.

Artikel 3 der Reichsverf. tritt sofort in Wirksamkeit.

§ 3. Die Staatsgewalt in Elsaß und Lothringen übt der Kaiser aus.

Bis zum Eintritt der Wirksamkeit der Reichsverfassung ist der Kaiser bei Ausübung der Gesetzgebung an die Zustimmung des Bundesrathes und bei der Aufnahme von Anleihen oder Uebernahme von Garantien für Elsaß und Lothringen, durch welche irgend eine Belastung des Reichs herbeigeführt wird, auch an die Zustimmung des Reichstages gebunden.

Dem Reichstage wird für diese Zeit über die erlassenen Gesetze und allgemeinen Anordnungen und über den Fortgang der Verwaltung jährlich Mittheilung gemacht.

---

eine Veränderung der Badischen Landesgrenze und damit der Reichsgrenze genehmigt ist.

[4]) Vgl. Allerh. Erl. v. 22. Dezbr. 1891, betr. die Bestimmung eines Wappenzeichens für das Reichsland Elsaß-Lothringen (GB. f. Elf.-Lothr. 1892 S. 7).

Nach Einführung der Reichsverfassung steht bis zu anderweitiger Regelung durch Reichsgesetz das Recht der Gesetzgebung auch in den der Reichsgesetzgebung in den Bundesstaaten nicht unterliegenden Angelegenheiten dem Reiche zu.

§ 4. Die Anordnungen und Verfügungen des Kaisers bedürfen zu ihrer Gültigkeit der Gegenzeichnung des Reichskanzlers, der dadurch die Verantwortlichkeit übernimmt.[1])

Urkundlich unter Unserer Höchsteigenhändigen Unterschrift und beigedrucktem Kaiserlichen Insiegel.

Gegeben Berlin, den 9. Juni 1871.

(L. S.) **Wilhelm.**

Fürst v. Bismarck.

II. RG. v. 20. Juni 1872, betr. den Termin für die Wirksamkeit der Verfassung des Deutschen Reichs in Elsaß-Lothringen.

(RGB. 1872 S. 208, GB. f. Elf.-Lothr. 1872 S. 441.)

Wir Wilhelm, von Gottes Gnaden Deutscher Kaiser, König von Preußen ꝛc. verordnen im Namen des Deutschen Reichs, nach erfolgter Zustimmung des Bundesrathes und des Reichstages, was folgt:

Der im § 2 des Gesetzes vom 9. Juni 1871, betreffend die Vereinigung von Elsaß-Lothringen mit dem Deutschen Reiche (RGB. 1871 S. 212) auf den 1. Januar 1873 bestimmte Termin, an welchem die Verfassung des Deutschen

---

[1]) Ueber die Verkündung der für Elsaß-Lothringen erlassenen Gesetze und Kaiserl. Verordnungen durch das (seit dem Juli 1870 erscheinende) „Gesetzblatt für Elsaß-Lothringen“ vgl. das G. v. 3. Juli 1871 (GB. f. Elf.-Lothr. S. 2) und § 22 des Ges. v. 4. Juli 1879, betr. die Verfassung und die Verwaltung Elsaß-Lothringens (RGB. S. 169 [s. unten Zus. VI.]).

Reichs in Elsaß-Lothringen in Wirksamkeit treten soll, wird auf den 1. Januar 1874 verlegt.

Urkundlich unter Unserer Höchsteigenhändigen Unterschrift und beigedrucktem Kaiserlichen Insiegel.

Gegeben Schloß Babelsberg, den 20. Juni 1872.

(L. S.) **Wilhelm.**

Fürst v. Bismarck.

III. RG. v. 25. Juni 1873, betr. die Einführung der Verfassung des Deutschen Reichs in Elsaß-Lothringen.

(RGB. 1873 S. 161, GB. f. Els.-Lothr. 1873 S. 131.)

Wir Wilhelm, von Gottes Gnaden Deutscher Kaiser, König von Preußen ꝛc. verordnen hiermit im Namen des Deutschen Reichs, nach erfolgter Zustimmung des Bundesrathes und des Reichstages, was folgt:

§ 1. Die durch Gesetz vom 16. April 1871 verkündete Verfassung des Deutschen Reichs tritt in der durch die Gesetze vom 24. Februar 1873[1]) und 3. März 1873[2]) (RGB. 1873 S. 45, S. 47) abgeänderten, aus der Anlage I. sich ergebenden Fassung in Elsaß-Lothringen vom 1. Januar 1874 ab, unbeschadet der Geltung der bereits eingeführten Bestimmungen, mit den in den nachfolgenden §§ 2—5 enthaltenen Maßgaben in Wirksamkeit.

§ 2. Dem in Artikel 1 der Verfassung bezeichneten Bundesgebiete tritt das Gebiet des Reichslandes Elsaß-Lothringen hinzu.

§ 3. Bis zu der in Artikel 20 der Verfassung vorbehaltenen gesetzlichen Regelung werden in Elsaß-Lothringen 15 Abgeordnete zum Deutschen Reichstage gewählt.

§ 4. Die in Artikel 35 der Verfassung erwähnte Besteuerung des inländischen Bieres bleibt der inneren Gesetzgebung bis auf Weiteres vorbehalten.

---

[1]) Vgl. zum Art. 28 der Reichsverfassung.

[2]) Vgl. zum Art. 4 Nr. 9 der Reichsverfassung.

An dem in die Reichskasse fließenden Ertrage der Steuer vom Bier und an dem diesem Ertrage entsprechenden Theile des in Artikel 38 Absatz 3 erwähnten Aversums hat Elsaß-Lothringen keinen Theil.

§ 5. Die Beschränkungen, welchen die Erhebung von Abgaben für Rechnung von Kommunen nach Artikel 5 des Zollvereinigungsvertrages vom 8. Juli 1867 (Artikel 40 der Verfassung) unterliegt, finden auf die in Elsaß-Lothringen bestehenden Bestimmungen über das Octroi bis auf Weiteres keine Anwendung.

§ 6. Das Wahlgesetz für den Deutschen Reichstag vom 31. Mai 1869 tritt in der anliegenden, dem Gesetze vom 16. April 1871 [1]) entsprechenden Fassung (Anlage II.) in Elsaß-Lothringen am 1. Januar 1874 in Kraft.

Die in § 6 des Wahlgesetzes vorgesehene Abgrenzung der Wahlkreise erfolgt bis zu der vorbehaltenen reichsgesetzlichen Bestimmung durch Beschluß des Bundesrathes.

§ 7. Wo in den in Elsaß-Lothringen bereits eingeführten Gesetzen des Norddeutschen Bundes, welche durch § 2 des Gesetzes vom 16. April 1871 zu Reichsgesetzen erklärt sind, von dem Norddeutschen Bunde, dessen Verfassung, Gebiet, Mitgliedern oder Staaten, Indigenat, verfassungsmäßigen Organen, Angehörigen, Beamten, Flagge u. s. w. die Rede ist, sind das Deutsche Reich und dessen entsprechende Beziehungen zu verstehen.

Dasselbe gilt von denjenigen im Norddeutschen Bunde ergangenen Gesetzen, welche in der Folge in Elsaß-Lothringen eingeführt werden.

§ 8. Auch nach Einführung der Verfassung und bis zu anderweiter gesetzlicher Regelung kann der Kaiser unter Zustimmung des Bundesrathes, während der Reichstag nicht versammelt ist, Verordnungen mit gesetzlicher Kraft erlassen. Dieselben dürfen nichts bestimmen,

---

[1]) Nämlich dem G. v. 16. April 1871 betr. die Verf. des D. Reichs (s. oben S. 19 ff.).

was der Verfassung oder den in Elsaß-Lothringen geltenden Reichsgesetzen zuwider ist, und sich nicht auf solche Angelegenheiten beziehen, in welchen nach § 3 Absatz 2 des die Vereinigung von Elsaß-Lothringen mit dem Deutschen Reiche betreffenden Gesetzes vom 9. Juni 1871 die Zustimmung des Reichstages erforderlich ist.

Auf Grund dieser Ermächtigung erlassene Verordnungen sind dem Reichstage bei dessen nächstem Zusammentritt zur Genehmigung vorzulegen. Sie treten außer Kraft, sobald die Genehmigung versagt wird.

Urkundlich unter Unserer Höchsteigenhändigen Unterschrift und beigedrucktem Kaiserlichen Insiegel.

Gegeben Schloß Babelsberg, den 25. Juni 1873.

(L. S.) **Wilhelm.**

Fürst v. Bismarck.

Anlage I.

Wortlaut der Reichsverfassung (RGB. v. 1871 Nr. 16 S. 64 ff.) mit der Maßgabe, daß

Artikel 4 Nr. 9 lautet:

9) der Flößerei- und Schiffahrtsbetrieb auf den mehreren Staaten gemeinsamen Wasserstraßen und der Zustand der letzteren, sowie die Fluß- und sonstigen Wasserzölle, desgleichen die Seeschiffahrtszeichen (Leuchtfeuer, Tonnen, Baken und sonstige Tagesmarken);

Artikel 28 lautet:

Der Reichstag beschließt nach absoluter Stimmenmehrheit. Zur Gültigkeit der Beschlußfassung ist die Anwesenheit der Mehrheit der gesetzlichen Anzahl der Mitglieder erforderlich.

Anlage II.

Wortlaut des Wahlgesetzes vom 31. Mai 1869 (BGB. Nr. 17 S. 145 ff.[1]) mit der Maßgabe, daß

[1]) Vgl. zum Art. 20 der Reichsverfassung.

die Ueberschrift lautet:

Wahlgesetz für den Deutschen Reichstag. Vom 31. Mai 1869.

Der § 1 lautet:

Wähler für den Deutschen Reichstag ist jeder Deutsche, welcher das fünfundzwanzigste Lebensjahr zurückgelegt hat, in dem Bundesstaate, wo er seinen Wohnsitz hat.

Der Eingang zum § 4 lautet:

Wählbar zum Abgeordneten ist im ganzen Bundesgebiete jeder Deutsche, welcher u. s. w.

IV. RG. v. 2. Mai 1877, betr. die Landesgesetzgebung von Elsaß-Lothringen.

(RGB. 1877 S. 491.)

Wir Wilhelm, von Gottes Gnaden Deutscher Kaiser, König von Preußen 2c. verordnen im Namen des Deutschen Reichs, nach erfolgter Zustimmung des Bundesraths und des Reichstags, wie folgt:

§ 1. Landesgesetze für Elsaß-Lothringen, einschließlich des jährlichen Landeshaushalts-Etats, werden mit Zustimmung des Bundesraths vom Kaiser erlassen, wenn der durch den Kaiserlichen Erlaß vom 29. Oktober 1874 — Anlage A. — [1]) eingesetzte Landesausschuß denselben zugestimmt hat.

---

[1]) Vgl. den Erl. v. 29. Okt. 1874 im RGB. S. 492 u. im GB. f. Elſ.-Lothr. S. 37. — Vgl. dazu: a. V. v. 23. März 1875 zur Ausführung des Allerh. Erl. v. 29. Okt. 1874 (GB. f. Elſ.-Lothr. 1875 S. 63); b. Allerh. Erl. v. 13. Febr. 1877, betr. die Wahl eines zweiten Stellvertreters des Vorsitzenden des Landesausschusses für Elsaß-Lothringen (GB. f. Elſ.-Lothr. S. 9); c. §§ 12—21 des Ges. v. 4. Juli 1879, betr. die Verfassung und die Verwaltung Elsaß-Lothringens (RGB. S. 167) [vgl. unten Zus. VI].

§ 2. Die Erlassung von Landesgesetzen (§ 1) im Wege der Reichsgesetzgebung bleibt vorbehalten.

Die auf Grund dieses Vorbehaltes erlassenen Landesgesetze können nur im Wege der Reichsgesetzgebung aufgehoben oder geändert werden.

§ 3. Die Rechnungen über den Landeshaushalt werden dem Bundesrath und dem Landesausschuß zur Entlastung vorgelegt. Versagt der Landesausschuß die Entlastung, so kann dieselbe durch den Reichstag erfolgen.

§ 4. Bis zur anderweitigen Regelung durch Reichsgesetz bleiben im übrigen die Bestimmungen der Kaiserlichen Erlasse vom 29. Oktober 1874 und 13. Februar 1877 in Geltung.

Urkundlich unter Unserer Höchsteigenhändigen Unterschrift und beigedrucktem Kaiserlichen Insiegel.

Gegeben Straßburg i. E., den 2. Mai 1877.

(L. S.) **Wilhelm.**

Fürst v. Bismarck.

V. RG. v. 7. Juli 1887, betr. die Anwendung abgeänderter Reichsgesetze auf landesgesetzliche Angelegenheiten Elsaß-Lothringens.

(RGB. 1887 S. 377.)

Wir Wilhelm, von Gottes Gnaden Deutscher Kaiser, König von Preußen 2c. verordnen im Namen des Reichs, für Elsaß-Lothringen, nach erfolgter Zustimmung des Bundesraths und des Reichstags, was folgt:

Durch Kaiserliche Verordnung kann mit Zustimmung des Bundesraths angeordnet werden, daß eine durch Reichsgesetz erfolgte Abänderung reichsgesetzlicher Vorschriften, welche in Elsaß-Lothringen als Landesrecht gelten, für Elsaß-Lothringen landesrechtliche Anwendung finden soll.

In der Verordnung ist zugleich der Zeitpunkt festzusetzen, von dem ab die Abänderung in Wirksamkeit tritt.

Urkundlich unter Unserer Höchsteigenhändigen Unterschrift und beigedrucktem Kaiserlichen Insiegel.

Gegeben Bad Ems, den 7. Juli 1887.

(L. S.) **Wilhelm.**

von Boetticher.

VI. RG. v. 4. Juli 1879, betr. die Verfassung und die Verwaltung[1]) Elsaß-Lothringens.

(RGB. 1879 S. 165 ff.)

Wir Wilhelm, von Gottes Gnaden Deutscher Kaiser, König von Preußen ꝛc. verordnen im Namen des Reichs, nach erfolgter Zustimmung des Bundesraths und des Reichstags, was folgt:

§ 1. Der Kaiser kann landesherrliche Befugnisse, welche ihm kraft Ausübung der Staatsgewalt in Elsaß-Lothringen zustehen, einem Statthalter übertragen. Der Statthalter wird vom Kaiser ernannt und abberufen.[2]) Er residirt in Straßburg.

Der Umfang der dem Statthalter zu übertragenden landesherrlichen Befugnisse wird durch Kaiserliche Verordnung[3]) bestimmt.

---

[1]) Vgl. RG. v. 30. Mai 1892, betr. die Vorbereitung des Kriegszustandes in Elsaß-Lothringen (RGB. S. 667).

[2]) Ueber den Anspruch des Statthalters auf Gewährung von Pension und Wartegeld vgl. das RG. v. 28. April 1886 (RGB. S. 129).

[3]) Vgl. die Kaiserl. V. v. 23. Juli 1879, betr. die Uebertragung Kaiserl. Befugnisse auf den Statthalter in Elsaß-Lothringen (RGB. S. 282), welche durch den Tod des Statthalters Freiherrn v. Manteuffel ihre Geltung verloren hat. Durch den Allerh. Erl. v. 29. Juni 1885 (GB. f. Elf.-Lothr. S. 63) sind die Befugnisse und Obliegenheiten des Vertreters des Statthalters bestimmt. Die landesherrlichen Befugnisse des Statthalters Fürsten v. Hohenlohe-Schillingsfürst sind durch die Kaiserl. V. v. 28. Sept. 1885 (RGB. S. 273) festgesetzt. Vgl. V. des

§ 2. Auf den Statthalter gehen zugleich die durch Gesetze und Verordnungen dem Reichskanzler in elsaß-lothringischen Landesangelegenheiten überwiesenen Befugnisse und Obliegenheiten, sowie die durch § 10 des Gesetzes, betreffend die Einrichtung der Verwaltung, vom 30. Dezember 1871 (GB. f. Elf.-Lothr. 1872 S. 49) dem Oberpräsidenten übertragenen außerordentlichen Gewalten über.

§ 3. Das Reichskanzler-Amt für Elsaß-Lothringen und das Oberpräsidium in Elsaß-Lothringen werden aufgelöst. Zur Wahrnehmung der von dem ersteren und dem Reichs-Justizamte in der Verwaltung des Reichslandes, sowie der von dem Oberpräsidenten bisher geübten Obliegenheiten wird ein Ministerium für Elsaß-Lothringen errichtet, welches in Straßburg seinen Sitz hat und an dessen Spitze ein Staatssekretär steht.

§ 4. Die Anordnungen und Verfügungen, welche der Statthalter kraft des ihm nach § 1 ertheilten Auftrags trifft, bedürfen zu ihrer Gültigkeit der Gegenzeichnung des Staatssekretärs, welcher dadurch die Verantwortlichkeit übernimmt.

Kaisers Friedrich v. 15. März 1888, betr. die Uebertragung landesherrlicher Befugnisse auf den Statthalter in Elsaß-Lothringen (RGB. S. 130), V. des Kaisers Wilhelm v. 20. Juni 1888, betr. die Uebertragung landesherrlicher Befugnisse auf den Statthalter in Elsaß-Lothringen (RGB. S. 189), Kaiserl. V. v. 11. Dez. 1889, betr. die Uebertragung landesherrlicher Befugnisse auf den Statthalter in Elsaß-Lothringen in Betreff der Verordnungen über die Festsetzung allgemeiner Baufluchtpläne (RGB. 1890 S. 2) und Kaiserl. V. v. 14. März 1893, betr. die Uebertragung landesherrlicher Befugnisse auf den Statthalter in Elsaß-Lothringen (RGB. S. 137). Die landesherrlichen Befugnisse des jetzigen Statthalters, Fürsten Hermann zu Hohenlohe-Langenburg, sind durch Kaiserl. V. v. 5. Nov. 1894 (RGB. S. 529) festgesetzt.

In den im § 2 bezeichneten Angelegenheiten hat der Staatssekretär die Rechte und die Verantwortlichkeit eines Stellvertreters des Statthalters in dem Umfange, wie ein dem Reichskanzler nach Maßgabe des Gesetzes vom 17. März 1878 (RGB. S. 7) substituirter Stellvertreter sie hat. Dem Statthalter ist vorbehalten, jede in diesen Bereich fallende Amtshandlung selbst vorzunehmen.

§ 5. Das Ministerium für Elsaß-Lothringen zerfällt in Abtheilungen. An der Spitze der Abtheilungen stehen Unterstaatssekretäre. Dem Staatssekretär kann die Leitung einer Abtheilung übertragen werden. Das Nähere über die Organisation des Ministeriums wird durch Kaiserliche Verordnung [1]) bestimmt.

§ 6. Der Staatssekretär, die Unterstaatssekretäre und die Räthe des Ministeriums werden vom Kaiser unter

---

[1]) a. Vgl. die Kaiserl. V. v. 23. Juli 1879, betr. die Einrichtung des Ministeriums für Elsaß-Lothringen (GB. f. Elf.-Lothr. S. 81), die Kaiserl. V. v. 29. Juli 1881, v. 5. Juni 1882 und v. 25. April 1887, betr. Abänderung der V. v. 23. Juli 1879 über die Einrichtung des Ministeriums für Elsaß-Lothringen (GB. f. Elf.-Lothr. 1881 S. 95, 1882 S. 81 und 1887 S. 43) und die V. v. 16. Jan. 1895, betr. die Abänderung der V. v. 25. April 1887 über die Einrichtung des Ministerims f. Elsaß-Lothringen (GB. f. Elf.-Lothr. S. 3), sowie die Kaiserl. V. v. 21. April 1882, betr. die Einrichtung eines Oberschulraths für Elsaß-Lothringen (GB. f. Elf.-Lothr. S. 67).

b. Ueber die Einrichtung der Verwaltung in Elsaß-Lothringen vgl. das G. v. 30. Dez. 1871 (GB. f. Elf.-Lothr. 1872 S. 49). Dazu: V. v. 23. März 1889, betr. das Verfahren vor den Bezirksräthen und dem Kaiserl. Rathe (a. a. O. S. 35).

c. Allerh. Erl. v. 22. März 1893, betr. die von den Elsaß-Lothringischen Landesbehörden zu führende Dienstflagge (GB. f. Elf.-Lothr. S. 68).

Gegenzeichnung des Statthalters, die übrigen höheren Beamten des Ministeriums werden vom Statthalter, die Subaltern- und Unterbeamten vom Staatssekretär ernannt.

Auf den Staatssekretär und die Unterstaatssekretäre finden die Bestimmungen der §§ 25, 35 des Gesetzes, betreffend die Rechtsverhältnisse der Reichsbeamten, vom 31. März 1873 (GB. f. Elf.-Lothr. S. 479) Anwendung.

Sämmtliche Beamte des Ministeriums sind Landesbeamte im Sinne des die Rechtsverhältnisse der Beamten und Lehrer betreffenden Gesetzes vom 23. Dezember 1873 (GB. f. Elf.-Lothr. S. 479).

§ 7. Zur Vertretung der Vorlagen aus dem Bereiche der Landesgesetzgebung, sowie der Interessen Elsaß-Lothringens bei Gegenständen der Reichsgesetzgebung können durch den Statthalter Kommissare in den Bundesrath abgeordnet werden, welche an dessen Berathungen über diese Angelegenheiten Theil nehmen.

§ 8. Die in den §§ 5, 39, 52 und 68 des vorerwähnten Gesetzes vom 31. März 1873 bezeichneten Befugnisse des Bundesraths gehen bezüglich der Landesbeamten auf das Ministerium über. Auch bedarf es der Zustimmung des Bundesraths, welche in § 18 desselben Gesetzes, sowie in § 2 des die Kautionen der Beamten des Staates, der Gemeinden und der öffentlichen Anstalten betreffenden Gesetzes vom 15. Oktober 1873 (GB. f. Elf.-Lothr. S. 273) vorgesehen ist, fortan nicht mehr.

§ 9. Es wird ein Staatsrath eingesetzt, welcher berufen ist zur Begutachtung:

1. der Entwürfe zu Gesetzen,
2. der zur Ausführung von Gesetzen zu erlassenden allgemeinen Verordnungen,
3. anderer Angelegenheiten, welche ihm vom Statthalter überwiesen werden.

Durch die Landesgesetzgebung können dem Staatsrath auch andere, insbesondere beschließende Funktionen übertragen werden.

§ 10. Der Staatsrath besteht unter dem Vorsitze des Statthalters aus folgenden Mitgliedern:

1. dem Staatssekretär,
2. den Unterstaatssekretären,
3. dem Präsidenten des Oberlandesgerichts und dem ersten Beamten der Staatsanwaltschaft bei diesem Gerichte,
4. acht bis zwölf Mitgliedern, welche der Kaiser ernennt.

Von den unter 4 bezeichneten Mitgliedern werden drei auf den Vorschlag des Landesausschusses ernannt, die übrigen beruft der Kaiser aus Allerhöchstem Vertrauen. Die Ernennung erfolgt jedesmal auf drei Jahre.

Im Vorsitze des Staatsraths wird der Statthalter im Behinderungsfalle durch den Staatssekretär vertreten.

Die Geschäftsordnung des Staatsraths wird vom Kaiser festgestellt.

§ 11. Die Mitglieder des Kaiserlichen Raths[1]) in Elsaß-Lothringen (§ 8 des Gesetzes vom 30. Dezember 1871) werden bis auf weiteres in der Zahl von zehn durch Kaiserliche Verordnung ernannt.

§ 12. Die Zahl der Mitglieder des Landesausschusses wird auf achtundfünfzig erhöht.

Von den Mitgliedern werden vierunddreißig nach Maßgabe der in dem Kaiserlichen Erlaß vom 29. Oktober 1874 getroffenen Bestimmungen durch die Bezirkstage, und zwar zehn durch den Bezirkstag des Ober-Elsaß, elf durch den Bezirkstag von Lothringen, dreizehn durch den Bezirkstag des Unter-Elsaß gewählt. Die Wahl von Stellvertretern findet ferner nicht statt.

§ 13. Von den übrigen vierundzwanzig Mitgliedern werden je eines in den Gemeinden Straßburg, Mülhausen, Metz und Colmar, zwanzig von den zwanzig

---

[1]) Vgl. G. v. 13. Juni 1898, betr. den Kaiserlichen Rath in Elsaß-Lothringen. (GB. f. Elf.-Lothr. S. 55.)

Landkreisen, in den Kreisen Mülhausen und Colmar unter Ausscheidung der gleichnamigen Stadtgemeinde, gewählt.

§ 14. Die Abgeordneten von Straßburg, Mülhausen, Metz und Colmar werden von den Gemeinderäthen aus deren Mitte gewählt.

Die Wahl in den Kreisen wird derart vorgenommen, daß die Gemeinderäthe aus ihren Mitgliedern, in Gemeinden mit weniger als 1000 Einwohnern einen Wahlmann, in Gemeinden mit über 1000 Einwohnern für je volle 1000 Einwohner mehr einen Wahlmann mehr wählen.

Die Wahlmänner jedes Kreises wählen den Abgeordneten desselben.

Die Wahlen der Abgeordneten werden innerhalb vier Wochen nach der Wahl der Wahlmänner vorgenommen. Wählbar zum Abgeordneten ist, wer das aktive Gemeindewahlrecht besitzt und im Bezirke seinen Wohnsitz hat.

§ 15. Die Wahlen der Wahlmänner und der Abgeordneten geschehen in geheimer Abstimmung auf drei Jahre.

Das Recht des Wahlmannes sowie der von den Gemeinderäthen unmittelbar gewählten Abgeordneten erlischt mit der Mitgliedschaft im Gemeinderath.

§ 16. In Gemeinden, deren Gemeinderath suspendirt oder aufgelöst ist, ruht das Wahlrecht.

§ 17. Die näheren Bestimmungen über die Ausführung der Wahlen werden durch Kaiserliche Verordnung[1]) getroffen.

§ 18.[2]) Die nach §§ 13 bis 17 gewählten Abgeordneten haben, insofern sie noch nicht vereidet sind, bei

[1]) Vgl. die Kaiserl. V. v. 1. Okt. 1879, betr. die Wahlen zum Landesausschuß (GB. f. Elf.-Lothr. S. 89).

[2]) Vgl. RG. v. 23. Mai 1881, betr. die Oeffentlichkeit der Verhandlungen und die Geschäftssprache des Landesausschusses für Elsaß-Lothringen (RGB. S. 98).

ihrem Eintritt in den Landesausschuß den gleichen Eid zu leisten, wie die Mitglieder der Bezirkstage. Die Ausübung des Mandats wird durch die Leistung des Eides bedingt.

§ 19. Der Kaiser kann den Landesausschuß vertagen oder auflösen.

Die Auflösung des Landesausschusses zieht die Auflösung der Bezirkstage nach sich.

Die Neuwahlen zu den Bezirkstagen haben in einem solchen Falle innerhalb dreier Monate, die Neuwahlen zu dem Landesausschuß innerhalb sechs Monaten nach dem Tage der Auflösungsverordnung stattzufinden.

§ 20. Die Mitglieder des Ministeriums und die zu deren Vertretung abgeordneten Beamten haben das Recht, bei den Verhandlungen des Landesausschusses sowie in dessen Abtheilungen und Kommissionen gegenwärtig zu sein. Sie müssen auf ihr Verlangen jederzeit gehört werden.

§ 21. Der Landesausschuß erhält das Recht, innerhalb des Bereiches der Landesgesetzgebung Gesetze vorzuschlagen und an ihn gerichtete Petitionen dem Ministerium zu überweisen.

Im übrigen bleiben die in dem Gesetze, betreffend die Landesgesetzgebung in Elsaß-Lothringen, vom 2. Mai 1877 (RGB. S. 491), sowie die im § 8 des Gesetzes, betreffend die Einführung der Reichsverfassung in Elsaß-Lothringen, vom 25. Juni 1873 (ebendaselbst S. 161) getroffenen Bestimmungen in Geltung.

§ 22. Das Gesetzblatt für Elsaß-Lothringen — Gesetz vom 3. Juli 1871 (GB. f. Elf.-Lothr. S. 2) — wird vom Ministerium in Straßburg herausgegeben. Die im § 2 des erwähnten Gesetzes bezeichnete vierzehntägige Frist beginnt mit dem Ablaufe des Tages, an welchem das betreffende Stück des Gesetzblattes in Straßburg ausgegeben worden ist.

§ 23. Der Zeitpunkt, an welchem dieses Gesetz in Kraft tritt, wird durch Kaiserliche Verordnung[1]) bestimmt.

Urkundlich unter Unserer Höchsteigenhändigen Unterschrift und beigedrucktem Kaiserlichen Insiegel.

Gegeben Bad Ems, den 4. Juli 1879.

(L. S.) **Wilhelm.**

Fürst v. Bismarck.

VII. RG. vom 15. Dezember 1890, betreffend die Vereinigung von Helgoland mit dem Deutschen Reich.

(RGB. S. 207 ff.)

Wir Wilhelm, von Gottes Gnaden Deutscher Kaiser, König von Preußen ꝛc. verordnen im Namen des Reichs, nach erfolgter Zustimmung des Bundesraths und des Reichstags, was folgt:

§ 1. Die Insel Helgoland nebst Zubehörungen tritt dem Bundesgebiete hinzu.

Das Reich ertheilt seine Zustimmung dazu, daß die Insel dem preußischen Staate einverleibt wird.

§ 2. Mit dem Tage der Einverleibung in den preußischen Staat tritt die Verfassung des Deutschen Reichs, mit Ausnahme des Abschnitts VI über das Zoll- und Handelswesen, auf der Insel in Geltung. Zu den Ausgaben des Reichs trägt Preußen für das Gebiet der Insel durch Zahlung eines Aversums nach Maßgabe des Artikels 38 Absatz 3 der Reichsverfassung bei.[2])

§ 3. Die von der Insel herstammenden Personen und ihre vor dem 11. August 1890 geborenen Kinder sind von der Wehrpflicht befreit.

---

[1]) Zufolge der Kaiserl. V. v. 23. Juli 1879 (RGB. S. 281) ist das G. v. 4. Juli 1879 mit dem 1. Okt. 1879 in Kraft getreten.

[2]) Vgl. Gesetz v. 18. Febr. 1891, betr. die Vereinigung der Insel Helgoland mit der Preußischen Monarchie (Pr. GS. S. 11).

§ 4. Das Wahlgesetz für den deutschen Reichstag tritt mit dem im §. 2 bezeichneten Tage gleichfalls auf der Insel in Kraft. Durch Beschluß des Bundesraths wird die Insel einem Wahlkreise zugetheilt.[1])

§ 5. Durch Kaiserliche Verordnung unter Zustimmung des Bundesraths wird festgestellt, inwieweit die Vorschriften in den §§. 2, 3, 4, 7, 8 des Gesetzes, betreffend die Reichskriegshäfen, vom 19. Juni 1883 (RGB. S. 105) für die Insel und ihre Gewässer zur Anwendung gelangen.

§ 6. Für die übrigen, vor dem im §. 2 bezeichneten Tage erlassenen Reichsgesetze wird der Zeitpunkt,[2]) mit welchem dieselben ganz oder theilweise in Kraft treten, durch Kaiserliche Verordnung unter Zustimmung des Bundesraths festgesetzt.

Insoweit die Schonung der auf der Insel bestehenden Gesetze und Gewohnheiten es erheischt, können auf dem im Absatz 1 bezeichneten Wege an Stelle einzelner Vorschriften der einzuführenden Reichsgesetze Uebergangsbestimmungen erlassen werden. Die Geltung solcher Bestimmungen erstreckt sich nicht über den 31. Dezember 1893.[2])

§ 7. Dieses Gesetz tritt mit der Verkündung in Kraft.

---

[1]) Bekanntmachung des Reichskanzlers v. 16. Mai 1891 (RGB. S. 111), betr. die Zutheilung der Insel Helgoland zu dem 5. Wahlkreise der Preußischen Provinz Schleswig-Holstein.

[2]) Auf Grund der Bestimmung im § 6 des RG. v. 15. Dez. 1890, betr. die Vereinigung von Helgoland mit dem Deutschen Reich (RGB. S. 207 ff.) sind nachstehende Kaiserliche Verordnungen, betr. die Einführung von Reichsgesetzen in Helgoland erlassen worden:

Kaiserl. V. v. 22. März 1891 (RGB S. 21), v. 14. Dez. 1892 (RGB. S. 1052) und v. 24. Juli 1893 (RGB. S. 236).

Urkundlich unter Unserer Höchsteigenhändigen Unterschrift und beigedrucktem Kaiserlichen Insiegel.

Gegeben Berlin Schloß, den 15. Dezember 1890.

(L. S.) **Wilhelm.**

von Boetticher.

II. Reichsgesetzgebung.[1])

Artikel 2.

Innerhalb dieses Bundesgebietes übt das Reich das Recht der Gesetzgebung[2]) nach Maßgabe des Inhalts dieser Verfassung und mit der Wirkung aus, daß die Reichsgesetze den Landesgesetzen vorgehen. Die Reichsgesetze erhalten ihre verbindliche Kraft durch ihre Verkündigung von Reichswegen,[3]) welche vermittelst eines Reichsgesetzblattes geschieht. Sofern nicht in dem publizirten Gesetze

---

Die auf Grund des § 6 Abs. 2 des RG. v. 15. Dez. 1890 (RGB. S. 207 ff.) durch Artikel II der Kais. V. v. 22. März 1891 (RGB. S. 21) modificirten §§ 25, 26, 40, 43, 44, 86, 87 des Gerichtsverfassungsgesetzes v. 27. Jan. 1877, welche als Uebergangsbestimmungen nur bis 31. Dez. 1893 Geltung haben sollten, sind dauernd durch RG. v. 4. Juni 1893, betr. die Geltung des Gerichtsverfassungsgesetzes in Helgoland (RGB. S. 193) eingeführt.

[1]) Vgl. v. Rönne's Staatsrecht des D. Reiches, 2. Aufl., Bd. II. Abth. 1 §§ 63 ff. S. 2 ff.

[2]) Vgl. über die Organe der Reichsgesetzgebung Art. 5 der Reichsverfassung.

[3]) Vgl. über das Recht der Verkündigung Art. 17 der Reichsverfassung.

ein anderer Anfangstermin seiner verbindlichen Kraft bestimmt ist, beginnt die letztere mit dem vierzehnten Tage nach dem Ablauf desjenigen Tages, an welchem das betreffende Stück des Reichsgesetzblattes in Berlin ausgegeben worden ist.

1. Auch bezüglich der Reichslegislative zugewiesenen Gegenstände bleiben die in den einzelnen Staaten geltenden Gesetze und Verordnungen so lange in Kraft und können auf dem bisherigen Wege der Einzelgesetzgebung abgeändert werden, bis eine bindende Norm vom Reiche ergangen ist. (Schlußprotokolle mit Bayern v. 23. Nov. 1870 unter VI[1]) (RGB. 1871 S. 24).

2. V. v. 26. Juli 1867, betr. die Einführung des Bundesgesetzblattes für den Norddeutschen Bund (BGB. S. 24). Das Bundesgesetzblatt des Norddeutschen Bundes führt von Nr. 4 bis einschl. 18 des Jahrg. 1871 ab den Titel „Bundesgesetzblatt des Deutschen Bundes" und von Nr. 19 des Jahrg. 1871 ab den Titel: „Reichs-Gesetzblatt". Die Herausgabe erfolgt (zuf. § 3 der V. v. 26. Juli 1867) im Bureau des Reichskanzleramtes.

In Ausführung eines Beschlusses des Bundesrathes (D. Reichsanzeiger 1872 Nr. 304) wird seit dem Jahre 1873 durch das Reichskanzleramt (jetzt Reichsamt des Innern) das „Centralblatt für das Deutsche Reich" herausgegeben, welches zur Aufnahme solcher für das Publikum bestimmter Veröffentlichungen der Organe des Reichs dient, die der Verkündung durch das Reichs-Gesetzblatt nicht bedürfen. (Vgl. Bekanntm. des Preuß. Staatsmin. v. 27. Mai 1876, MBl. d. i. V. S. 123.)

3 a) Neue Gesetze erlangen, soweit nicht reichsgesetzlich etwas Anderes bestimmt wird, in den Konsulargerichtsbezirken nach Ablauf von vier Monaten von dem Tage

---

[1]) Vgl. unten Anlage VII.

gerechnet, an welchem das betreffende Stück des Reichsgesetzblattes oder der Preußischen Gesetzsammlung in Berlin ausgegeben worden ist, verbindliche Kraft. (RG. v. 10. Juli 1879 über die Konsulargerichtsbarkeit. RGB. S. 205.)

Vgl. die frühere Bestimmung hierüber in dem RG. v. 8. Nov. 1867, betr. die Organisation der Bundeskonsulate 2c. § 24 Abs. 2. (BGB. S. 142.)

b) Der Zeitpunkt, von welchem ab die Gesetze des Norddeutschen Bundes als Reichsgesetze in Bayern, Württemberg, Baden und Hessen südlich des Mains in Kraft getreten sind, ergiebt sich aus den in § 2 des Einführungsges. v. 16. April 1871 in Bezug genommenen Vertragsbestimmungen, beziehungsweise dem darin bezogenen G. v. 22. April 1871, betr. die Einführung Norddeutscher Bundesgesetze in Bayern. Vgl. auch die Anmerk. hierüber zu den bei den einzelnen Artikeln der Reichsverfassung angeführten Gesetzen. Bei allen vor der Emanation der Reichsverfassung angeführten Bundesgesetzen ist der 1. Jan. 1872 der späteste Termin ihrer Geltung.

Artikel 3.

Für ganz Deutschland besteht ein gemeinsames Indigenat mit der Wirkung, daß der Angehörige (Unterthan, Staatsbürger) eines jeden Bundesstaates in jedem anderen Bundesstaate als Inländer zu behandeln und demgemäß zum festen Wohnsitz, zum Gewerbebetriebe, zu öffentlichen Aemtern, zur Erwerbung von Grundstücken, zur Erlangung des Staatsbürgerrechtes und zum Genusse aller sonstigen bürgerlichen Rechte unter denselben Voraussetzungen wie der Einheimische zuzulassen, auch in Betreff der Rechtsverfolgung und des Rechtsschutzes demselben gleich zu behandeln ist.

Kein Deutscher darf in der Ausübung dieser Befugniß durch die Obrigkeit seiner Heimath, oder durch die Obrigkeit eines anderen Bundesstaates beschränkt werden.

Diejenigen Bestimmungen, welche die Armenversorgung und die Aufnahme in den lokalen Gemeindeverband betreffen, werden durch den im ersten Absatz ausgesprochenen Grundsatz nicht berührt.

Ebenso bleiben bis auf Weiteres die Verträge in Kraft, welche zwischen den einzelnen Bundesstaaten in Beziehung auf die Uebernahme von Auszuweisenden, die Verpflegung erkrankter und die Beerdigung verstorbener Staatsangehörigen bestehen.[1])

Hinsichtlich der Erfüllung der Militärpflicht im Verhältniß zu dem Heimathslande wird im Wege der Reichsgesetzgebung das Nöthige geordnet werden.[2])

---

[1]) Vgl. Schlußprot. zu dem Vertr. v. 23. Nov. 1870, betr. den Beitritt Bayerns zur Verf. des D. R. unter III. (BGB. 1871 S. 23), s. unten Anl. VII.

[2]) a) Dies ist durch das Reichs-Militärges. v. 2. Mai 1874 (RGB. S. 45) und die Novelle dazu v. 6. Mai 1880 (RGB. S. 103) geschehen. b) Vgl. § 17 des Ges. v. 9. Nov. 1867, betr. die Verpflichtung zum Kriegsdienste (BGB. S. 131); Vertr. zwischen dem Nordd. Bunde und dem Großherzogthum Baden, betr. die Einführung der gegenseitigen militärischen Freizügigkeit, v. 25. Mai 1869 (BGB. S. 675), und Art. 57 der Reichsverf. nebst Zus. dazu.

Dem Auslande gegenüber haben alle Deutschen gleichmäßig Anspruch auf den Schutz des Reichs.[1])

1. Der Art. 3 ist für Elsaß-Lothringen bereits am 28. Juni 1871 zuf. des § 2 des RG. v. 9. Juni 1871 (RGB. S. 212, GB. f. Elf.-Lothr. S. 1) in Wirksamkeit getreten.

Vgl. Zus. I. zum Art. 1 der Reichsverf.

2. Ueber die uneingeschränkte Geltung des Art. 3 in Bayern vgl. Art. 4 Nr. 1 der Reichsverfassung und Schlußprotokoll zu dem Vertrage v. 23. Nov. 1870, betr. den Beitritt Bayerns zur Verfassung des D. R. unter III. (BGB. 1871 S. 23.)[2])

3. Ueber das Recht des Reichs zur Beaufsichtung und zur Gesetzgebung hinsichtlich der Gegenstände des Art. 3 vgl. Art. 4 Nr. 1 der Reichsverf.

4. Zur Ausführung des Grundsatzes des Art. 3 und auf Grund des Art. 4 Nr. 1 ergangene Bundes-, beziehungsweise Reichsgesetze:

a) BG. über die Freizügigkeit v. 1. Nov. 1867 (BGB. S. 55).[3])
Auch gültig für Baden und Südhessen, zuf. Art. 80 I. 3 der mit Baden und Hessen vereinbarten Verf. (BGB. 1870 S. 647), für Württemberg zuf. Art. 2 Nr. 6 des Vertr. v. 25. Nov. 1870 (BGB. S. 656), für Bayern zuf. RG. v. 22. April 1871 § 2 I. 3 (BGB. S. 87) und für Elsaß-Lothringen zuf. RG. v. 8. Jan. 1873 (RGB. S. 51, GB. f. Elf.-Lothr. S. 1.
Die Freizügigkeit ist eingeschränkt:
α) Durch RG. v. 4. Juli 1872, betr. den Orden der Gesellschaft Jesu (RGB. S. 253.) Auch gültig

---

[1]) Vgl. Art. 4 Nr. 7 der Reichsverf. nebst Zus. dazu.

[2]) Vgl. unten Anl. VII.

[3]) Vgl. v. Rönne's Staatsrecht des D. R., 2. Aufl., Bd. I. § 4 S. 110 ff.

für Elsaß-Lothringen zuf. G. v. 8. Juli 1872 (GB. f. Elf.-Lothr. S. 506.)

Dazu: Bekanntm. des Reichskanzlers v. 5. Juli 1872, 20. Mai 1873 und 18. Juli 1894, betr. die Ausführung des Ges. über den Orden Jesu. (RGB. 1872 S. 254, 1873 S. 109 und 1894 S. 503, GB. f. Elf.-Lothr. 1872 S. 507 und 1873 S. 89.)

β) Durch RG. v. 4. Mai 1874, betr. die Verhinderung der unbefugten Ausübung von Kirchenämtern. (RGB. S. 43, welches indeß durch das RG. v. 6. Mai 1890, RGB. S. 65, aufgehoben worden ist.)

γ) Durch RG. v. 21. Okt. 1878 gegen die gemeingefährlichen Bestrebungen der Sozialdemokratie (RGB. S. 351), dessen Geltung durch RG. v. 31. Mai 1880 (RGB. S. 117) bis zum 30. Sept. 1884, durch RG. v. 28. Mai 1884 (RGB. S. 53) bis zum 30. Sept. 1886, durch RG. v. 20. April 1886 (RGB. S. 77) bis zum 30. Sept. 1888 und durch RG. v. 18. März 1888 (RGB. S. 109) bis zum 30. Sept. 1890 verlängert ist.

b) BG. über die Aufhebung der polizeilichen Beschränkung der Eheschließung v. 4. Mai 1868 (BGB. S. 149). Auch gültig für Baden und Südhessen, zuf. Art. 80 I. 7 der mit Baden und Hessen vereinbarten Verf. (BGB. 1870 S. 647), und für Württemberg, zuf. Art. 2 Nr. 6 des Vertr. v. 25. Nov. 1870 (BGB. S. 656). Nicht gültig in Bayern, zuf. Schlußprot. v. 23. Nov. 1870 unter 1. (BGB. 1871 S. 23.) Nicht eingeführt in Elsaß-Lothringen.

c) BG., betr. die Gleichberechtigung der Konfessionen in bürgerlicher und staatsbürgerlicher Beziehung, v. 3. Juli 1869 (BGB. S. 292). Auch gültig für Baden und Südhessen, zuf. Art. 80 I. 20 der mit diesen Staaten vereinbarten Verf. (BGB. 1870

S. 647), für Württemberg, zuf. Art. 2 Nr. 6 des Vertr. v. 25. Nov. 1870 (BGB. S. 656) und für Bayern, zuf. RG. v. 22. April 1871 § 2 I. 10 (BGB. S. 87.) Nicht eingeführt in Elsaß-Lothringen.

d) BG. wegen Beseitigung der Doppelbesteuerung v. 13. Mai 1870 (BGB. S. 119).[1]) Auch gültig für Baden und Südhessen, zuf. Art. 80 I. 22 der mit diesen Staaten vereinbarten Verf. (BGB. 1870 S. 647), für Württemberg, zuf. Art. 2 Nr. 6 des Vertr. v. 25. Nov. 1870 (BGB. S. 656), für Bayern, zuf. RG. v. 22. April 1871 § 2 II. (BGB. S. 88) und für Elsaß-Lothringen zuf. G. v. 14. Jan. 1872 (G.B. f. Elf.-Lothr. S. 61.)

e) BG. über die Erwerbung und den Verlust der Bundes- und Staatsangehörigkeit v. 1. Juni 1870 (BGB. S. 355).[2]) Auch gültig für Baden und Südhessen, zuf. Art. 80 I. 24 der mit Baden und Hessen vereinbarten Verf. (BGB. 1870 S. 647), und für Württemberg, zuf. Art. 2 Nr. 6 des Vertr. v. 25. Nov. 1870 (BGB. S. 656), auch für Bayern, jedoch mit Ausnahme der Bestimmungen in § 1 Abs. 2, § 8 Abs. 3 und § 16, welche für das ganze Reichsgebiet weggefallen sind, zuf. RG. v. 22. April 1871 § 9 (BGB. S. 89), für Elsaß-Lothringen, zuf. RG. v. 8. Jan. 1873 (RGB. S. 51, GB. f. Elf.-Lothr. S. 1) und für Helgoland zuf. V. v. 22. März 1891 (R.G.B.

---

[1]) Zwischen Preußen und Sachsen war dieser Gegenstand schon durch die Uebereinkunft v. 16. April 1869 (Pr. GS. 1870 S. 142) geregelt worden.

[2]) Vgl. v. Rönne's Staatsrecht des D. R., 2. Aufl., Bd. I. § 11 S. 95 ff. — Ueber die Wirksamkeit der §§ 17 und 20 dieses Gesetzes vom 21. Juli 1870 ab vgl. BG. v. 21. Juli 1870 (BGB. S. 498).

S. 21) vorbehaltlich des Rechts der von der Insel herstammenden Personen, vermöge einer vor dem 1. Januar 1892 von ihnen selbst oder bei minderjährigen Kindern von deren Eltern oder Vormündern abzugebenden Erklärung, die britische Staatsangehörigkeit zu wählen.

Dazu: RG. v. 20. Dez. 1875, betr. die Naturalisation von Ausländern, welche im Reichsdienste angestellt sind. (RGB. S. 324.)

Vgl. Schlußprotokoll zu dem Vertr. v. 23. Nov. 1870, betr. den Beitritt Bayerns zur Verf. des D. R. unter II. (BGB. S. 23), s. unten Anlage VII.

f) BG. über den Unterstützungswohnsitz v. 6. Juni 1870 (BGB. S. 360).[1]) Abgeändert durch RG. v. 12. März 1894, RGB. S. 259.[2]) Auch gültig für Südhessen, zuf. Art. 80 II. der mit Baden und Hessen vereinbarten Verf. (BGB. 1870 S. 649), und für Württemberg und Baden, zuf. RG. v. 8. Nov. 1871 (RGB. S. 391).

Nicht gültig für Bayern zuf. des Vertr. mit Bayern v. 23. Nov. 1870 unter III. § 1 (BGB. 1871 S. 18) und für Elsaß-Lothringen.

---

[1]) Vgl. dazu das Pr. G. v. 8. März 1871, betr. die Ausführung des BG. über den Unterstützungswohnsitz (Pr. GS. S. 130.) — Vgl. v. Rönne's Staatsrecht des D. R., 2. Aufl. Bd. I § 14 S. 125 ff. und das Verzeichniß der betreff. Ausführungsgesetze der übrigen Deutschen Bundesstaaten in Guttentag'sche Sammlung Deutscher Reichsgesetze Nr. 8: J. Krech, Reichsgesetz über den Unterstützungswohnsitz 2c., 4. Aufl. S. 6 ff.

[2]) Das demgemäß abgeänderte neu redigirte Gesetz ist mit der Bekanntm. des Reichskanzlers v. 12. März 1894 (RGB. S. 262) im RGB. S. 262 ff. bekannt gemacht.

Artikel 4.

Der Beaufsichtigung Seitens des Reichs[1]) und der Gesetzgebung[2]) desselben unterliegen die nachstehenden Angelegenheiten:[3])

1) die Bestimmungen über Freizügigkeit, Heimaths- und Niederlassungs-Verhältnisse, Staatsbürgerrecht,[4]) Paßwesen und Fremdenpolizei und über den Gewerbebetrieb, einschließlich des Versicherungswesens, soweit diese Gegenstände nicht schon durch den Artikel 3. dieser Verfassung erledigt sind, in Bayern jedoch mit Ausschluß der Heimaths- und Niederlassungs-Verhältnisse, desgleichen über die Kolonisation und die Auswanderung nach außerdeutschen Ländern;

---

[1]) Vgl. auch Art. 17 der Reichsverf.

[2]) Vgl. Art. 5 und 23 der Reichsverf.

[3]) Vgl. außerdem die Art. 11, 18, 20, 69, 75, 76, 78 der Reichsverf.

[4]) Vgl. den Vertr. zwischen dem Nordd. Bunde und den Vereinigten Staaten von Nordamerika, betr. die Staatsangehörigkeit derjenigen Personen, welche aus dem Gebiete des einen Theils in dasjenige des anderen Theils einwandern, v. 22. Febr. 1868 (BGB. S. 228). Vgl. über diesen Vertr.: v Rönne's Staatsrecht des D. R., 2. Aufl. Bd. I. §. 11 S. 105 Note 2 und Bd. II. Abth. 2 § 114 S. 197 Note 1c und S. 313, desgl. v. Rönne's Staatsrecht der Pr. Monarchie, 4. Aufl. Bd. II § 131 sub VI. S. 23, desgl. Erk. d. O.Verw.Ger. v. 13. Okt. 1886 in den Entsch. d. O.Verw.Ger. Bd. 14 S. 388 u. Min.Bl. d. i. V. 1887 S. 56.

I. Ad v.: Freizügigkeit, Heimaths- und Niederlassungs-Verhältnisse, Staatsbürgerrecht.

Vgl. Zus. 4 zum Art. 3 der Reichsverf. und in Betreff Bayerns das Schluß-Prot. zu dem Vertr. v. 23. Nov. 1870, betr. den Beitritt Bayerns zur Verf. des D. Bundes (BGB. 1871 S. 23 ff.) unter I. bis III.[1])

II. Ad v.: Paßwesen und Fremdenpolizei.[2]) BG. über das Paßwesen v. 12. Okt. 1867 (BGB. S. 33). Auch gültig für Baden, Südhessen, Württemberg und Bayern, zuf. Art. 80 I. der mit Baden und Hessen vereinb. Verf. (BGB. 1870 S. 647), des Vertr. mit Württemberg v. 25. Nov. 1870 Art. 2 Nr. 6 (BGB. S. 656) und des RG. v. 22. April 1871 § 2 I. 1 (BGB. S. 87).

III. Ad v.: Gewerbebetrieb.

A. Die Gewerbegesetzgebung des Reiches beginnt im Nordd. Bunde mit dem G. v. 8. Juli 1868, betr. den Betrieb der stehenden Gewerbe (BGB. S. 406), welchem alsbald die Gewerbe-O. für den Nordd. Bund v. 21. Juni 1869 (BGB. S. 245) folgte, durch welche das G. v. 8. Juli 1868 für die Zeit vom 1. Okt. 1869 außer Anwendung gesetzt wurde. Die

---

[1]) Vgl. unten Anlage VII.

[2]) Vgl. v. Rönne's Staatsrecht des D. R., 2. Aufl. Bd. I § 14 S. 117 ff. — Auf Grund des § 9 des G. über das Paßwesen v. 12. Okt. 1867 ist die Paßpflichtigkeit vorübergehend angeordnet worden: a) durch Kaiserl. V. v. 26. Juni 1878 (RGB. S. 131) für in Berlin ankommende Fremde und Neuanziehende; b) durch Kaiserl. V. v. 14. Juni 1879 (RGB. S. 155) für aus Rußland kommende Reisende, welche V. theilweise wieder aufgehoben worden ist durch Kaiserl. V. v. 29. Dez. 1880 (RGB. 1881 S. 1).

Letztere V. aufgehoben durch Kaiserl. V. v. 30. Juni 1894 (RGB. S. 501).

Gewerbe-O. ist demnächst nach Errichtung des D. Bundes durch Art. 80 Nr. II. der Verf. des D. Bundes (BGB. 1870 S. 627) vom 1. Jan. 1871 ab als Bundesgesetz in Hessen südlich des Mains und, nachdem sie nach Errichtung des D. Reichs durch § 2 des G. v. 16. April 1871 (BGB. S. 63) zum Reichsgesetz erklärt worden, in Baden und Württemberg durch G. v. 10. Nov. 1871 (RGB. S. 392) vom 1. Jan. 1872 ab (vgl. auch die Vereinbarung mit Baden und Hessen über Gründung des D. Bundes v. 15. Nov. 1870 (BGB. S. 250), sowie den Vertrag mit Württemberg über dessen Beitritt zur Verf. des D. Bundes v. 25. Nov. 1870 und die Verhandlung von demselben Tage (BGB. S. 654) und in Bayern (mit einigen Abänderungen) durch G. v. 12. Juni 1872 (RGB. S. 170); vgl. auch den Vertr. über den Beitritt Bayerns zur Verf. des D. Bundes v. 23. Nov. 1870 Nr. III. § 8 (BGB. 1871 S. 9) als Reichsgesetz in Kraft gesetzt. Seit dem 1. Jan. 1873 galt demnach die Gewerbe-O. im ganzen Reich mit Ausnahme von Elsaß-Lothringen, in welchem zunächst nur einzelne Bestimmungen derselben in Geltung traten. Durch das RG. v. 27. Febr. 1888 (RGB. S. 57) ist dann aber eine Gewerbe-O. auch in Elsaß-Lothringen vom 1. Jan. 1889 als Reichsgesetz eingeführt worden, vorbehaltlich jedoch der Bestimmungen der §§ 2 bis 6 dieses Gesetzes, bezüglich der Preßgewerbe und des Dampfkesselbetriebes, in gewisser Beziehung auch hinsichtlich der Theater- und Wirthschaftsgewerbe. Ueber die Ausführung des RG. v. 27. Febr. 1888 hat der Bundesrath Bestimmungen erlassen, welche durch die Bekanntm. des Reichskanzlers v. 22. Dez. 1888 (RGB. S. 301) veröffentlicht sind und laut Bekanntm. des Reichskanzlers v. 4. März 1889 (RGB. S. 46) die Genehmigung des Reichstages erhalten haben.

Die Gewerbe-O. für den Nordd. Bund hat im Laufe der Zeit durch Reichsgesetze so wesentliche Aenderungen erlitten, daß bei ihrer Revision durch G. v. 1. Juli 1883 (RGB. S. 159) für erforderlich erachtet wurde, den Text, wie er sich aus den eingetretenen Aenderungen ergiebt, von neuem festzustellen und mit der Ueberschrift „Gewerbe-O. für das D. Reich" durch das Reichsgesetzblatt (RGB. S. 177) bekannt zu machen.[1])

B. Zur Gewerbe-O. v. 21. Juni 1869.

1. Zum § 6. a) An die Stelle des Abs. 1 des § 6 sind die Bestimmungen des Art. 1 des RG. v. 23. Juli 1879 (RGB. S. 267) getreten. Die jetzige Fassung des § 6 beruht auf Art. 1 des RG. v. 1. Juli 1883 (RGB. S. 159).

b) Auf Grund der Bestimmung im Abs. 2 des § 6 ist die V. v. 25. März 1872, betr. den Verkehr mit Apothekerwaaren (RGB. S. 85) ergangen, an deren Stelle jedoch die V. v. 4. Jan. 1875, betr. den Verkehr mit Arzneimitteln (RGB. S. 5) getreten, welche durch die V. v. 9. Febr. 1880, betr. den Verkehr mit künstlichen Mineralwässern (RGB. S. 13) und durch die V. v. 3. Jan. 1883, betr. den Verkehr mit Honigpräparaten (RGB. S. 1) ergänzt worden

[1]) Der auf Grund des Art. 16 des G. v. 1. Juli 1883 durch Bekanntm. des Reichskanzlers v. 1. Juli 1883 (RGB. S. 177) veröffentlichte Text der „Gewerbe-O. des D. Reichs" findet sich auch mitgetheilt in Guttentag's Gesetzgebung Bd. V S. 493 ff. Die Anmerkungen hierzu enthalten den Hinweis auf die die betreffenden Paragraphen der Gewerbe-O. abändernden Gesetze, weshalb hier darauf hingewiesen wird. Vgl. ferner: Guttentag'sche Sammlung Deutscher Reichsgesetze Nr. 6: Berger, Reichs-Gewerbe-O. nebst Ausführungsbestimmungen, Textausgabe mit Anmerkungen. 15. Aufl. von Wilhelmi. 1899.

ist. Vgl. R.-Strafgesetzb. § 367 Nr. 3. Durch die V. v. 27. Jan. 1890 (RGB. S. 9) sind die V. v. 4. Jan. 1875, v. 9. Febr. 1880 und v. 3. Jan. 1883 außer Kraft gesetzt und es ist durch dieselbe der gesammte Verkehr mit Arzneimitteln anderweitig geordnet worden. Dazu: V. v. 31. Dez. 1894, betr. den Verkehr mit Diphterieserum (RGB. 1895 S. 1); V. v. 25. Nov. 1895, betr. den Verkehr mit Arzneimitteln (RGB. S. 455) und V. v. 19. Aug. 1897, betr. den Verkehr mit Schilddrüsenpräparaten (RGB. S. 707).

2. Zum § 16. Bei der neuen Redaktion der Gewerbe-O. gemäß Art. 16 des G. v. 1. Juli 1883 (RGB. S. 159) ist der § 16 derselben theils auf Grund von gemäß Abs. 3 des § 16 ergangenen Beschlüssen des Bundesraths und nach erfolgter Genehmigung des Reichstages, theils auf Grund eines Gesetzes abgeändert worden.

   Vgl. folgende Bekanntm. des Reichskanzlers: v. 20. Juli 1873 (RGB. S. 299, RCB. S. 234) und RG. v. 2. März 1874 (RGB. S. 19); v. 26. Juli 1881 (RGB. S. 251) und v. 31. Jan. 1882 (RGB. S. 10); v. 12. Juli 1882 (RGB. S. 123) und 23. Dez. 1882 (RGB. S. 141) und v. 21. April 1883 (RGB. S. 33); v. 12. Juli 1884 (RGB. S. 118) und 4. Jan. 1885 (RGB. S. 2); v. 31. Jan. 1885 (RGB. S. 8) und 24. April 1885 (RGB. S. 92); v. 15. Febr. 1886 (RGB. S. 28) und 1. April 1886 (RGB. S. 68); v. 16. Juni 1886 (RGB. S. 204) und v. 5. Jan. 1887 (RGB. S. 4), ferner v. 16. Juli 1888 (RGB. S. 218), v. 2. Jan. 1889 (RGB. S. 1), v. 9. Febr. u. 5. April 1898 (RGB. S. 27 u. 161).

3. Zum § 24 vgl. die Bekanntm. des Reichskanzlers v. 19. Mai 1871, betr. allgemeine polizeiliche Bestimmungen über die Anlegung von Dampfkesseln

(RGB. S. 122) und die diese Bekanntm. abändernden Bekanntm. des Reichskanzlers v. 18. Juli 1883 (RGB. S. 245) und v. 27. Juli 1889 (RGB. S. 173). — Unter Aufhebung dieser Bestimmungen hat der Reichskanzler durch die Bekanntm. v. 5. Aug. 1890 (RGB. S. 163) anderweite allgemeine Bestimmungen über die Anlegung von Dampfkesseln erlassen.

Vgl. für Elsaß-Lothringen § 6 des RG. v. 27. Febr. 1888, betr. die Einführung der Gewerbe-O. in Elsaß-Lothringen (RGB. S. 57) und die durch die V. v. 25. Sept. 1889 (GB. f. Elf.-Lothr. S. 87) abgeänderte V. v. 3. Nov. 1884, betr. die Anlage und den Betrieb von Dampfkesseln (GB. f. Elf.-Lothr. S. 113).

4. Zum § 29.[1]) a) Der § 29 der Gewerbe-O. für das D. R. v. 21. Juni 1869 ist auch in Elsaß-Lothringen (v. 1. Okt. 1872 ab) bereits vor Erlaß des RG. v. 27. Febr. 1888, betr. die Einführung der Gewerbe-O. in Elsaß-Lothringen (RGB. S. 57) eingeführt worden durch RG. v. 15. Juli 1872 (RGB. S. 350, GB. f. Elf.-Lothr. S. 534). Vgl. dazu: G. v. 17. März 1884, betr. die Approbation für Apotheker und Aerzte (GB. f. Elf.-Lothr. S. 14).

---

[1]) Ueber die gegenseitige Zulassung der in den Grenzgemeinden wohnhaften Medizinalpersonen zur Ausübung der Praxis vgl. die Konvention zwischen dem D. R. und Belgien v. 7. Febr. 1873 (RGB. S. 55), die Uebereinkunft zwischen dem D. R. und den Niederlanden v. 11. Dez. 1873 (RGB. 1874 S. 99), die Uebereinkunft zwischen dem D. R. und Oesterreich-Ungarn v. 30. Sept. 1882 (RGB. S. 39), die Uebereinkunft zwischen Deutschland und Luxemburg v. 4. Juni 1883 (RGB. S. 19) und die Uebereinkunft zwischen Deutschland und der Schweiz v. 29. Febr. 1884 (RGB. S. 45).

b) Zur Ausführung des Abs. 2 des § 29 der Gewerbe-O. ergangenen Bestimmungen:

α) Bekanntm. des Reichskanzlers v. 2. Juni 1883, betr. die ärztliche Prüfung (RGB. S. 191) nebst Bekanntm. vom gleichen Datum, betr. die ärztliche Vorprüfung (a. a. O. S. 198).

Dazu: Bekanntm. des Reichskanzlers v. 17. Jan. 1888, betr. die Abänderung der Vorschriften für die ärztliche Vorprüfung v. 2. Juli 1883 (RGB. 1888 S. 9).

Die im Abs. 2 des § 29 der Gewerbe-O. dem Bundesrathe vorbehaltenen Bestimmungen enthielt zunächst die Bekanntm. v. 25. Sept. 1869, betr. die Prüfung der Aerzte, Zahnärzte, Thierärzte und Apotheker (BGB. S. 635). Dieselbe ist in Ansehung der Aerzte beseitigt durch die Bekanntm. v. 2. Juni 1883 und ihre Ergänzungen.

Dazu: Bekanntm. des Reichskanzlers v. 25. April 1887, betr. die Ausdehnung der ärztlichen Prüfung auf die Schutzpocken-Impfung (RGB. S. 110).

β) Bekanntm. des Reichskanzlers v. 5. Juli 1889, betr. die Prüfung der Zahnärzte (RCB. S. 417) nebst ergänzender Nachricht im RCB. 1890 S. 81.

Durch diese Bekanntm. sind die Bestimmungen der Bekanntm. v. 25. Sept. 1869 in Ansehung der Zahnärzte beseitigt.

γ) Bekanntm. des Reichskanzlers v. 13. Juli 1889, betr. die Prüfung der Thierärzte (RGB. S. 421). Die Bestimmungen der Bekanntm. v. 25. Sept. 1869 wurden in Ansehung der Thierärzte bestätigt durch die Bekanntm. des Reichskanzlers v. 27. März 1878, betr. die Prüfung der Thierärzte (RGB. S. 10, RCB. S. 160). Durch die Bekanntm. v. 13. Juli 1889 sind alle früheren über die Prüfung der Thierärzte ergangenen Vorschriften aufgehoben.

δ) Bekanntm. des Reichskanzlers v. 5. März 1875, betr. die Prüfung der Apotheker (RGB. S. 174, RCB. S. 167), wodurch alle früheren über die Prüfung der Apotheker ergangenen Bekanntmachungen aufgehoben sind.

Dazu: Bekanntm. des Reichskanzlers v. 25. Dez. 1879, betr. die Abänderung der Bestimmungen über die Prüfung der Apotheker (RCB. S. 850) und Bekanntm. des Reichskanzlers v. 6. Mai 1884, betr. die Prüfung der Apotheker (RCB. S. 155).

Bekanntm. des Reichskanzlers v. 6. Juli 1889, betr. einen Zusatz zu der Bekanntm. v. 5. März 1875 (RCB. S. 421).

Bekanntm. des Reichskanzlers v. 13. Nov. 1875, betr. die Bestimmungen über die Prüfung der Apothekergehülfen (RCB. S. 761), nebst Bekanntm. des Reichskanzlers v. 4. Febr. 1879, betr. die Abänderung der Bestimmungen über die Prüfung der Apothekergehülfen (RCB. S. 91) und Bekanntm. des Reichskanzlers v. 25. Dez. 1879, betr. die Abänderung der Bestimmungen über die Prüfungen der Apothekergehülfen (RCB. S. 850).

Dazu: Bekanntm. des Reichskanzlers v. 23. Dez. 1882 (RCB. S. 458) und 13. Jan. 1883 (RCB. S. 12).

c) Zum Abs. 4 des §. 29 der Gewerbe-O.:

Bekanntm. des Bundeskanzlers v. 9. Dez. 1869, betr. die Entbindung von den ärztlichen Prüfungen (BGB. S. 687) und Bekanntm. des Reichskanzlers v. 15. April 1884, betr. die Dispensationen von den ärztlichen Prüfungsvorschriften (RCB. S. 123).

d) Ueber die statistische Aufnahme des Heilpersonals, des pharmazeutischen Personals und der pharmazeutischen Anstalten vgl. die Bekanntm. des Reichskanzlers v. 2. März 1887 (RCB. S. 58).

5. Zum § 30. a) An Stelle des Abs. 1 des § 30 sind die Bestimmungen des Art. 2 des RG. v. 23. Juli 1879 (RGB. S. 267) getreten. Ergänzt durch Art. 1 des RG. v. 6. Aug. 1896, betr. die Abänderung der Gewerbe-O. (RGB. S. 685).

b) Ueber das Hebammenwesen in Elsaß-Lothringen vgl. das G. v. 25. März 1889 (GB. f. Elf.-Lothr. S. 33).

c) die Bestimmung des § 30a beruht auf Art. 3 des RG. v. 1. Juli 1883 (RGB. S. 159).

Für Elsaß-Lothringen vgl. G. v. 5. Mai 1890, betr. die Ausbildung des Hufbeschlaggewerbes (GB. f. Elf.-Lothr. S. 35).

6. Zum § 31.[1]) Auf Grund der Bestimmung des § 31 der Gewerbe-O. v. 21. Juni 1869 in Verbindung mit Art. 54 der Reichsverf. sind die Bekanntm. des Bundes-(Reichs-)kanzlers, betr. die Prüfung der Seeschiffer und Seesteuerleute auf D. Kauffahrteischiffen, v. 25. Sept. 1869 (BGB. S. 660), v. 30. Mai 1870 (BGB. S. 314), v. 19. Juni 1875 (RCB. S. 371), v. 25. Juni 1875 (RCB. S. 376), v. 12. März 1885 (RGB. S. 82) und v. 2. Dez. 1885 (RGB. S. 319) erlassen; an die Stelle dieser Vorschriften sind diejenigen getreten, welche der Bundesrath zufolge der Bekanntm. des Reichskanzlers v. 6. Aug. 1887 (RGB. S. 395) und v. 4. März 1895 (RGB. S. 179) erlassen hat. Dazu: Bekanntm. des Reichskanzlers v. 15. Juni 1888, betr. die Befähigungszeugnisse für Schiffer auf kleiner Fahrt mit Hochseefischereifahrzeugen und die Berechnung der Steuermannsfahrzeit (RGB. S. 185) und Bekanntm. des Reichskanzlers v. 11. Juni 1891, betr. den Nachweis der Befähigung als Seeschiffer und Seesteuer-

[1]) Vgl. Bekanntm. des Reichskanzlers v. 9. Juni 1891, betr. die Führung von Segel-Lustfahrzeugen (RCB. S. 144).

mann auf D. Kauffahrteischiffen (RGB. S. 348) nebst Bekanntm. des Reichskanzlers v. 11. Juni 1891, betr. die Grundsätze für die Untersuchung der Seeschiffer und Seesteuerleute auf Farbenblindheit (RCB. S. 156). Ueber die Zulassung ehemaliger Offiziere &c. der Kaiserlichen Marine als Seeschiffer und Seesteuerleute auf D. Kauffahrteischiffen vgl. die Bekanntm. des Reichskanzlers v. 21. Dez. 1874 (RCB. 1875 S. 51). Das RG. v. 11. Juni 1878 (RGB. S. 109) verordnet, daß die Bestimmungen, welche in der Gewerbe-O. in Bezug auf Seesteuerleute getroffen sind, auf Maschinisten der Seedampfschiffe gleichfalls Anwendung finden. — In Ausführung dieses Ges. sind die Bekanntm. des Reichskanzlers v. 30. Juni 1879, betr. die Prüfung der Maschinisten auf Seedampfschiffen der D. Handelsflotte (RCB. S. 427) und die Bekanntm. des Reichskanzlers v. 23. Dez. 1879 (RGB. S. 851), v. 16. April 1885 (RCB. S. 164) und v. 15. Nov. 1886 (RCB. S. 389), v. 12. Nov. 1887 (RCB. S. 550), v. 18. Juli 1889 (RCB. S. 429) und v. 18. Juli 1890 (RCB. S. 281) erlassen. An Stelle der in den Bekanntmachungen v. 30. Juni 1879, 16. April 1885, 15. Nov. 1886, 12. Nov. 1887 und 18. Juli 1889 enthaltenen Vorschriften sind diejenigen getreten, welche der Bundesrath zufolge der Bekanntm. des Reichskanzlers v. 26. Juli 1891 (RGB. S. 359) erlassen hat.

Vgl. dazu Bekanntm. des Reichskanzlers v. 22. Aug. 1891 (RCB. S. 266).

7. Zum § 32. Die Fassung des § 32 beruht auf dem RG. v. 6. Aug. 1896, betr. die Abänderung der Gewerbe-O. (RGB. S. 685).

Bezüglich Elsaß-Lothringens vgl. § 3 des RG. v. 27. Febr. 1888 (RGB. S. 57).

8. Zum § 33. **a)** Die Fassung des Abs. 3 des § 33 beruht auf Art. 3 des RG. v. 23. Juli 1879, betr.

die Abänderung einzelner Bestimmungen der Gewerbe-O. (RGB. S. 267). Ergänzt durch Art. 3 des RG. v. 6. Aug. 1896 (RGB. S. 685).

Bezüglich Elsaß-Lothringens vgl. § 4 des RG. v. 27. Febr. 1888 (RGB. S. 57).

b) Die Bestimmungen der §§ 34a, b u. c beruhen auf dem Art. 4 des RG. v. 1. Juli 1883, betr. Abänderungen der Gewerbe-O. (RGB. S. 159).

Bezüglich Elsaß-Lothringens vgl. § 3 des RG. v. 27. Febr. 1888 (RGB. S. 57).

9. Zum § 34. Die Fassung des § 34 beruht auf Art. 4 Ziff. 1 des RG. v. 23. Juli 1879, betr. die Abänderung einiger Vorschriften der Gewerbe-O. (RGB. S. 268).

10. Zum § 35. Die Fassung des § 35 Abs. 1, 3, 4 beruht auf dem Art. 5 des RG. v. 1. Juli 1883, betr. Abänderung der Gewerbe-O. (RGB. S. 159), nachdem schon der Art. 4 Ziff. II. des RG. v. 23. Juli 1879, betr. die Abänderung einiger Vorschriften der Gewerbe-O. (RGB. S. 269) den § 35 geändert hatte. Die Fassung des § 35 Abs. 2 beruht auf Art. 4 des RG. v. 6. Aug. 1896 (RGB. S. 685), durch Art. 5 dieses G. hat der § 35 eine Ergänzung erhalten.

11. Zum § 36 Ad v.: Feingehalt edler Metalle. RG. v. 16. Juli 1884 über den Feingehalt der Gold- und Silberwaaren (RGB. S. 120).

Dazu: Bekanntm. des Reichskanzlers v. 7. Jan. 1886, betr. die Bestimmung über die Form des Stempelzeichens zur Angabe des Feingehalts auf goldenen und silbernen Geräthen (RGB. S. 1).

12. Zum § 38. Die Fassung des § 38 beruht auf dem Art. 4 Ziff. III. des RG. v. 23. Juli 1879, betr. die Abänderung einiger Vorschriften der Gewerbe-O. (RGB. S. 269).

13. Zu § 41a[1]). Der § 41a beruht auf dem Art. 1 des RG. v. 1. Juni 1891, betr. Abänderung der Gewerbe-O. (RGB. S. 261). Ergänzt durch Art. 6 des R.G. v. 6. Aug. 1896 (RGB. S. 685).
14. Die Fassung des § 42 beruht auf dem Art. 6 des RG. v. 1. Juli 1883, betr. Abänderung der Gewerbe-O. (RGB. S. 159).
15. Zu § 42a und b. Diese Bestimmungen beruhen auf dem Art. 6 des RG. v. 1. Juli 1883, betr. Abänderungen der Gewerbe-O. (RGB. S. 159). Abgeändert bezw. ergänzt durch Art. 7 und 8 des RG. v. 6. Aug. 1896 (RGB. S. 685).
16. Zum § 43. Die letzten fünf Absätze des § 43 beruhen auf dem Art. 7 des RG. v. 1. Juli 1883, betr. Abänderungen der Gewerbe-O. (RGB. S. 159).
17. Zum § 44 und § 44a. Die Fassung des § 44 und des § 44a beruht auf dem Art. 8 des RG. v. 1. Juli 1883, betr. Abänderungen der Gewerbe-O. (RGB. S. 159). Abgeändert durch Art. 9 und 10 des RG. v. 6. Aug. 1896 (RGB. S. 685). Vgl. Bekanntm. v. 27. Nov. 1896 und 25. März 1897 (RGB. 1896 S. 745 und 1897 S. 96).
18. Zu den §§ 53 und 54. Die Fassung der §§ 53 und 54 beruht auf dem Art. 9 und 10 des RG. v. 1. Juli 1883, betr. Abänderungen der Gewerbe-O. (RGB. S. 159). Ergänzt durch Art. 11 des RG. v. 6. August 1896 (RGB. S. 685).
19. Zum Tit. III. (§§ 55—63). Die jetzige Fassung des Tit. III. beruht auf Art. 2 des RG. v. 1. Juni 1891, betr. Abänderung der Gewerbe-O. (RGB. S. 261), auf Art. 11 des G. v. 1. Juli 1883, betr. Abände-

---

[1]) Vgl. Kaiserl. V. v. 28. März 1892, betr. das Inkrafttreten der auf die Sonntagsruhe im Handelsgewerbe bezüglichen Bestimmungen der Gewerbeordnungsnovelle v. 1. Juni 1891 (RGB. 1892 S. 339).

rung der Gewerbe-O. (RGB. S. 165 ff.) und auf Art. 12—19 des RG. v. 6. Aug. 1896, betr. die Abänderung der Gewerbe-O. (RGB. S. 685). Die im Abs. 3 des § 57 ursprünglicher Fassung vorbehaltenen Bestimmungen des Bundesraths sind zunächst durch die Bekanntm. des Reichskanzlers v. 17. Jan. 1871 (BGB. S. 27) und 31. Dez. 1871 (RGB. 1872 S. 2) veröffentlicht, demnächst aber durch diejenigen des Reichskanzlers v. 4. Jan. 1873 (RGB. S. 2) ersetzt. Seit dem 1. Jan. 1878 kamen an Stelle der letzteren die Bestimmungen der Bekanntm. des Reichskanzlers v. 7. März 1877 (RGB. S. 142) zur Anwendung. Ueber die jetzt geltenden, auf Grund des § 56d erlassenen Bestimmungen vgl. die Bekanntm. des Reichskanzlers v. 27. Nov. 1896 (RGB. S. 745), über die Gestattung des Feilhaltens von Bier im Umherziehen die Bekanntm. des Reichskanzlers v. 21. März 1890 (RGB. S. 60), abgeändert durch Bekanntm. des Reichskanzlers v. 7. Nov. 1892 (RGB. S. 1038) und über die Gestattung des Feilbietens von Obstbäumen im Umherziehen die Bekanntm. des Reichskanzlers v. 13. Febr. und 12. Juli 1897 (RGB. S. 18 und 596).

20. Zum Tit. VI. (§§ 81—104n). Die jetzige Fassung des Tit. VI. beruht auf Art. 1 des R.G. v. 26. Juli 1897, betr. die Abänderung der Gewerbe-O. (RGB. S. 663). Vgl. V. v. 14. März 1898 über die theilweise Inkraftsetzung dieses Gesetzes (RGB. S. 37).

21. Zum Tit. VII. (§§ 105—139b). Die jetzige Fassung des Tit. VII beruht auf dem RG. v. 1. Juni 1891, betr. Abänderung der Gewerbe-O. (RGB. S. 261), auf dem Art. 20 des RG. v. 6. Aug. 1896 (RGB. S. 685) und auf Art. 2 und 3 des RG. v. 26. Juli 1897 (RGB. S. 663).[1] [2])

[1]) Zur Mitwirkung bei den erforderlichen statistischen Erhebungen ist eine Kommission für Arbeiterstatistik er-

a) Zum § 105d. Die auf Grund des § 105d von dem Bundesrath erlassenen Bestimmungen sind durch Bekanntm. des Reichskanzlers v. 5. Febr. 1895 (RGB. S. 12) veröffentlicht worden. Vgl. hierzu die Bekanntm. des Reichskanzlers v. 25. Okt. 1895, v. 20. April, 26. Juni, 14. Juli, 27. Nov. 1896 und v. 16. Okt. 1897 (RGB. 1895 S. 448, 1896 S. 104, 177, 191, 744, 1897 S. 773).

b) Zum § 120a. § 120a der früheren Fassung war schon durch § 78 des RG. v. 29. Juli 1890 (RGB. S. 160) aufgehoben und es sind die Vorschriften des RG. v. 29. Juli 1890, betr. die Gewerbegerichte (RGB. S. 141 ff.) an die Stelle der bis dahin ergangenen Bestimmungen über die Gewerbegerichte getreten.

c) Zum § 120e und § 139a der Gewerbe-O. in der neuen Fassung.

Auf Grund des § 120e sind erlassen:

α) Bekanntm. des Reichskanzlers vom 4. März 1896 (RGB. S. 55), betr. den Betrieb von Bäckereien und Konditoreien.

β) Bekanntm. des Reichskanzlers vom 31. Juli 1897, betr. die Einrichtung und den Betrieb der Buchdruckereien und Schriftgießereien (RGB. S. 614).

---

richtet. Vgl. Regulativ v. 1. April 1892, betr. die Errichtung einer Kommission für Arbeiterstatistik (RCB. S. 166) nebst Bekanntm. des Reichskanzlers v. 29. Jan. 1894, betr. Abänderung des Regulativs für die Errichtung einer Kommission einer Arbeiterstatistik (RCB. S. 19).

[2]) Vgl. V. v. 4. Febr. 1895 (RGB. S. 11), betr. das völlige Inkrafttreten der auf die Sonntagsruhe bezüglichen Bestimmungen der Gewerbeordnungsnovelle vom 1. Juni 1891.

Auf Grund der §§ 120e und 139a sind erlassen:

α) die Bekanntm. des Reichskanzlers v. 8. Juli 1893, betr. die Einrichtung und den Betrieb der zur Anfertigung von Cigarren bestimmten Anlagen (RGB. S. 218).

β) Bekanntm. v. 8. Juli 1893, betr. die Einrichtung und den Betrieb der Bleifarben- und Bleizuckerfabriken (RGB. S. 213).

γ) Vgl. RG. v. 13. Mai 1884, betr. die Anfertigung und Verzollung von Zündhölzern (RGB. S. 49) nebst Bekanntm. des Reichskanzlers v. 8. Juli 1893, betr. Einrichtung und Betrieb von Anlagen zur Anfertigung von Zündhölzern unter Verwendung von weißem Phosphor (RGB. S. 209) zur Ausführung des Ges. v. 13. Mai 1884. Diese Bekanntm. ist an Stelle der früheren durch die Bekanntm. des Reichskanzlers v. 11. Juli 1884 (RGB. S. 195) verkündeten Vorschriften getreten.

δ) Bekanntm. des Reichskanzlers vom 11. Mai 1898, betr. die Einrichtung und den Betrieb von Anlagen zur Herstellung elektrischer Akkumulatoren aus Blei oder Bleiverbindungen (RGB. S. 176).

ε) Bekanntm. v. 2. Febr. 1897, betr. die Einrichtung und den Betrieb von Anlagen zur Herstellung von Alkali-Chronometern (RGB. S. 11).

22. Zum § 139a. Auf Grund der Ermächtigung in § 139a sind von dem Bundesrath folgende Bestimmungen erlassen und durch Bekanntm. des Reichskanzlers veröffentlicht worden:

a) Bekanntm. v. 31. Juli 1888, betr. die Beschäftigung von Arbeiterinnen und jugendlichen Arbeitern in Gummiwaarenfabriken (RGB. S. 219).

b) Bekanntm. des Reichskanzlers v. 11. März 1892, betr. die Beschäftigung von Arbeiterinnen und jugendlichen Arbeitern in Glashütten (RGB. S. 317).
c) Bekanntm. des Reichskanzlers v. 11. März 1892, betr. die Beschäftigung von Arbeiterinnen und jugendlichen Arbeitern in Drahtziehereien mit Wasserbetrieb (RGB. S. 324).
d) Bekanntm. des Reichskanzlers v. 17. März 1892, betr. die Beschäftigung von Arbeiterinnen und jugendlichen Arbeitern in Cichorienfabriken (RGB. S. 327).
e) Bekanntm. des Reichskanzlers v. 24. März 1892, betr. die Beschäftigung von Arbeiterinnen auf Steinkohlenbergwerken, Zink- und Bleierzwerken und auf Kokereien im Regierungsbezirk Oppeln (RGB. S. 331), berichtigt im RGB. für 1893 S. 3, hierzu Bekanntm. des Reichskanzlers v. 11. März 1897 (RGB. S. 25).
f) Bekanntm. des Reichskanzlers v. 24. März 1892, betr. die Beschäftigung von Arbeiterinnen in Rohzuckerfabriken und Zuckerraffinerien (RGB. S. 334).
g) Bekanntm. des Reichskanzlers v. 29. April 1892, betr. die Beschäftigung von Arbeiterinnen und jugendlichen Arbeitern in Walz- und Hammerwerken (RGB. S. 602). Abgeändert durch die Bekanntm. des Reichskanzlers v. 1. Febr. 1895 (RGB. S. 8).
h) Bekanntm. des Reichskanzlers v. 29. April 1892, betr. die Beschäftigung jugendlicher Arbeiter in Hechelräumen u. dergl. (RGB. S. 604).
i) Bekanntm. des Reichskanzlers v. 27. April 1893 u. 16. Dez. 1897, betr. die Beschäftigung von Arbeiterinnen und jugendlichen Arbeitern in Ziegeleien (RGB. 1893 S. 148 u. 1897 S. 789).

k) Bekanntm. des Reichskanzlers v. 8. Dez. 1893, betr. die Nachmittagpausen der in Spinnereien beschäftigten jugendlichen Arbeiter (RGB. S. 264).
l) Bekanntm. des Reichskanzlers v. 1. Febr. 1895 (RGB. S. 5), betr. die Beschäftigung jugendlicher Arbeiter auf Steinkohlenbergwerken.
m) Bekanntm. des Reichskanzlers v. 17. Juli 1895 (RGB. S. 420), betr. die Beschäftigung von Arbeiterinnen in Meiereien (Molkereien) und Betrieben zur Sterilisirung von Milch.
n) Bekanntm. des Reichskanzlers v. 11. März 1898, betr. die Beschäftigung von Arbeiterinnen in Konservenfabriken (RGB. S. 35).
o) (auf Grund v. §§ 139a u. 154 Abs. 2 der GO.) Bekanntm. des Reichskanzlers v. 18. Okt. 1898, betr. die Beschäftigung von Arbeiterinnen und jugendlichen Arbeitern in Ziegeleien (RGB. S. 1061).

23. Zum § 139b in der neuen Fassung. Auf Grund des § 139b Abs. 5 sind vom Bundesrath die durch Bekanntm. des Reichskanzlers v. 26. März 1892 (RGB. S. 337), betr. die Ermittelung der Zahl der in Fabriken und diesen gleichstehenden Anlagen beschäftigten Arbeiterinnen veröffentlichten Bestimmungen erlassen worden.

24. Zum Tit. VIII. (§§ 140, 141). Der Titel VIII. der Gewerbe-O. f. d. Nordd. Bund bestand aus den §§ 140, 141, von denen nur der erstere noch gilt. An die Stelle des § 141 sind durch Art. 1 des RG. v. 8. April 1876, betr. die Abänderung des Art. VIII. der Gewerbe-O. (RGB. S. 134) die §§ 141 bis 141f gesetzt, welchen sich die Bestimmungen des Art. 2 des GR. v. 8. April 1876 (Hülfskassen) anschlossen. Durch § 87 des RG. v. 15. Juni 1883, betr. die Krankenversicherung der Arbeiter (RGB. S. 73) ist das Ges. v. 8. April 1876 aufgehoben und es sind die auf Grund des Art. 1 §§ 141a, 141c, 141e

desselben getroffenen statutarischen Bestimmungen, soweit sie den Vorschriften des RG. v. 15. Juni 1883 zuwiderlaufen, außer Kraft gesetzt.

Ueber die eingeschriebenen Hülfskassen vgl. das RG. v. 7. April 1876 (RGB. S. 125) und das RG. v. 1. Juni 1884, betr. die Abänderung des letztgedachten Gesetzes (RGB. S. 54), sowie Art. 32 des RG. v. 10. April 1892 über die Abänderung des Gesetzes, betr. die Krankenversicherung der Arbeiter v. 15. Juni 1883 (RGB. 1892 S. 379). Dazu: Bekanntm. des Reichskanzlers v. 14. Febr. 1877 (RCB. S. 99) und v. 16. Okt. 1884 (RCB. S. 266).

25. Zum Tit. IX (§ 142). Die Fassung des Tit. IX. beruht auf Art. 4 des RG., betr. Abänderung der Gewerbe-O. v. 1. Juni 1891 (RGB. S. 261).

26. Zum Tit. X. Vgl. die abändernden RG. v. 12. Juni 1872 (RGB. S. 170), v. 17. Juli 1878 Art. 2 (RGB. S. 210), v. 18. Juli 1881 Art. 2 (RGB. S. 244), v. 1. Juli 1883 Art. 14 (RGB. S. 173), Art. 6 des RG. v. 1. Juni 1891 (RGB. S. 261), Art. 21 des RG. v. 6. Aug. 1896 (RGB. S. 685) u. Art. 3 u. 4 des RG. v. 26. Juli 1897 (RGB. S. 663).

27. Zu den Schlußbestimmungen vgl. Art. 7 u. 8 des RG. v. 1. Juni 1891 (RGB. S. 261) u. V. v. 31. Mai 1897, betr. die Ausdehnung der §§ 135—139 u. des § 139b der Gewerbe-O. auf die Werkstätten der Kleider- und Wäschekonfektion (RGB. S. 459).

IV. Ad v.: Versicherungswesen.[1])

a. In dem Schlußprotokoll zu dem Vertr. v. 23. Nov. 1870, betr. den Beitritt Bayerns zur Verf. d. D. Bundes ist unter IV. vorbehalten worden, daß, wenn sich die Reichsgesetzgebung mit dem Immobilar-Ver-

[1]) Wegen Einführung der Arbeiterversicherungsgesetze in Helgoland siehe V. v. 14. Dez. 1892 (RGB. S. 1052).

sicherungswesen befassen sollte, die vom Reiche zu erlassenden gesetzlichen Bestimmungen in Bayern nur mit Zustimmung der Bayerischen Regierung Geltung erlangen können (BGB. 1871 S. 25).[1])

b) α) RG. v. 15. Juni 1883, betr. die Krankenversicherung der Arbeiter (RGB. S. 73), RG. v. 28. Jan. 1885, betr. die Abänderung des Ges. v. 15. Juni 1883 über die Krankenversicherung der Arbeiter (RGB. 1885 S. 5) und RG. v. 10. April 1892 über die Abänderung des Gesetzes, betr. die Krankenversicherung der Arbeiter v. 15. Juni 1883 (RGB. 1892 S. 379).

Der Text, wie er sich aus den eingetretenen Aenderungen ergiebt, ist mit der Bekanntm. des Reichskanzlers v. 10. April 1892, betr. die Redaktion des Krankenversicherungsgesetzes durch das Reichsgesetzblatt (RGB. S. 417) mit der Ueberschrift „Krankenversicherungsgesetz“ bekannt gemacht.

Dazu: RG. v. 14. Dez. 1892, betr. die Einführung des § 75a des Krankenversicherungsgesetzes (RGB. S. 1049). Bekanntm. des Reichskanzlers v. 7. Okt. 1892, betr. Krankenversicherung im Arbeiterverhältniß zur Post- und Telegraphenverwaltung stehender Personen (RCB. S. 628), Zusammenstellung ortsüblicher Tagelöhne gewöhnlicher Tagearbeiter, veröffentlicht durch Bekanntm. des Kaiserl. Statistischen Amtes v. 24. Dez. 1892 (RCB. S. 716) und Bekanntm. des Reichskanzlers v. 3. Juli 1892, betr. Entwürfe zu Statuten für eine Orts- Krankenkasse und für eine Betriebs- (Fabrik-) Krankenkasse nebst Erläuterungen (RCB. S. 515).

β) Unfallversicherungsgesetz v. 6. Juli 1884 (RGB. S. 69). § 87 abgeändert durch RG. v. 16. Mai

[1]) Vgl. unten Anlage VII.

1892, betr. die Abänderung des § 87 des Unfallversicherungsgesetzes v. 6. Juli 1884 rc. (RGB. 1892 S. 665.)

Dazu:

αα) Bekanntm. des Reichskanzlers v. 22. Jan. 1885, betr. die Unfallversicherungspflicht von Arbeitern und Betriebsbeamten in Betrieben, welche sich auf die Ausführung von Bauarbeiten erstrecken (RGB. S. 13).

Bekanntm. des Reichskanzlers v. 27. Mai 1886, betr. die Unfallversicherungspflicht von Arbeitern und Betriebsbeamten in Betrieben, welche sich auf die Ausführung von Bauarbeiten erstrecken (RGB. S. 190).

Bekanntm. des Reichskanzlers v. 14. Jan. 1888, betr. die Unfallversicherung von Arbeitern und Betriebsbeamten in Betrieben, welche sich auf die Ausführung von Bauarbeiten erstrecken (RGB. S. 1).

ββ) (Zum § 50.) V. v. 2. Nov. 1885 über das Verfahren vor den auf Grund des Unfallversicherungsgesetzes errichteten Schiedsgerichten (RGB. S. 279).

γγ) (Zum § 90.) V. v. 5. Aug. 1885, betr. die Formen des Verfahrens und den Geschäftsgang des Reichsversicherungsamtes (RGB. S. 255) und (abändernde) V. v. 13. Nov. 1887, betr. die Formen des Verfahrens und den Geschäftsgang des Reichsversicherungsamtes, sowie das Verfahren vor dem auf Grund der Gesetze v. 5. Mai 1886 und v. 13. Juli 1887 errichteten Schiedsgerichte (RGB. 1887 S. 523).

γ) RG. v. 28. Mai 1885 über die Ausdehnung der Unfall- und Krankenversicherung (RGB. S. 159), abgeändert durch Art. 32 des RG. v.

10. April 1892 über die Abänderung des Gesetzes, betr. die Krankenversicherung der Arbeiter v. 15. Juni 1883 (RGB. 1892 S. 279).

B. v. 25. Sept. 1885, betr. die Inkraftsetzung des Unfallgesetzes v. 6. Juli 1884 und die theilweise Inkraftsetzung des Ges. über die Ausdehnung der Krankenversicherung v. 28. Mai 1885 (RGB. 1885 S. 271).

B. v. 24. Juni 1886, betr. die Inkraftsetzung des Ges. über die Ausdehnung der Unfall- und Krankenversicherung v. 28. Mai 1885 (RGB. 1886 S. 205).

δ) RG. v. 5. Mai 1886, betr. die Unfall- und Krankenversicherung der in land- und forstwirthschaftlichen Betrieben beschäftigten Personen (RGB. S. 132), abgeändert durch Art. 32 des RG. v. 10. April 1892 über die Abänderung des Ges., betr. die Krankenversicherung der Arbeiter v. 15. Juni 1883 (RGB. 1892 S. 379) und durch RG. v. 16. Mai 1892, betr. die Abänderung des § 95 des RG. v. 5. Mai 1886 (RGB. 1892 S. 665).

ε) RG. v. 15. März 1886, betr. die Fürsorge für Beamte und Personen des Soldatenstandes in Folge von Betriebsunfällen (RGB. S. 53).

ζ) G. v. 8. Mai 1888 (für Elsaß-Lothringen), betr. die Fürsorge für Beamte in Folge von Betriebsunfällen (GB. f. Elf.-Lothr. S. 41).

η) RG. v. 11. Juli 1887, betr. die Unfallversicherung der bei Bauten beschäftigten Personen (RGB. S. 287).

ϑ) RG. v. 13. Juli 1887, betr. die Unfallversicherung der Seeleute und anderer bei der Seeschiffahrt betheiligter Personen (RGB. S. 329), nebst Berichtigung (RGB. 1888 S. 182). Dazu die Bekanntm. des Reichskanzlers v. 14. Juni

1895 (RGB. S. 351), betr. die Unfallversicherungspflicht der Besatzung von Hochseefischereidampfern und vom 6. Febr. 1896 (RGB. S. 53), betr. die Ausdehnung der Unfallversicherung auf die große Heringsfischerei.

ι) V. v. 26. Dez. 1887 über die Inkraftsetzung des Ges., betr. die Unfallversicherung der bei Bauten beschäftigten Personen v. 11. Juli 1887, und des Ges. v. 11. Juli 1887, betr. die Unfallversicherung der Seeleute und anderer bei der Seeschiffahrt betheiligter Personen (RGB. S. 537).

κ) V. v. 28. März 1888 über die Inkraftsetzung des Ges., betr. die Unfall- und Krankenversicherung der in land- und forstwirthschaftlichen Betrieben beschäftigten Personen, v. 5. Mai 1886 für das Gebiet mehrerer Bundesstaaten [für das Gebiet des Königreichs Preußen, des Großherzogthums Sachsen, der Fürstenthümer Waldeck und Pyrmont, sowie der freien und Hansestadt Lübeck, des Königreichs Württemberg, des Fürstenthums Schaumburg-Lippe] (RGB. 1888 S. 125).

V. v. 23. Mai 1888 über die Inkraftsetzung des Ges., betr. die Unfall- und Krankenversicherung der in land- und forstwirthschaftlichen Betrieben beschäftigten Personen v. 5. Mai 1886 [für das Gebiet des Großherzogthums Mecklenburg-Schwerin] (RGB. 1888 S. 175).

V. v. 26. Juni 1888 über die Inkraftsetzung des Ges., betr. die Unfall- und Krankenversicherung der in land- und forstwirthschaftlichen Betrieben beschäftigten Personen, v. 5. Mai 1886 [für das Fürstenthum Schwarzburg-Sondershausen] (RGB. 1888 S. 207).

V. v. 21. Juli 1888 über die Inkraftsetzung des Ges., betr. die Unfall- und Krankenversicherung der in land- und forstwirthschaftlichen Betrieben beschäftigten Personen, v. 5. Mai 1886 [für das Gebiet des Großherzogthums Baden, des Königreichs Bayern und des Königreichs Sachsen] (RGB. 1888 S. 217).

V. v. 2. Okt. 1888 über die Inkraftsetzung des G., betr. die Unfall- und Krankenversicherung der in land- und forstwirthschaftlichen Betrieben beschäftigten Personen, v. 5. Mai 1886 [für das Herzogthum Anhalt] (RGB. 1888 S. 235).

V. v. 27. Okt. 1888 über die Inkraftsetzung des G., betr. die Unfall- und Krankenversicherung der in land- und forstwirthschaftlichen Betrieben beschäftigten Personen, v. 5. Mai 1886 [für das Gebiet des Großherzogthums Hessen, des Großherzogthums Mecklenburg-Strelitz, des Herzogthums Sachsen-Koburg und-Gotha, des Fürstenthums Reuß älterer Linie und der freien Hansestadt Bremen] (RGB. 1888 S. 237).

V. v. 19. Nov. 1888 über die Inkraftsetzung des G. v. 5. Mai 1886, betr. die Unfall- und Krankenversicherung der in land- und forstwirthschaftlichen Betrieben beschäftigten Personen [für das Herzogthum Braunschweig] (RGB. 1888 S. 289).

V. v. 17. Dez. 1888 über die Inkraftsetzung des G. v. 5. Mai 1886, betr. die Unfall- und Krankenversicherung der in land- und forstwirthschaftlichen Betrieben beschäftigten Personen [für das Großherzogthum Oldenburg, das Herzogthum Sachsen-Altenburg, das Fürstenthum Schwarzburg-Rudolstadt, das Fürstenthum Reuß jüngerer Linie und das Fürstenthum Lippe] (RGB. 1888 S. 297).

V. v. 16. April 1889 über die Inkraftsetzung des G. v. 5. Mai 1886, betr. die Unfall- und Krankenversicherung der in land- und forstwirthschaftlichen Betrieben beschäftigten Personen [für das Gebiet der freien und Hansestadt Hamburg, sowie für Elsaß-Lothringen] (RGB. 1889 S. 51).

B. v. 30. Sept. 1889 über die Inkraftsetzung des G. v. 5. Mai 1886, betr. die Unfall- und Krankenversicherung der in land- und forstwirthschaftlichen Betrieben beschäftigten Personen [für das Herzogthum Sachsen-Meiningen] (RGB. 1889 S. 195).

λ) Das Krankenversicherungsgesetz v. 15. Juni 1883 und das Unfallversicherungsgesetz v. 6. Juli 1884 sind mit den zu denselben erlassenen Ausführungsbestimmungen mitgetheilt in Guttentag's Gesetzgebung des Deutschen Reichs Bd. V. S. 426—459 und S. 772—863. — Vgl. ferner: Guttentag'sche Sammlung Deutscher Reichsgesetze Nr. 20: E. v. Woedtke, Krankenversicherungsgesetz v. 15. Juni 1883 in der Fassung der Novelle v. 10. April 1892; Text-Ausgabe mit Anmerkungen. 7. Aufl. 1898. — Guttentag'sche Sammlung Deutscher Reichsgesetze Nr. 23: E. v. Woedtke, Unfallversicherungsgesetz v. 6. Juli 1884, und Gesetz über die Ausdehnung der Unfall- und Krankenversicherung v. 28. Mai 1885; Text-Ausgabe mit Anmerkungen. 5. Aufl. 1898. — Guttentag'sche Sammlung Deutscher Reichsgesetze Nr. 28: R. Chrzescinski, Das Reichsgesetz v. 18. Juli 1887, betr. die Unfallversicherung der bei Bauten beschäftigten Personen; Text-Ausgabe mit Anmerkungen. 2. Aufl. 1898.

c) RG. v. 22. Juni 1889, betr. die Invaliditäts- und Altersversicherung (RGB. S. 97), abgeändert durch RG. v. 8. Juni 1891, betr. die Abänderung des § 157 des Invaliditäts- und Altersversicherungsgesetzes (RGB. S. 337). — Vgl. Guttentag'sche Sammlung Deutscher Reichsgesetze Nr. 30: E. v. Woedte, Das

Reichsgesetz v. 22. Juni 1889, betr. die Invaliditäts- und Altersversicherung; Text-Ausgabe mit Anmerkungen. 5. Aufl. 1895.[1])

Dazu:

α) V. v. 30. Dez. 1889, betr. die Inkraftsetzung der §§ 18 und 140 des G., betr. die Invaliditäts- und Altersversicherung, v. 22. Juni 1889 (RGB. 1890 S. 1) und V. v. 25. Nov. 1890 über die Inkraftsetzung des G., betr. die Invaliditäts- und Altersversicherung v. 22. Juni 1889 (RGB. 1890 S. 191).

β) Bekanntm. des Reichskanzlers v. 16. Dez. 1891, betr. die Erstreckung der Versicherungspflicht nach dem Invaliditäts- und Altersversicherungsgesetze auf die Hausgewerbetreibenden der Tabakfabrikation (RGB. S. 395).

γ) Bekanntm. des Reichskanzlers v. 1. März 1894 u. 9. Nov. 1895, betr. die Invaliditäts- und Altersversicherung von Hausgewerbetreibenden der Textilindustrie (RGB. 1894 S. 324 u. 1895 S. 452).

δ) Bekanntm. des Reichskanzlers v. $\frac{\text{27. Nov. 1890,}}{\text{24. Dez. 1891,}}$ betr. die Durchführung der Invaliditäts- und Altersversicherung (RGB. S. 399) nebst Bekanntm. des Reichskanzlers v. 24. Jan. 1893 u. 31. Dez. 1894, betr. die Befreiung vorübergehender Dienstleistungen von der Invaliditäts-

---

[1]) Vgl. die unter Hinweis auf die einzelnen Paragraphen des Invaliditäts- und Altersversicherungsgesetzes angeführten Ausführungsbestimmungen bei Glock, Systematische Zusammenstellung des gesammten geltenden Reichsrechts (J. Guttentag'scher Verlag), Berlin 1894 (S. 97 und 98).

und Altersversicherung (RGB. 1893 S. 5 u. 1894 S. 543).

ε) Bekanntm. des Reichskanzlers v. 15. März 1890, mit der Zusammenstellung der auf Grund der §§ 41 und 42 des G. v. 22. Juni 1889 zur Durchführung der Invaliditäts- und Altersversicherung errichteten Versicherungsanstalten (RCB. 1890 S. 53). Ergänzt durch Bekanntm. des Reichskanzlers v. 21. Dez. 1893, betr. anderweite Festsetzung der Bezirke der Invaliditäts- und Altersversicherungsanstalt in Schleswig-Holstein (RCB. S. 360).

ζ) V. v. 1. Dez. 1890, betr. das Verfahren vor den auf Grund des Gesetzes errichteten Schiedsgerichten (RGB. S. 193).

η) V. v. 20. Dez. 1890, betr. die Formen des Verfahrens und den Geschäftsgang des Reichsversicherungsamts in Angelegenheiten der Invaliditäts- und Altersversicherung (RGB. S. 209).

V. Ad v.: Kolonisation und Auswanderung nach außerdeutschen Ländern.

1. RG. v. 6. April 1885, betr. Postdampfschiffsverbindungen mit überseeischen Ländern (RGB. S. 85).

2. RG. v. 27. Juni 1887 zur Ergänzung des G., betr. Postdampfschiffsverbindungen mit überseeischen Ländern, v. 6. April 1885 (RGB. 1887 S. 275).

3. RG. v. 20. März 1893 zur Ergänzung der Gesetze, betr. Postdampfschiffsverbindungen mit überseeischen Ländern, v. 6. April 1885 und v. 27. Juni 1887 (RGB. 1893 S. 95).

4. RG. v. 13. April 1898 zur Ergänzung der Gesetze, betr. Postdampfschiffsverbindungen mit überseeischen Ländern (RGB. S. 163).

5. RG. v. 1. Febr. 1890, betr. eine Postdampfschiffsverbindung mit Ostafrika (RGB. S. 19).

Dazu: Vertr. v. 5./9. Mai 1890 über die Einrichtung und den Betrieb einer regelmäßigen Deutschen Postdampferverbindung mit Ostafrika (RGB. S. 122).

6. RG. v. 2. Febr. 1889, betr. Bekämpfung des Sklavenhandels und Schutz der deutschen Interessen in Ostafrika (RGB. S. 3 und Berichtigung S. 10).

7. RG. v. 28. Juli 1895 (RGB. S. 425), betr. die Bestrafung des Sklavenraubes und des Sklavenhandels.

8. RG. über das Auswanderungswesen v. 9. Juni 1897 (RGB. S. 463).

Dazu: a) Bekanntm. des Reichskanzlers v. 14. März 1898, betr. Bestimmungen über den Geschäftsbetrieb der Auswanderungsunternehmer und Agenten (RGB. S. 39).

b) Bekanntm. des Reichskanzlers v. 14. März 1898, betr. Vorschriften über Auswandererschiffe (RGB. S. 57).

2) die Zoll- und Handelsgesetzgebung und die für die Zwecke des Reichs zu verwendenden Steuern;

Vgl. hinsichtlich der hierauf bezüglichen Gesetzgebung die Zus. zu den Art. 35 und 70 der Reichsverfassung.

3) die Ordnung des Maaß-, Münz- und Gewichtssystems,[1]) nebst Feststellung der Grundsätze über die Emission von fundirtem und unfundirtem Papiergelde;[2])

---

[1]) Vgl. v. Rönne's Staatsrecht des D. R., 2. Aufl., Bd. II. Abth. 1 §§ 95 und 96 S. 241 ff.

[2]) Vgl. Guttentag'sche Samml. D. RG. Nr. 26: Dr. R. Koch, Die Reichsgesetzgebung über Münz- und Bankwesen, Papiergeld, Prämienpapiere und Reichsanleihen. Text-Ausgabe mit Anmerk. 3. Aufl. 1896.

1. Ad v.: Maaß-, Münz- und Gewichtssystem.[1] [2])

a) Maaß- und Gewichts-O. für den Nordd. Bund, v. 17. Aug. 1868 (BGB. S. 473). Auch gültig für Baden und Südhessen zuf. Art. 80 I. 11 der mit Baden und Hessen vereinbarten Verf. (BGB. 1870 S. 647) und für Württemberg, zuf. Art. 2 Nr. 6 des Vertr. v. 25. Nov. 1870 (BGB. S. 656). In Bayern mit Modifikationen eingeführt durch RG. v. 26. Nov. 1871 (RGB. S. 397). Seit dem 1. Jan. 1872 im ganzen Reichsgebiete, mit Ausnahme von Elsaß-Lothringen, in Kraft getreten. In Elsaß-Lothringen mit Modifikationen eingeführt durch RG. v. 19. Dez. 1874 (RGB. 1875 S. 1, GB. f. Elf.-Lothr. 1875 S. 1).

Dazu:

α) G. des Nordd. Bundes v. 10. März 1870 wegen Ergänzung der Maaß- und Gewichts-O. für den Nordd. Bund, v. 17. August 1868 (BGB. 1870 S. 46).[3])

β) RG. v. 7. Dez. 1873, betr. die Abänderung der Maaß- und Gewichts-O. für den Nordd. Bund, v. 17. Aug. 1868 (RGB. 1873 S. 377).

---

[1]) Vgl. die internationale Meterkonvention v. 20. Mai 1875 (RGB. 1876 S. 191 ff.). Dazu: Bekanntm. des Reichskanzlers v. 30. Dez. 1884 (RGB. 1885 S. 1), v. 9. Nov. 1885 (RGB. S. 287) und v. 23. Febr. 1891, betr. den Beitritt Mexikos zu der am 20. Mai 1875 abgeschlossenen internationalen Meterkonvention (RGB. 1891 S. 19).

[2]) Die G. über das Maaß- und Gewichtswesen und über das Münzwesen sind in Helgoland eingeführt durch V. v. 22. März 1891 (RGB. S. 21).

[3]) Dieses G. des Norddeutschen Bundes hat seine praktische Bedeutung dadurch verloren, daß jetzt die Maaß- und Gewichts-O. v. 17. Aug. 1868 auch in den Südd. Staaten in Geltung getreten ist.

γ) RG. v. 11. Juli 1884, betr. die Abänderung der Maaß- und Gewichts-O. v. 17. Aug. 1868 (RGB. 1884 S. 115).

δ) RG. v. 26. April 1893, betr. die Abänderung der Maaß- und Gewichts-O. (RGB. S. 151).

Dazu: Bekanntm. des Reichskanzlers v. 30. Okt. 1884, betr. die Ausführung der Bestimmungen im § 2 des G. v. 11. Juli 1884 (RGB. S. 215), Bekanntm. des Reichskanzlers v. 7. Jan. 1897, betr. die Zulassung älterer Maaße, Meßwerkzeuge und Gewichte zur Wiederholung der Aichung und Stempelung (RGB. S. 2) und die auf Grund des § 3 des G. v. 11. Juli 1884 erlassene Bekanntm. der Normal-Aichungskommission v. 30. Dez. 1884, betr. die Zulassungsfristen für ältere Maaße, Meßwerkzeuge, Gewichte und Waagen (abgedruckt als besondere Beilage zu der Nr. 5 des RGB. 1885 hinter S. 14); Bekanntm. der Normal-Aichungskommission v. 29. April 1886, betr. die Zulassungsfristen für ältere Waagen (abgedruckt in der besonderen Beilage zu Nr. 15 des RGB. 1886 hinter S. 180) und Bekanntm. der Normal-Aichungskommission v. 8. Jan. 1897, betr. die Zulassungsfristen für ältere Maaße, Meßwerkzeuge, Gewichte und Waagen (abgedruckt in der besonderen Beilage zu Nr. 1 des RGB. 1897 hinter S. 2.)

ε) Bekanntm. des Bundeskanzlers v. 16. Febr. 1869, betr. die Errichtung einer Normal-Aichungskommission in Berlin (BGB. S. 46).[1]

ζ) In Folge der Abänderung der Maaß- und Gewichts-O. v. 17. Aug. 1868 hat die Kaiserl. Normal-Aichungskommission erlassen:[2]

---

[1]) Vgl. das Preuß. G. v. 26. Nov. 1869, betr. die Aichungsbehörden (Pr. GS. S. 1165).

[2]) Laut Bekanntm. des Reichskanzlers v. 26. März 1877 (RGB. S. 408) werden die von der Normal-Aichungskommission zur Abänderung der Aich-O. getroffenen Bestimmungen durch das CB. des D. R. veröffentlicht.

αα) Aich-O. für das D. R. v. 27. Dez. 1884 (abgedruckt als besondere Beilage zu Nr. 5 des RGB. von 1885 hinter S. 14) — unter Aufhebung der Aich-O. v. 16. Juli 1869 (BGB. Beilage zu Nr. 32) und der Bekanntm. v. 23. Febr. 1870 (BGB. Beilage zu Nr. 20), sowie der sämmtlichen Ergänzungen und Nachträge zu jener Aich-O., jedoch mit Ausschluß der auf Medizinalwaagen und Medizinalgewichte bezüglichen Bekanntm. v. 17. Juni 1875 und v. 24. Okt. 1882 (RCB. 1875 S. 374 und RCB. 1882 S. 418).

ββ) Aichgebührentaxe v. 28. Dez. 1884 (abgedruckt als besondere Beilage zu Nr. 5 des RGB. von 1885 hinter S. 14) — unter Aufhebung der Aichgebührentaxe v. 12. Dez. 1869 (BGB. Beilage zu Nr. 40 und RCB. 1873 S. 135) und aller Nachträge zu derselben.

Außerdem hat die Normal-Aichungskommission unterm 10. Nov. 1885 Bestimmungen betr. die Prüfung von Thermometern (RCB. S. 536) erlassen, an deren Stelle die Bestimmungen der physikalisch-technischen Reichsanstalt für die Prüfung und Beglaubigung von Thermometern v. 25. Jan. 1898 (RCB. S. 76) getreten sind.

Endlich hat der Reichskanzler die Bekanntm. v. 27. Juli 1885, betr. die äußersten Grenzen der im öffentlichen Verkehr noch zu duldenden Abweichungen der Maaße und Meßwerkzeuge, Gewichte und Waagen von der absoluten Richtigkeit (RGB. S. 263) erlassen, wodurch die Bekanntm. v. 6. Dez. 1869, v. 16. Aug. 1871, v. 14. Dez. 1872, v. 11. u. 26. Juli 1875 u. v. 12. März 1881 (BGB. 1869 S. 698, RGB. 1871 S. 328, 1873 S. 3, RCB. 1875 S. 436 u. RGB. 1875 S. 257 u. RCB. 1881 S. 98) aufgehoben sind.

Vgl. Bekanntm. des Reichskanzlers v. 22. März 1876, betr. die aichamtliche Behandlung vorschriftswidriger Maaße, Gewichte und sonstiger Meßwerkzeuge (RGB. S. 123, RCB. S. 185).

γγ) Bekanntm. der Normal-Aichungskomm. v. 4. Mai 1888, betr. die Abänderung der Aich-O. und der Aichgebührentaxe (RGB. S. 176).

δδ) Bekanntm. der Kaiserl. Normal-Aichungskomm. v. 15. Mai 1891, betr. Abänderung der Aich-O. und der Aichgebührentaxe (RGB. S. 115).

εε) Bekanntm. der Kaiserl. Normal-Aichungskomm. v. 6. Mai 1892, betr. die Abänderung der Aich-O. und der Aichgebührentaxe (RGB. S. 686).

ζζ) Bekanntm. der Kaiserl. Normal-Aichungskomm. v. 14. Juni 1893, betr. Abänderung und Ergänzung der Aich-O. (RGB. S. 6).

ηη) Bekanntm. der Kaiserl. Normal-Aichungskomm. v. 8. Mai 1894, betr. Abänderung und Ergänzung der Aich-O. und der Aichgebührentaxe (RGB. S. 461).

ϑϑ) Bekanntm. der Normal-Aichungskomm. v. 21. Jan. 1887, betr. die Aichung von Gasmessern (RGB. S. 8).

ιι) Bekanntm. der Kaiserl. Normal-Aichungskomm. v. 14. Mai 1891, betr. die Aichung des Getreideprobers (RGB. S. 115), abgeändert durch Bekanntm. v. 6. Mai 1895 u. 14. Mai 1898 (RGB. 1895 S. 235 ff. u. RGB. 1898 S. 347 ff.).

κκ) Bekanntm. der Kaiserl. Normal-Aichungskomm. v. 23. Dez. 1891, betr. die Aichung von Meßwerkzeugen zur Bestimmung der Dichte von Mineralölen (RGB. S. 402).

λλ) Bekanntm. der Kaiserl. Normal-Aichungskomm. v. 26. Juli 1893 u. 8. April 1896, betr. die Aichung von chemischen Meßgeräthen (RGB. 1893 S. 237 u. 1896 hinter S. 104).

μμ) Bekanntm. der Kaiserl. Normal-Aichungskomm. v. 6. Mai 1895 (besondere Beilage zu Nr. 16 des RGB.), betr. Abänderung der Aich-O. und der Aichgebührentaxe sowie der Bekanntm., betr. die Aichung des Getreideprobers.

νν) Bekanntm. der Kaiserl. Normal-Aichungskomm. v. 2. Juli 1897, betr. die Aichung von selbstthätigen Registrirwaagen, von chemischen Meßgeräthen und von Meßwerkzeugen zur Bestimmung des Prozentgehaltes von Zuckerlösungen (Beilage zu Nr. 31 des RGB. S. 596 ff.).

η) RG. v. 20. Juli 1881, betr. die Bezeichnung des Raumgehaltes der Schankgefäße (RGB. S. 249).

b) RG. v. 1. Juni 1898, betr. die elektrischen Meßeinheiten (RGB. S. 905).

c) α) RG. v. 4. Dez. 1871, betr. die Ausprägung von Reichsgoldmünzen (RGB. S. 404).

β) R.Münzgesetz v. 9. Juli 1873 (RGB. S. 233). Durch RG. v. 15. Nov. 1874 sind die beiden Gesetze v. 4. Dez. 1871 u. v. 9. Juli 1873 auch (mit einzelnen Maaßgaben) auf Elsaß-Lothringen ausgedehnt worden (RGB. 1874 S. 131, GB. f. Elf.-Lothr. 1874 S. 39).

Dazu:

αα) RG. v. 20. April 1874 (RGB. S. 35) und RG. v. 6. Jan. 1876 (RGB. S. 3), betr. die Abänderung des Art. 15 des Münzgesetzes v. 9. Juli 1873.

ββ) RG. v. 1. April 1886, betr. die Ausprägung einer Nickelmünze zu zwanzig Pfennig (RGB. S. 67).

γγ) B. v. 22. Sept. 1875, betr. die Einführung der Reichswährung (RGB. S. 303).[1])

---

[1]) Ueber die in einzelnen Bundesstaaten schon vor Erlaß dieser B. im Verordnungswege erfolgte Einführung der Reichswährung vgl. v. Rönne's Staatsrecht des D. R., 2. Aufl., Bd. II. Abth. 1 § 96 S. 253 Note 5.

δδ) Allerh. Erl. v. 17. Febr. 1875, betr. die einheitliche Benennung der Reichsgoldmünzen (RGB. S. 72).

εε) Vgl. die Uebersicht der auf Grund der Art. 13 und 16 des Münzgesetzes v. 9. Juli 1873 erlassenen Bestimmungen des Bundesrathes über das Verbot des Umlaufes fremder Münzen, beziehungsweise über die Außerkurssetzung von Landesmünzen in v. Rönne's Staatsrecht des D. R., 2. Aufl., Bd. II. Abth. 1 § 96 S. 261 Note 2 u. 3 u. Bekanntm. des Reichskanzlers v. 22. Febr. 1878 (RGB. S. 3).

ζζ) Bekanntm. des Reichskanzlers v. 16. April 1888, betr. das Verbot des Umlaufs fremder Scheidemünzen (RGB. S. 149) und Bekanntm. des Reichskanzlers v. 16. April 1888 bezw. 24. Jan. 1893, betr. die Gestattung des Umlaufs der Scheidemünzen der Frankenwährung innerhalb Badischer Grenzbezirke (RGB. 1888 S. 149) und RGB. 1893 S. 6); desgl. Bekanntm. des Reichskanzlers v. 30. April 1888, betr. die Gestattung des Umlaufs der Scheidemünzen der Oesterreichischen Währung innerhalb Sächsischer Grenzbezirke (RGB. S. 171) und v. 7. Juli 1888, betr. die Gestattung des Umlaufs der Scheidemünzen der Oesterreichischen und der Frankenwährung innerhalb Bayerischer Grenzbezirke (RGB. S. 218), desgl. v. 26. Febr. 1889, betr. die Gestattung des Umlaufs der Scheidemünzen der Oesterreichischen Währung innerhalb Preußischer Grenzbezirke (RGB. S. 37), desgl. v. 26. Febr. 1889 u. 19. Dez. 1895, betr. die Gestattung des Umlaufs der Scheidemünzen der Frankenwährung innerhalb des Württembergischen Grenzbezirkes (RGB. 1889 S. 38 u. 1895 S. 463).

ηη) RG. v. 28. Febr. 1892, betr. die Vereinsthaler österreichischen Gepräges (RGB. S. 315).

2. Ad v.: Papiergeld.[1][2])

a) BG. v. 16. Juni 1870 über die Ausgabe von Papiergeld. (BGB. S. 507). Auch gültig für Baden und Südhessen, zuf. Art. 80 I Nr. 27 der mit denselben vereinbarten Verf. (BGB. S. 647), für Württemberg v. 1. Jan. 1872 an, zuf. Art. 2 Nr. 6 des Vertr. v. 25. Nov. 1870 (BGB. S. 656) und für Bayern v. 1. Jan. 1872 an, zuf. § 2 unter III. 2. des RG. v. 22. April 1871 (BGB. S. 88).

b) R.Münzgesetz v. 9. Juli 1873 Art. 18 (RGB. S. 233).

c) RG. v. 30. April 1874, betr. die Ausgabe von Reichskassenscheinen (RGB. S. 40).

Dazu:

α) RG. v. 21. Juli 1884, betr. die Einziehung der mit dem Datum v. 11. Juli 1874 ausgefertigten Reichskassenscheine (RGB. 1884 S. 172).

β) RG. v. 26. Mai 1885, betr. den Schutz des zur Anfertigung von Reichskassenscheinen verwendeten Papiers gegen unbefugte Nachahmung (RGB. S. 165).

d) BG. v. 21. Juli 1870, betr. die Gründung öffentlicher Darlehnskassen und die Ausgabe von Darlehnskassenscheinen (BGB. S. 499) und RG. v. 6. März 1878, betr. die Einlösung und Präklusion der von dem vormaligen Nordd. Bunde ausgegebenen Darlehnskassenscheine (RGB. S. 5).

4) die allgemeinen Bestimmungen über das Bankwesen;[3])

---

[1]) Vgl. v. Rönne's Staatsrecht des D. R., 2. Aufl., Bd. II. Abth. 1 § 97 S. 265 ff.

[2]) Die Gesetze über die Reichskassenscheine sind in Helgoland eingeführt durch V. v. 22. März 1891 (RGB. S. 21).

[3]) Vgl. v. Rönne's Staatsrecht des D. R., 2. Aufl., Bd. II. Abth. 1 § 98 S. 268 ff.

a) BG. v. 27. März 1870 über die Ausgabe von Banknoten (BGB. S. 51). Auch gültig für Baden und Südhessen, v. 1. Jan. 1872 an, zuf. Art. 80 unter II. 1 der mit Baden und Hessen vereinbarten Verf. (BGB. 1870 S. 647), für Württemberg zuf. Art. 2 Nr. 6 des Vertr. v. 25. Nov. 1870 (BGB. S. 656), und für Bayern, zuf. § 2 unter III. 1 des RG. v. 22. April 1871 (BGB. S. 87).

Dazu:

α) RG. v. 16. Juni 1872, betr. die Verlängerung und Wirksamkeit des Ges. über die Ausgabe von Banknoten, v. 27. März 1870 (RGB. 1872 S. 169) und RG. v. 30. Juni 1873, betr. die Verlängerung der Wirksamkeit des Ges. über die Ausgabe von Banknoten v. 27. März 1870 (RGB. 1873 S. 159) bis zum 31. Dez. 1874.

β) R.Münzges. v. 9. Juli 1873 Art. 18 (RGB. S. 239).

γ) RG. v. 21. Dez. 1874, betr. die Ausgabe von Banknoten (RGB. S. 193).

b) G. v. 4. Juli 1871, betr. den Betrieb von Bankgeschäften in Elsaß-Lothringen durch die Pr. Bank (GB. f. Els.-Lothr. S. 3).[1])

c) Bankgesetz v. 14. März 1875 (RGB. S. 177) und RG. v. 18. Dez. 1889, betr. die Abänderung des Bankgesetzes v. 14. März 1875 (RGB. 1889 S. 201).

---

[1]) Vgl. Pr. V. v. 10. Juni 1871, betr. die Errichtung von Bankkomptoiren, Kommanditen und Agenturen in Elsaß und in Lothringen durch die Pr. Bank (Pr. GS. S. 229), welche aufgehoben ist durch die V. v. 26. Febr. 1872 (Pr. GS. S. 182) und das (an Stelle dieser V. getretene) Pr. G. v. 26. Febr. 1872, betr. die V. v. 10. Juni 1871 und die Ausdehnung der Geschäfte der Pr. Bank auf das Deutsche Reichsland Elsaß und Lothringen (Pr. GS. 1872 S. 181).

Dazu:

α) Statut der Reichsbank v. 21. Mai 1875 (RGB. S. 203).

β) Vertr. zwischen Preußen und dem D. R. über die Abtretung der Pr. Bank an das D. R., v. 17./18. Mai 1875 (RGB. S. 215).

γ) Bekanntm. des Reichskanzlers, betr. die Anwendung der §§ 42 und 43 des Bankgesetzes v. 29. Dez. 1875 (RGB. S. 390), v. 7. Jan. 1876 (RGB. S. 2) und 3. Sept. 1879 (RGB. S. 286).

δ) Bekanntm. des Reichskanzlers v. 1. April 1876 (RGB. S. 124), 23. Juli 1876 (RGB. S. 170), v. 13. Okt. 1877 (RGB. S. 567), v. 25. Juli 1886 (RGB. S. 236), v. 15. März 1887 (RGB. S. 123), v. 16. Juli 1889 (RGB. S. 170), v. 25. Okt. 1889 (RGB. S. 200), v. 9. Mai 1890 (RGB. S. 68), v. 14. Jan. 1891 (RGB. S. 9) und v. 27. Febr. 1894 (RGB. S. 152), betr. den Antheil der Reichsbank an dem Gesammtbetrage des steuerfreien ungedeckten Notenumlaufs.

ε) Bekanntm. des Reichskanzlers v. 7. Juni 1877, betr. den Aufruf und die Einziehung der Einhundertmarknoten der Bayerischen Hypotheken- und Wechselbank (RGB. S. 527), Bekanntm. des Reichskanzlers v. 19. Dez. 1877, v. 9. April 1878 und v. 19. Okt. 1878, betr. den Aufruf und die Einziehung der Einhundertmarknoten der Rostocker Bank (RGB. 1877 S. 575 und 1878 S. 11 und 350), Bekanntm. v. 15. März und 10. April 1878, betr. den Aufruf und die Einziehung der von der vormaligen Königl. Bank ausgegebenen Einhundertmarknoten (RGB. S. 6 und 12), Bekanntm. v. 8. Aug. 1886, betr. den Aufruf und die Einziehung der Einhundertmarknoten der Kommerzbank in Lübeck (RGB. S. 259 und RCB. S. 319), Bekanntm. v. 7. Juli 1887, betr.

den Aufruf und die Einziehung der Einhundertmarknoten der Cölnischen Privatbank in Cöln (RGB. S. 286), Bekanntm. v. 16. Juli 1889, betr. den Aufruf und die Einziehung der Einhundertmarknoten der Hannoverschen Bank in Hannover (RGB. S. 169), Bekanntm. v. 25. Okt. 1889, betr. den Aufruf und die Einziehung der Einhundertmarknoten der Bremer Bank in Bremen (RGB. S. 199), Bekanntm. v. 4. Juli 1890, betr. den Aufruf und die Einziehung der Fünfhundertmarknoten des Leipziger Kassenvereins in Leipzig (RGB. S. 76), Bekanntm. v. 9. Dez. 1890 und v. 29. April 1893, betr. den Aufruf und die Einziehung der Noten der Magdeburger Privatbank in Magdeburg (RGB. 1890 S. 205 und 1893 S. 153), Bekanntm. v. 9. Dez. 1890, betr. den Aufruf und die Einziehung der Einhundert-, Zweihundert- und Fünfhundertmarknoten der Provinzial-Aktienbank des Großherzogthums Posen in Posen (RGB. S. 206), Bekanntm. v. 25. Dez. 1890, betr. den Aufruf und die Einziehung der Einhundertmarknoten der Danziger Privat-Aktienbank in Danzig (RGB. S. 213 ff.), Bekanntm. v. 3. Febr. 1891, betr. den Aufruf und die Einziehung der Einhundertmarknoten der Chemnitzer Stadtbank (RGB. S. 12), Bekanntm. v. 19. Nov. 1893, betr. den Aufruf und die Einziehung der Noten der Städtischen Bank zu Breslau (RGB. S. 263).

ζ) V. v. 26. Juli 1897, betr. die anderweite Bemessung der Wittwen- und Waisengelder für die Hinterbliebenen der Reichsbankbeamten (RGB. S. 613).

5) die Erfindungspatente;[1])

---

[1]) Vgl. v. Rönne's Staatsrecht des D. R., 2. Aufl. Bd. I. § 16 S. 162 ff. und Bd. II. Abth. 2 S. 319 ff. und 331 ff. — Vgl. Guttentag'sche Samml. D. RG. Nr. 22a: Berger-Stephan, Patentgesetz. 4. Aufl. 1897.

a) Vgl. Uebereinkunft der zum Zoll- und Handelsverein verbundenen Regierungen v. 28. Sept. 1842 wegen Ertheilung von Erfindungspatenten und Privilegien (Pr. GS. 1843 S. 265) und Zollvereinsvertrag v. 8. Juli 1867 Art. 21 (BGB. S. 103), desgl. Preuß. V. v. 24. Juni 1867, betr. die Einführung der Preuß. Gesetzgebung über die Ertheilung von Erfindungs- und Einführungspatenten in den Herzogthümern Schleswig und Holstein (Pr. GS. S. 1113).

b) Für Elsaß-Lothringen vgl. G. v. 13. Nov. 1872 (GB. f. Els.-Lothr. S. 774) und V. v. 13. Nov. 1872 (a. a. O. S. 775).

c) Patentgesetz v. 25. Mai 1877 (RGB. S. 501). An Stelle der §§ 1—40 des Pat.-Ges. v. 25. Mai 1877 treten die Bestimmungen des Patentgesetzes v. 7. April 1891 (RGB. S. 79).

Dazu: V. v. 11. Juli 1891 zur Ausführung des Patentgesetzes v. 7. April 1891 und des RG. v. 1. Juni 1891, betr. den Schutz von Gebrauchsmustern (RGB. S. 349) nebst Bekanntm. des Reichskanzlers v. 17. Juli 1891, betr. Uebergangsbestimmungen zur Ausführung des Patentgesetzes v. 7. April 1891 (RGB. S. 217) und V. v. 6. Dez. 1891, betr. das Berufungsverfahren beim Reichsgericht in Patentsachen (RGB. S. 389).[1])

6) **der Schutz des geistigen Eigenthums;**[2]) [3])

---

[1]) Vgl. Anm. 2 zu Art. 18 I. V. 11.

[2]) Die Gesetze über den Schutz von Werken der Literatur und Kunst, von Photographien, von Erfindungen, von Mustern und Modellen und von Marken sind in Helgoland eingeführt durch V. v. 22. März 1891 (RGB. S. 21).

[3]) Vgl. v. Rönne's Staatsrecht des D. R. 2. Aufl., Bd. I. § 16 S. 160 ff. Bd. II. Abth. 1 § 105 S. 97 u. Bd. II. Abth. 2 S. 319.

a) BG. v. 11. Juni 1870, betr. das Urheberrecht an Schriftwerken, Abbildungen, musikalischen Kompositionen und dramatischen Werken (BGB. S. 339). Auch gültig für Baden und Südhessen, zuf. Art. 80 unter I. Nr. 25 der mit diesen Staaten vereinbarten Verf. (BGB. S. 647), für Württemberg, zuf. des Vertr. v. 25. Nov. 1870 Art. 2 Nr. 6 (BGB. S. 656), für Bayern, zuf. § 11 des RG. v. 22. April 1871 (BGB. S. 90) und für Elsaß-Lothringen, zuf. RG. v. 27. Jan. 1873 (RGB. S. 42, GB. f. Elf.-Lothr. S. 19).

Dazu: Instr. über die Sachverständigen-Vereine v. 12. Dez. 1870 (BGB. S. 621, GB. f. Elf.-Lothr. 1873 S. 34), nebst Bekanntm. des Reichskanzlers v. 16. Juli 1879, betr. die Abänderung des § 6 der Instr. v. 12. Dez. 1870 (RGB. 1879 S. 226, RCB. 1879 S. 490).

b) RG. v. 9. Jan. 1876, betr. das Urheberrecht an Werken der bildenden Künste (RGB. S. 4).

c) RG. v. 10. Jan. 1876, betr. den Schutz von Photographien gegen unbefugte Nachbildung (RGB. S. 8).

d) RG. v. 11. Jan. 1876, betr. das Urheberrecht an Mustern und Modellen (RGB. S. 11).

Dazu (zu b—d): Bestimmungen des Reichskanzleramtes v. 29. Febr. 1876 über die Zusammensetzung und den Geschäftsbetrieb der künstlerischen, photographischen und gewerblichen Sachverständigenvereine, über die Inventarisirung und Stempelung der nach der bisherigen Gesetzgebung rechtmäßig angefertigten Vorrichtungen zur Herstellung von Werken der bildenden Künste, über die Führung der Eintragsrolle für Werke der bildenden Künste und über die Führung des Musterregisters (RCB. 1876 S. 117 bis 126), nebst Bekanntm. des Reichskanzlers v. 16. Juli 1879, betr. die Abänderung des § 4 der Bestimmungen v. 29. Febr. 1876 über die Zusammensetzung und den Geschäftsbetrieb der künstlerischen, photographischen und gewerblichen Sachverständigenvereine (RCB. 1879 S. 490), Bekanntm. des Reichskanzlers v. 23. März 1892, betr. die Abänderung der Instruktion über die Führung der Eintragsrolle (RCB. S. 155) und Nachtrag v. 23. Juli 1876 zu den Bestimmungen über die Führung des Musterregisters (RCB. S. 404). Vgl. die Bekanntm. des Reichskanzlers v. 22. und 23. Dez. 1886 (RCB. S. 418).

Uebereinkunft zwischen Deutschland und Belgien v. 12. Dez. 1883, betr. den Schutz der gewerblichen Muster und Modelle (RGB. 1884 S. 188).

e) RG. v. 30. Nov. 1874 über Markenschutz (RGB. S. 143) und RG. v. 12. Mai 1894 zum Schutz der Waarenbezeichnungen (RGB. S. 441) nebst B. v. 30. Juni 1894 zur Ausführung des RG. zum Schutz der Waarenbezeichnungen v. 12. Mai 1894 und des RG., betr. den Schutz von Gebrauchsmustern v. 1. Juni 1891 (RGB. 1894 S. 495).

α) Uebereinkunft zwischen dem Nordd. Bunde und Italien wegen gegenseitigen Schutzes der Rechte an literarischen Erzeugnissen und Werken der Kunst v. 12. Mai 1869 (BGB. S. 293), an deren Stelle die Uebereinkunft zwischen Deutschland und Italien, betr. den Schutz von Werken der Literatur und Kunst v. 20. Juni 1884 (RGB. S. 193) getreten ist.

Uebereinkunft zwischen dem Nordd. Bunde und der Schweiz wegen gegenseitigen Schutzes der Rechte an literarischen Erzeugnissen und Werken der Kunst v. 13. Mai 1869 (BGB. S. 624).

Bekanntm. v. 19. Sept. 1873, betr. die Ausdehnung der Wirksamkeit der am 13. Mai 1869 zwischen dem Nordd. Bunde und der Schweiz abgeschlossenen Uebereinkunft wegen gegenseitigen Schutzes der Rechte an literarischen Erzeugnissen und Werken der Kunst auf das Verhältniß zwischen Elsaß-Lothringen und der Schweiz (GB. f. Elf.-Lothr. 1873 S. 252).

Verabredung zwischen Deutschland und der Schweiz v. 23. Mai 1881, betr. den gegenseitigen Schutz der Rechte von literarischen Erzeugnissen und Werken der Kunst (RGB. S. 171).

Uebereinkunft zwischen Deutschland und Frankreich, betr. den Schutz von Werken der Literatur und Kunst v. 19. April 1883 (RGB. S. 269).

Uebereinkunft zwischen Deutschland und Belgien, betr. den Schutz von Werken der Literatur und Kunst v. 12. Dez. 1883 (RGB. 1884 S. 173).

Uebereinkunft zwischen Deutschland und Großbritannien, betr. den gegenseitigen Schutz der Rechte von Werken der Literatur und Kunst v. 2. Juni 1886 (RGB. S. 237)[1]), Uebereinkunft, betr. die Bildung eines internationalen Verbandes zum Schutze von Werken der Literatur und Kunst v. 9. Sept. 1886 (RGB. 1887 S. 493), nebst RG. v. 4. April 1888, betr. die Ausführung der gedachten Uebereinkunft (RGB. S. 139) und V. v. 11. Juli 1888 und 29. Nov. 1897, betr. die Ausführung der gedachten Uebereinkunft (RGB. 1888 S. 225 und 1897 S. 787; Bekanntm. des Reichskanzlers v. 30. Juli 1888, betr. den Beitritt Luxemburgs (RGB. S. 227) Bekanntm. des Reichskanzlers v. 25. März 1893, betr. den Beitritt Montenegros (RGB. S. 136) und Bekanntm. des Reichskanzlers v. 16. Mai 1896, betr. den Beitritt Norwegens (RGB. S. 107) zu der gedachten Uebereinkunft. Zusatzacte v. 4. Mai 1896, durch welche die Art. 2, 3, 5, 7, 12 u. 20 der Uebereinkunft v. 9. Sept.

---

[1]) Aufgehoben. Vgl. Bekanntm. des Reichskanzlers v. 22. Jan. 1898, betr. die Aufhebung der Uebereinkunft zwischen dem Reiche und Großbritannien über den Schutz der Rechte an Werken der Litteratur und Kunst. (RGB. S. 4.)

1886 und die Nummern 1 u. 4 des zugehörigen Schlußprotokolls abgeändert werden. (RGB. 1897 S. 759 und Dekl. dazu S. 769.)

Uebereinkommen v. 15. Jan. 1892 zwischen dem Reich und den Vereinigten Staaten von Amerika über den gegenseitigen Schutz der Urheberrechte (RGB. S. 473).

β) Ueber den gegenseitigen Schutz der Waarenbezeichnungen und den gegenseitigen Markenschutz vgl. die Uebersicht der betr. Verträge Deutschlands mit fremden Staaten in dem Hauptsachregister zum B.- und RGB. von 1867—1876 S. 139 s. v.: Markenschutz, u. S. 247 s. v.: Waarenzeichen und die Anmerk. 8 zum § 16 des RG. v. 11. Jan. 1876 in Guttentag's Gesetzgebung des D. R., Bd. III S. 741 und Bekanntm. des Reichskanzlers v. 28. Febr. 1877, betr. die Uebereinkunft mit Brasilien wegen gegenseitigen Markenschutzes (RGB. S. 406), v. 4. April 1879, betr. die Uebereinkunft mit Dänemark wegen gegenseitigen Markenschutzes (RGB. S. 123), v. 19. Jan. 1882, betr. die Uebereinkunft mit den Niederlanden wegen gegenseitigen Schutzes der Waarenzeichen (RGB. S. 5), v. 27. Jan. 1882, betr. die Uebereinkunft mit Rumänien wegen gegenseitigen Markenschutzes (RGB. S. 7), v. 2. Aug. 1883, betr. die Uebereinkunft mit Luxemburg wegen gegenseitigen Markenschutzes (RGB. S. 268), v. 8. Dez. 1883, betr. die Uebereinkunft mit den Vereinigten Staaten von Venezuela wegen gegenseitigen Markenschutzes (RGB. S. 339). Ferner: Uebereinkunft v. 6. Dez. 1891 zwischen dem D. R. und Oesterreich-Ungarn über den gegenseitigen Patent-, Muster- und Markenschutz (RGB. 1892 S. 289), Uebereinkunft zwischen dem D. R. und Italien über den gegenseitigen Patent-, Muster- und Markenschutz v. 18. Jan. 1892 (RGB. S. 293), Uebereinkunft zwischen dem D. R. und Serbien, betr. den gegenseitigen Muster- und Markenschutz v. $\frac{\text{21. August}}{\text{9. August}}$ 1892 (RGB. 1893 S. 317), Uebereinkunft zwischen dem D. Reich und der Schweiz, betr. den gegenseitigen Patent-, Muster- und Markenschutz v. 13. April 1892 (RGB. 1894 S. 511), Bekanntm. des Reichskanzlers v. 27. Jan. 1894, betr. den Markenschutz in Bulgarien (RGB. S. 112), Bekanntm. des Reichskanzlers v. 14. Sept. 1894, betr. die Beziehungen zu Griechenland wegen gegenseitigen Markenschutzes (RGB. S. 520), Bekanntm. des Reichskanzlers v. 22. Sept. 1894, betr. den Schutz deutscher Waarenbezeichnungen in auswärtigen Staaten (RGB. S. 521).

f) RG. v. 1. Juni 1891, betr. den Schutz von Gebrauchsmustern (RGB. S. 290) nebst V. v. 11. Juli 1891 zur Ausführung des Patentgesetzes vom 7. April 1891 und des RG. v. 1. Juni 1891, betr. den Schutz von Gebrauchsmustern (RGB. S. 349).

7) Organisation eines gemeinsamen Schutzes des Deutschen Handels im Auslande, der Deutschen Schifffahrt und ihrer Flagge zur See und Anordnung gemeinsamer konsularischer Vertretung, welche vom Reiche ausgestattet wird;

a) Vgl. Art. 54 u. 55 und Art. 56 der Reichsverf. und die Zus. dazu.

b) RG. v. 17. April 1886, betr. die Rechtsverhältnisse der Deutschen Schutzgebiete (RGB. S. 75).

RG. v. 7. Juli 1887, betr. die Abänderung des G., betr. die Rechtsverhältnisse der Deutschen Schutzgebiete v. 17. April 1886 (RGB. S. 307).

RG. v. 15. März 1888, betr. Abänderung des G., betr. die Rechtsverhältnisse [der Deutschen Schutzgebiete v. 17. April 1886 (RGB. 1888 S. 71 ff.).

Bekanntm. des Reichskanzlers v. 19. März 1888, wegen Redaktion des G., betr. die Rechtsverhältnisse der Deutschen Schutzgebiete (RGB. S. 75 ff.).

V. v. 13. Dez. 1897, betr. die Einrichtung einer Staatsanwaltschaft bei den Gerichten der Schutzgebiete (RGB. 1898 S. 1).

V. v. 26. Juli 1896, betr. die Einführung der deutschen Militär-Strafgesetze in den afrikanischen Schutzgebieten (RGB. S. 669).

RG. v. 30. März 1892 über die Einnahmen und Ausgaben der Schutzgebiete (RGB. S. 369).

V. v. 2. Mai 1894, betr. die Regelung der Verwaltung und Rechtspflege in den zu den Schutzgebieten nicht gehörigen Theilen der deutschen Interessensphären in Afrika (RGB. S. 461).

V. v. 26. Juli 1896, betr. das strafgerichtliche Verfahren gegen Militärpersonen der Kaiserlichen Schutztruppen (RGB. S. 670).

V. v. 9. Aug. 1896, betr. die Rechtsverhältnisse der Landesbeamten in den Schutzgebieten (RGB. S. 691).

c) V. v. 5. Juni 1886, betr. die Rechtsverhältnisse in den Schutzgebieten der Neu-Guinea-Kompagnie (RGB. S. 187).[1])

V. v. 13. Juli 1888 (zur Ergänzung der V. v. 5. Juni 1886), betr. die Rechtsverhältnisse im Schutzgebiete der Neu-Guinea-Kompagnie (RGB. S. 221).

V. v. 6. Mai 1890 behufs Uebertragung der Befugnisse des ehemaligen Landeshauptmannes auf den Kaiserlichen Kommissar für das Schutzgebiet der Neu-Guinea-Kompagnie (RGB. S. 67).

Verf. des Reichskanzlers v. 23. Mai 1890 behufs Uebertragung konsularischer Befugnisse auf den Kommissar

---

[1]) Vgl. den Auszug aus der Dienstanweisung v. 1. Nov. 1886, betr. die Ausübung der Gerichtsbarkeit im Schutzgebiete der Neu-Guinea-Kompagnie (RCB. S. 371).

für das Schutzgebiet der Neu-Guinea-Kompagnie (RGB. S. 144).

V. v. 15. Juni 1892, betr. die dem Landeshauptmann der Neu-Guinea-Kompagnie zustehenden richterlichen und Verwaltungsbefugnisse (RGB. S. 673).

Verf. des Reichskanzlers v. 21. Febr. 1894, betr. Uebertragung konsularischer Befugnisse auf den Landeshauptmann für das Schutzgebiet der Neu-Guinea-Kompagnie (RCB. S. 61).

V. v. 11. Jan. 1887, betr. die Regelung der Rechtsverhältnisse auf den zum Schutzgebiete der Neu-Guinea-Kompagnie gehörigen Salomonsinseln (RGB. S. 4). Dazu: Erl. des Reichskanzlers v. 24. Jan. 1887 (RCB. S. 28).

V. v. 1. März 1888, betr. die Eheschließung und die Beurkundung des Personenstandes auf den zum Schutzgebiet der Neu-Guinea-Kompagnie gehörigen Salomonsinseln (RGB. S. 63).

V. v. 20. Juli 1887, betr. den Eigenthumserwerb und die dingliche Belastung der Grundstücke im Schutzgebiete der Neu-Guinea-Kompagnie (RGB. S. 379).

d) V. v. 13. Sept. 1886, betr. die Rechtsverhältnisse in dem Schutzgebiete der Marschall-, Brown- und Providence-Inseln (RGB. S. 291).[1])

V. v. 7. Febr. 1890, betr. die Rechtsverhältnisse im Schutzgebiete der Marschall-Inseln [Ergänz. der V. v. 13. Sept. 1886] (RGB. 1890 S. 55).

---

[1]) Vgl. den Auszug aus der Dienstanweisung v. 2. Dez. 1886, betr. die Ausübung der Gerichtsbarkeit im Schutzgebiete der Marschall-, Brown- und Providence-Inseln (RCB. S. 397) und Dienstanweisung des Reichskanzlers v. 10. März 1890 zur Ausübung der Gerichtsbarkeit im Schutzgebiete der Marschall-Inseln (RCB. S. 55).

V. v. 22. Juni 1889, betr. den Eigenthumserwerb und die dingliche Belastung der Grundstücke im Schutzgebiete der Marschall-Inseln (RGB. S. 145).

Verf. des Reichskanzlers v. 29. März 1889, behufs Uebertragung konsularischer Befugnisse auf den Kommissar für das Schutzgebiet der Marschall-Inseln (RCB. S. 252).

e) V. v. 21. April 1886, betr. die Eheschließung und die Beurkundung des Personenstandes für die Schutzgebiete von Kamerun und Togo (RGB. S. 128).

V. v. 2. Juli 1888, betr. die Rechtsverhältnisse in den Schutzgebieten von Kamerun und Togo (RGB. S. 211).

V. v. 17. Aug. 1898, betr. das Bergwesen in Togo (RGB. S. 1031).

V. des Reichskanzlers v. 29. März 1889, behufs Uebertragung konsularischer Befugnisse, sowie des Rechtes zum Erlasse polizeilicher und sonstiger, die Verwaltung betreffender Strafvorschriften auf Beamte der Schutzgebiete von Kamerun und Togo (RCB. S. 251).

Dienstanweisung des Reichskanzlers v. 7. Juli 1888, betr. die Ausübung der Gerichtsbarkeit in den Schutzgebieten von Kamerun und Togo (RCB. S. 404).

V. v. 28. Nov. 1892, betr. das Schürfen im Schutzgebiet von Kamerun (RGB. S. 1045).

f) V. v. 18. Nov. 1887, betr. die Rechtsverhältnisse in dem Schutzgebiete der Deutsch-Ostafrikanischen Gesellschaft (BGB. S. 527).

V. v. 1. Jan. 1891, betr. die Rechtsverhältnisse in Deutsch-Ostafrika (RGB. S. 1).

Dienstanweisung des Reichskanzlers v. 12. Jan. 1891, betr. die Ausübung der Gerichtsbarkeit in Deutsch-Ostafrika (RCB. S. 14).

Bekanntm. des Reichskanzlers v. 25. Okt. 1891, Nachtrag zur Dienstanweisung, betr. die Ausübung der Gerichtsbarkeit in Deutsch-Ostafrika (RGB. S. 299).

Verf. des Reichskanzlers v. 1. Jan. 1891, betr. die Ausübung konsularischer Befugnisse und den Erlaß polizeilicher und sonstiger die Verwaltung betreffender Vorschriften in Deutsch-Ostafrika (RCB. S. 7).

RG. v. 22. März 1891, betr. die Kaiserliche Schutztruppe in Deutsch-Ostafrika (RGB. S. 53); abgeändert durch RG. v. 7. Juli 1896 (RGB. S. 187).[1])

V. v. 3. Juni 1891, betr. das strafgerichtliche Verfahren gegen die Militärpersonen der Kaiserlichen Schutztruppe in Deutsch-Ostafrika (RGB. S. 341).

V. v. 9. Okt. 1898, betr. das Bergwesen in Deutsch-Ostafrika (RGB. S. 1045).

g) V. v. 21. Dez. 1887, betr. die Rechtsverhältnisse in dem südwestafrikanischen Schutzgebiete (RGB. S. 535).

V. v. 10. Aug. 1890, betr. die Rechtsverhältnisse in den südwestafrikanischen Schutzgebieten (RGB. S. 171). Dazu: Dienstanweisung des Reichskanzlers v. 27. Aug. 1890 zur Ausführung der Vorschriften der V. v. 10. Aug. 1890 (RCB. S. 304).

V. v. 5. Okt. 1898, betr. die Rechtsverhältnisse an unbeweglichen Sachen in Deutsch-Südwestafrika (RGB. S. 1063).

V. v. 2. April 1893, betr. das Aufgebot von Landansprüchen im südwestafrikanischen Schutzgebiet (RGB. S. 143).

V. v. 8. Nov. 1892, betr. die Eheschließung und die Beurkundung des Personenstandes für das südwestafrikanische Schutzgebiet (RGB. S. 1037).

V. v. 15. Aug. 1889, betr. das Bergwesen im südwestafrikanischen Schutzgebiet (RGB. S. 179), [welche die V. v. 25. März 1888, betr. das Bergwesen und die Gewinnung von Gold und Edelsteinen im südwestafrika-

---

[1]) Der demnach gültige Text veröffentlicht durch Bekanntm. des Reichskanzlers v. 18. Juli 1896 (RGB. S. 653).

nischen Schutzgebiet (RGB. S. 115) aufgehoben hat] ergänzt durch V. v. 6. Sept. 1892, betr. das Bergwesen im südwestafrikanischen Schutzgebiet (RGB. S. 789). Dazu: Verf. des Reichskanzlers v. 9. Juni 1898 zur Ausführung der Allerhöchsten V. v. 6. Sept. 1892, betr. das Bergwesen im südwestafrikanischen Schutzgebiet (RCB. S. 309).

RG. v. 9. Juni 1895 (RGB. S. 258), betr. die Kaiserlichen Schutztruppen für Südwestafrika und für Kamerun; abgeändert durch RG. v. 7. Juli 1896 (RGB. S. 187).[1]

V. v. 30. März 1897, betr. die Erfüllung der Dienstpflicht bei der Kaiserlichen Schutztruppe für Südwestafrika (RGB. S. 167).

h) V. v. 27. April 1898, betr. die Rechtsverhältnisse in Kiautschou (RGB. S. 173).

Bekanntm. des Reichskanzlers v. 27. April 1898, betr. die Regelung der Rechtsverhältnisse und die Ausübung der Gerichtsbarkeit in Kiautschou (RCB. S. 285).

8) Das Eisenbahnwesen in Bayern vorbehaltlich der Bestimmung im Artikel 46., und die Herstellung von Land- und Wasserstraßen im Interesse der Landesvertheidigung und des allgemeinen Verkehrs;

Vgl. Art. 41—46 und Art. 54 der Reichsverf. und die Zus. dazu.

9) der Flößerei- und Schiffahrtsbetrieb auf den mehreren Staaten gemeinsamen Wasserstraßen und der Zustand der letzteren, sowie die Fluß- und sonstigen Wasserzölle; desgleichen die Seeschiffahrtszeichen (Leuchtfeuer, Tonnen, Baken und sonstige Tagesmarken).[2]

---

[1] Vgl. Anm. 1 S. 93.

[2] Der Zusatz beruht auf dem RG. v. 3. März 1873 (RGB. S. 47).

Bekanntm. des Reichskanzlers v. 31. Juli 1887, betr. die einheitliche Bezeichnung der Fahrwasser und der Untiefen in den Deutschen Küstengewässern (RGB. S. 387).

Vgl. Art. 54 der Reichsverf. und die Anm. dazu.

10) Das Post- und Telegraphenwesen,[1]) jedoch in Bayern und Württemberg nur nach Maßgabe der Bestimmung im Artikel 52.;

Vgl. Art. 48—52 der Reichsverf. und die Anm. dazu.

11) Bestimmungen über die wechselseitige Vollstreckung von Erkenntnissen in Civilsachen und Erledigung von Requisitionen überhaupt;[2])

BG. v. 21. Juni 1869, betr. die Gewährung der Rechtshülfe (BGB. S. 305).[3]) Auch gültig für Baden und Südhessen, zuf. Art. 80 unter I. 19 der mit diesen Staaten vereinbarten Verf. (BGB. 1870 S. 647),[4]) für

---

[1]) Die Gesetze über das Post- und Telegraphenwesen sind in Helgoland eingeführt durch V. v. 22. März 1891 (RGB. S. 21).

[2]) Vgl. hierzu und über die Regelung des Gegenstandes durch das Gerichtsverfassungsgesetz v. 27. Jan. 1877 v. Rönne's Staatsrecht des D. R., 2. Aufl., Bd. II Abth. 2 § 102 S. 58 ff.

[3]) In Helgoland eingeführt durch V. v. 22. März 1891 (RGB. S. 21).

[4]) Vgl. die bereits früher zwischen dem Nordd. Bunde und dem Großherzogthum Baden, sowie zwischen dem Nordd. Bunde und dem Großherzogthum Hessen abgeschlossenen Verträge wegen wechselseitiger Gewährung der Rechtshülfe, v. 14. Juni 1870 und v. 18. März 1870 (BGB. S. 67 und S. 607).

Württemberg, zuf. Art. 2 Nr. 6 des Vertr. v. 25. Nov. 1870 (BGB. S. 656), für Bayern (mit einem Zusatze), zuf. § 6 des BG. v. 22. April 1871 (BGB. S. 87), und für Elsaß-Lothringen, zuf. G. v. 11. Dez. 1871 (RGB. S. 445, GB. f. Elf.-Lothr. S. 376).

RG. v. 9. Juni 1895, über den Beistand bei Einziehung von Abgaben und Vollstreckung von Vermögensstrafen (RGB. S. 256).

12) sowie über die Beglaubigung von öffentlichen Urkunden;

1. RG. v. 1. Mai 1878, betr. die Beglaubigung öffentlicher Urkunden (RGB. S. 89).[1]

2. Vertr. v. 25. Febr. 1880 zwischen dem D. R. und der Oesterreichisch-Ungarischen Monarchie wegen Beglaubigung der von öffentlichen Behörden und Beamten ausgestellten oder beglaubigten Urkunden (RGB. 1881 S. 4), und Vertr. v. 13. Juni 1881 wegen Ausdehnung dieses Vertrages auf Bosnien und die Herzegowina (RGB. S. 253).

Dazu: Bekanntm. des Reichskanzlers v. 2. Febr. 1881 mit dem Verzeichniß derjenigen obersten Verwaltungsbehörden und höheren Verwaltungsbehörden im D. R. und in der Oesterreichisch-Ungarischen Monarchie, deren Urkunden einer Beglaubigung nicht bedürfen (RGB. S. 8), nebst Nachtragsverzeichniß v. 3. Aug. 1881 (RGB. S. 256), und Bekanntm. des Reichskanzlers v. 3. Aug. 1881 mit dem Verzeichniß derjenigen in Bosnien und der Herzegowina bestehenden obersten und höheren Verwaltungsbehörden und Gerichte, deren Urkunden einer Beglaubigung nicht bedürfen (RGB. S. 255).

---

[1]) In Helgoland eingeführt durch V. v. 22. März 1891 (RGB. S. 21).

13) die gemeinsame Gesetzgebung über das gesammte bürgerliche Recht, das Strafrecht und das gerichtliche Verfahren.[1] [2])

Vgl. die Uebersicht der auf Grund des Art. 4 Nr. 13 der Bundes- bezw. Reichsverf. ergangenen Bundes- und Reichsgesetze, unten Anlage XI.

14) das Militärwesen des Reichs und die Kriegsmarine;[3])

Vgl. Art. 53 und Art. 57—68 der Reichsverf. und die Zus. dazu.

15) Maßregeln der Medizinal- und Veterinärpolizei;[4])

1. a) RG. v. 7. April 1869, betr. Maßregeln gegen die Rinderpest (BGB. S. 105). Auch gültig für Baden

---

[1]) Der ursprüngliche Text lautete: Die gemeinsame Gesetzgebung über das Obligationenrecht, Strafrecht, Handels- und Wechselrecht und das gerichtliche Verfahren; — die Abänderung beruht auf RG. v. 20. Dez. 1873 (RGB. S. 379), eingeführt in Elsaß-Lothringen durch das RG. v. 8. Febr. 1875 Ziffer 6 (RGB. S. 69, GB. f. Els.-Lothr. S. 9).

[2]) Vgl. v. Rönne's Staatsrecht des D. R., 2. Aufl., Bd. II. Abth. 2 §§ 101—105 S. 1 ff.

[3]) Die Gesetze über das Militärwesen und die Kriegsmarine sind unbeschadet der Bestimmung im § 3 des G. v. 15. Dez. 1890 (RGB. S. 207) in Helgoland eingeführt durch V. v. 22. März 1891 (RGB. S. 21).

[4]) Vgl. v. Rönne's Staatsrecht des D. R., 2. Aufl., Bd. II. Abth. 2 § 106 S. 100 ff., und Guttentag'sche Samml. D. RG. Nr. 27: C. Goesch und J. Karsten, die Gesetzgebung, betr. das Gesundheitswesen im Deutschen Reich. Berlin 1888.

und Südhessen, zus. Art. 80 unter I. 12 der mit Baden und Hessen vereinbarten Verf. (BGB. 1870 S. 647), für Württemberg und Bayern, zus. RG. v. 2. Nov. 1871 (RGB. S. 372) und für Elsaß-Lothringen, zus. G. v. 11. Dez. 1871 (RGB. S. 471, GB. f. Els.-Lothr. S. 403).

Dazu: Instr. v. 26. Mai 1869 (BGB. S. 149) und revidirte Instr. v. 9. Juni 1873 (RGB. S. 147), sowie Bekanntm. des Reichskanzlers v. 17. Juni 1891, betr. die Gebührnisse der zur Durchführung von Absperrungsmaßregeln gegen die Rinderpest verwendeten Militärkommandos und die Erstattung der entstandenen Mehrkosten aus Reichs-Civilfonds (RCB. S. 149).

Vgl. GB. f. Els.-Lothr. 1871 S. 407 und 1873 S. 170.

b) RG. v. 21. Mai 1878, betr. Zuwiderhandlungen gegen die zur Abwehr der Rinderpest erlassenen Vieheinfuhrverbote (RGB. S. 95).

c) RG. v. 25. Febr. 1876, betr. die Beseitigung von Ansteckungsstoffen bei Viehbeförderungen auf Eisenbahnen (RGB. S. 163).

Dazu: Bekanntm. des Reichskanzlers v. 20. Juni 1886, betr. die Ausführung des G. v. 25. Febr. 1876 über die Beseitigung von Ansteckungsstoffen bei Viehbeförderungen auf Eisenbahnen, (RCB. 1886 S. 200), wodurch die ältere Bekanntm. v. 6. Mai 1876 mit den Festsetzungen des Bundesrathes zur Ausführung des RG. v. 25. Febr. 1876 (RCB. S. 251) außer Kraft gesetzt ist.

2. RG. v. 23. Juni 1880, betr. die Abwehr und Unterdrückung von Viehseuchen (RGB. S. 153),[1]) abgeändert durch RG. v. 1. Mai 1894, betr. Abänderung des Gesetzes

---

[1]) Vgl. a) Preuß. G. v. 12. März 1881, betr. die Ausführung des RG. über die Abwehr und Unterdrückung von Viehseuchen (Pr. GS. S. 128), b) G. v. 27. März 1881 für Elsaß-Lothringen zur Ausführung des RG., betr. die Abwehr und Unterdrückung von Viehseuchen (GB. f. Els.-Lothr. S. 67).

über die Abwehr und Unterdrückung von Viehseuchen (RGB. S. 405). Der neu festgestellte Text ist mit der Bekanntm. des Reichskanzlers v. 1. Mai 1894, betr. die Redaktion des Gesetzes über die Abwehr und Unterdrückung von Viehseuchen v. 23. Juni 1880 (RGB. 1894 S. 409) im RGB. S. 410 ff. abgedruckt.

Dazu: Bekanntm. des Reichskanzlers v. 27. Juni 1895 mit der Instr. zur Ausführung der §§ 19—29 des G. v. $\frac{\text{23. Juli 1880,}}{\text{1. Mai 1894,}}$ betr. die Abwehr und Unterdrückung von Viehseuchen (RGB. S. 357 ff.) nebst Berichtigung (RGB. 1897 S. 590) u. Bekanntm. des Reichskanzlers v. 1. Juli 1897, betr. die Aufhebung des § 80a der Instr. zur Ausführung des Reichsviehseuchengesetzes v. 27. Juni 1895 (RGB. S. 590). Bekanntm. des Reichskanzlers v. 2. April 1894, betr. die Anzeigepflicht für die Schweineseuche, die Schweinepest und den Rothlauf der Schweine (RGB. S. 333). Bekanntm. des Reichskanzlers v. 23. Juli 1894, betr. die Anzeigepflicht für die Schweinepest (RGB. S. 510). Bekanntm. des Reichskanzlers v. 26. Sept. 1894, betr. die Anzeigepflicht für die Schweineseuche, die Schweinepest und den Rothlauf der Schweine (RGB. S. 523); desgl. v. 6. Mai 1895 (RGB. S. 227), v. 29. Mai (S. 240), v. 12. Juni (S. 260), v. 26. Juni (S. 352), v. 16. Juli (S. 420), v. 8. Sept. (S. 442), v. 23. Okt. (S. 447), v. 12. Nov. (S. 453), v. 26. u. 27. Nov. (S. 457), v. 10. Dez. (S. 460), v. 28. Dez. (S. 464), v. 4. März 1896 (S. 58), v. 26. Aug. (S. 699), v. 2. Okt. (S. 705), v. 29. Okt. (S. 709) und 8. Sept. 1898 (S. 1039). Bekanntm. des Reichskanzlers v. 12. Nov. 1896, betr. die Anzeigepflicht für die Gehirn-, Rückenmarcksentzündung der Pferde (RGB. S. 713). Bekanntm. des Reichskanzlers v. 18. Sept. 1897, betr. die Anzeigepflicht für die Geflügelcholera (RGB. S. 729); desgl. v. 2. Okt. (S. 755), v. 15. Okt. (S. 773), v. 11. Jan. 1898 (S. 2), v. 13. April (S. 164), v. 16. Juni (S. 911), v. 3. Aug. (S. 1021),

v. 5. Aug. (S. 1023), v. 13. Aug. (S. 1025), v. 17. Aug. (S. 1027), v. 20. Aug. (S. 1029), v. 27. Aug. (S. 1033), v. 6. Sept. (S. 1037), v. 22. Sept. (S. 1041) u. v. 17. Okt. (S. 1043). Bekanntm. des Reichskanzlers v. 3. Sept. 1898, betr. die Anzeigepflicht für die als Influenza der Pferde bezeichneten Krankheiten (RGB. S. 1036). Bekanntm. des Reichskanzlers v. 11. Juli 1895, betr. die Bestimmungen über die veterinärpolizeiliche Behandlung der aus dem Auslande auf dem Seewege zur Einfuhr gelangenden Wiederkäuer und Schweine (RCB. S. 316).

3. Reichs-Impfgesetz v. 8. April 1874 (RGB. S. 31).[1]

4. RG. v. 14. Mai 1879, betr. den Verkehr mit Nahrungsmitteln, Genußmitteln und Gebrauchsgegenständen (RGB. S. 145). RG. v. 29. Juni 1887, betr. die Abänderung des G. über den Verkehr mit Nahrungsmitteln, Genußmitteln und Gebrauchsgegenständen v. 14. Mai 1879 (RGB. 1887 S. 276).[1]

Dazu:

a) V. v. 24. Febr. 1882 über das gewerbsmäßige Verkaufen und Feilhalten von Petroleum (RGB. S. 40), nebst Bekanntm. des Reichskanzlers v. 20. April und 21. Juli 1882 (RCB. S. 196 und 344), v. 19. Sept. 1884 (RCB. S. 250) und v. 27. Okt. 1888 (RCB. S. 931). Vgl. auch Bekanntm. des Reichskanzlers v. 5. Jan. 1883 (RCB. S. 1).

b) V. v. 1. Febr. 1891, betr. das Verbot von Maschinen zur Herstellung künstlicher Kaffeebohnen (RGB. S. 11).

c) V. v. 1. Mai 1882, betr. die Verwendung giftiger Farben (RGB. S. 55) und V. v. 5. März 1883, betr. die Außerkraftsetzung der §§ 2 und 3 der V. v. 1. Mai 1882 (RGB. 1883 S. 3).

---

[1]) Eingeführt in Helgoland durch V. v. 24. Juli 1893 (RGB. S. 236).

RG. v. 5. Juli 1887, betr. die Verwendung gesundheitsschädlicher Farben bei der Herstellung von Nahrungsmitteln, Genußmitteln und Gebrauchsgegenständen (RGB. S. 277).[1])

Dazu: Bekanntm. des Reichskanzlers v. 10. April 1888, betr. die Untersuchung von Farben, Gespinnsten und Geweben auf Arsen und Zinn (RCB. S. 131).

d) RG. v. 25. Juni 1887, betr. den Verkehr mit blei- und zinkhaltigen Gegenständen (RGB. S. 273)[1]) und RG. v. 22. März 1888, betr. die Abänderung des G. über den Verkehr mit blei- und zinkhaltigen Gegenständen v. 25. Juni 1887 (RGB. 1888 S. 114).

e) RG. v. 20. April 1892, betr. den Verkehr mit Wein, weinhaltigen und weinähnlichen Getränken (RGB. S. 597).

Dazu:

Bekanntm. des Reichskanzlers v. 29. April 1892, betr. die Ausführung des G. über den Verkehr mit Wein, weinhaltigen und weinähnlichen Gegenständen (RGB. S. 600).

Bekanntm. des Reichskanzlers v. 25. Juni 1896, betr. die Anweisung zur chemischen Untersuchung des Weines (Anhang zu Nr. 27 des RCB. für 1896).

f) RG. v. 6. Juli 1898, betr. den Verkehr mit künstlichen Süßstoffen (RGB. S. 919).

5. Bekanntm. des Reichskanzlers v. 1. Juni 1872 und v. 4. Juli 1873, betr. die Einführung der Pharmacopoea Germanica an Stelle der in den einzelnen Bundesstaaten geltenden Pharmakopäen (RGB. 1872 S. 172 und 1873 S. 200).

Vgl. RCB. 1873 S. 213.

---

[1]) Eingeführt in Helgoland durch V. v. 24. Juli 1893 (RGB. S. 236).

In Elsaß-Lothringen ist die Pharmacopoea Germanica eingeführt durch V. v. 5. Juli 1872 (GB. f. Elf.-Lothr. S. 471).

Vgl. Bekanntm. des Reichskanzlers v. 8. Juli, 9. Sept. und 7. Nov. 1882 (RCB. S. 333, 389 und 425).

Seit dem 1. Jan. 1883 ist die Pharmac. Germ. ersetzt durch die Pharmac. Germ. ed. altera, erschienen bei R. v. Decker (Marquard u. Schenck), Berlin, Bekanntm. des Reichskanzlers v. 17. Juni 1890, wonach laut Beschl. des Bundesraths vom 12. Juni 1890 das Arzneibuch für das D. Reich, 3. Ausgabe (Pharmac. Germ. ed. tertia) v. 1. Jan. 1891 ab an Stelle der Pharmac. Germ. ed. altera treten soll (RCB. 1890 S. 282).

6. Vgl. Zus. III. B. 1 und 2 zum Art. 4 Nr. 1 der Reichsverf.

16) die Bestimmungen über die Presse und das Vereinswesen.[1])

1. RG. über die Presse v. 7. Mai 1874[2]) (RGB. S. 65). Vgl. v. Rönne's Staatsrecht des D. Reichs, 2. Aufl., Bd. I § 17 S. 166 ff.

Gemäß § 1 des G. v. 8. Aug. 1898 über die Presse für Elsaß-Lothringen (GB. f. Elf.-Lothr. S. 73) kommen die Bestimmungen des RG. über die Presse v. 7. Mai 1874 mit Ausnahme der §§ 14, 23 bis 29 u. 31, sowie die Bestimmungen der Gewerbe-O. für das D. Reich

---

[1]) Die Bestimmung der Nr. 16 fehlte in der Verf. des Nordd. Bundes und findet sich zuerst in der mit den Großherzogthümern Baden und Hessen vereinbarten Verf. des D. Bundes v. 15. Nov. 1870 (BGB. S. 629).

Vgl. § 17 des Wahl-G. v. 31. Mai 1869 für den Reichstag (BGB. S. 145).

[2]) Eingeführt in Helgoland durch V. v. 22. März 1891 (RGB. S. 21).

über die Preßgewerbe in Elsaß-Lothringen als landesrechtliche Vorschriften in Anwendung.

2. a) RG. v. 21. Okt. 1878 gegen die gemeingefährlichen Bestrebungen der Sozialdemokratie (RGB. S. 351).

b) RG. v. 31. Mai 1880, betr. die authentische Erklärung und die Gültigkeitsdauer des G. gegen die gemeingefährlichen Bestrebungen der Sozialdemokratie v. 21. Okt. 1878 (RGB. 1880 S. 117).

c) RG. v. 28. Mai 1884, betr. die Verlängerung der Gültigkeitsdauer des G. gegen die gemeingefährlichen Bestrebungen der Sozialdemokratie v. 21. Okt. 1878 (RGB. 1884 S. 53).

d) RG. v. 20. April 1886, betr. die Verlängerung der Gültigkeitsdauer des G. gegen die gemeingefährlichen Bestrebungen der Sozialdemokratie v. 21. Okt. 1878 (RGB. 1886 S. 77).

e) RG. v. 18. März 1888, betr. die Verlängerung der Gültigkeitsdauer des G. gegen die gemeingefährlichen Bestrebungen der Sozialdemokratie v. 21. Okt. 1878 (bis zum 30. Sept. 1890). (RGB. 1888 S. 109).

f) RG. v. 12. März 1884, betr. die Stimmzettel für öffentliche Wahlen (RGB. 1884 S. 17).

Artikel 5.

Die Reichsgesetzgebung wird ausgeübt durch den Bundesrath und den Reichstag. Die Uebereinstimmung der Mehrheitsbeschlüsse beider Versammlungen ist zu einem Reichsgesetze erforderlich und ausreichend.[1])

Bei Gesetzesvorschlägen über das Militairwesen, die Kriegsmarine und die im Artikel 35. bezeichneten

---

[1]) In Betreff der Verfassungsänderungen vgl. Art. 78 der Reichsverf.

Abgaben giebt, wenn im Bundesrathe eine Meinungsverschiedenheit stattfindet, die Stimme des Präsidiums den Ausschlag, wenn sie sich für die Aufrechthaltung der bestehenden Einrichtungen ausspricht.[1])

III. **Bundesrath.**[2])

Artikel 6.

Der Bundesrath besteht aus den Vertretern der Mitglieder des Bundes, unter welchen die Stimmführung sich in der Weise vertheilt, daß Preußen mit den ehemaligen Stimmen von Hannover, Kurhessen, Holstein, Nassau und Frankfurt . . . . 17 Stimmen führt, Bayern . . . . 6 "

Sachsen	4	"
Württemberg	4	"
Baden	3	"
Hessen	3	"
Mecklenburg-Schwerin	2	"
Sachsen-Weimar	1	"
Mecklenburg-Strelitz	1	"

---

[1]) Vgl. Art. 37 der Reichsverf. — Die Worte „und die im Art. 35 bezeichneten Abgaben" fehlten in der Verf. des Nordd. Bundes und finden sich zuerst in der mit den Großherzogthümern Baden und Hessen vereinbarten Verf. des D. Bundes v. 15. Nov. 1870 Art. 5 (BGB. S. 629).

[2]) Vgl. v. Rönne's Staatsr. des D. Reichs, 2. Aufl. Bd. I. §§ 21—24 S. 194 ff.

Oldenburg	1	Stimmen
Braunschweig	2	„
Sachsen-Meiningen	1	„
Sachsen-Altenburg	1	„
Sachsen-Koburg-Gotha . . .	1	„
Anhalt	1	„
Schwarzburg-Rudolstadt . .	1	„
Schwarzburg-Sondershausen	1	„
Waldeck	1	„
Reuß älterer Linie	1	„
Reuß jüngerer Linie . . .	1	„
Schaumburg-Lippe	1	„
Lippe	1	„
Lübeck	1	„
Bremen	1	„
Hamburg	1	„
zusammen	58	Stimmen.

Jedes Mitglied des Bundes kann so viel Bevollmächtigte zum Bundesrathe ernennen, wie es Stimmen hat, doch kann die Gesammtheit der zuständigen Stimmen nur einheitlich abgegeben werden.

Artikel 7.

Der Bundesrath beschließt:

1) über die dem Reichstage zu machenden Vorlagen und die von demselben gefaßten Beschlüsse;
2) über die zur Ausführung der Reichsgesetze erforderlichen allgemeinen Verwaltungsvor-

schriften und Einrichtungen, sofern nicht durch Reichsgesetz etwas Anderes bestimmt ist;[1])

3) über Mängel, welche bei der Ausführung der Reichsgesetze oder der vorstehend erwähnten Vorschriften oder Einrichtungen hervortreten.[2])

Jedes Bundesglied ist befugt, Vorschläge zu machen und in Vortrag zu bringen, und das Präsidium ist verpflichtet, dieselben der Berathung zu übergeben.

Die Beschlußfassung erfolgt, vorbehaltlich der Bestimmungen in den Artikeln 5. 37. und 78., mit einfacher Mehrheit. Nicht vertretene oder nicht instruirte Stimmen werden nicht gezählt. Bei Stimmengleichheit giebt die Präsidialstimme den Ausschlag.

Bei der Beschlußfassung über eine Angelegenheit, welche nach den Bestimmungen dieser Verfassung nicht dem ganzen Reiche gemeinschaftlich ist, werden die Stimmen nur derjenigen Bundesstaaten gezählt, welchen die Angelegenheit gemeinschaftlich ist.

Artikel 8.

Der Bundesrath bildet aus seiner Mitte dauernde Ausschüsse

1) für das Landheer und die Festungen;
2) für das Seewesen;
3) für Zoll- und Steuerwesen;
4) für Handel und Verkehr;
5) für Eisenbahnen, Post und Telegraphen;

---

[1]) Vgl. Art. 50, 53 und 63 der Reichsverf.
[2]) Vgl. Art. 36 Abs. 3 der Reichsverf.

6) für Justizwesen;

7) für Rechnungswesen.

In jedem dieser Ausschüsse werden außer dem Präsidium mindestens vier Bundesstaaten vertreten sein, und führt innerhalb derselben jeder Staat nur Eine Stimme. In dem Ausschuß für das Landheer und die Festungen hat Bayern einen ständigen Sitz, die übrigen Mitglieder desselben, sowie die Mitglieder des Ausschusses für das Seewesen werden vom Kaiser ernannt; die Mitglieder der anderen Ausschüsse werden von dem Bundesrathe gewählt. Die Zusammensetzung dieser Ausschüsse ist für jede Session des Bundesrathes resp. mit jedem Jahre zu erneuern, wobei die ausscheidenden Mitglieder wieder wählbar sind.

Außerdem wird im Bundesrathe aus den Bevollmächtigten der Königreiche Bayern, Sachsen und Württemberg und zwei, vom Bundesrathe alljährlich zu wählenden Bevollmächtigten anderer Bundesstaaten ein Ausschuß für die auswärtigen Angelegenheiten gebildet, in welchem Bayern den Vorsitz führt.

Den Ausschüssen werden die zu ihren Arbeiten nöthigen Beamten zur Verfügung gestellt.

Artikel 9.

Jedes Mitglied des Bundesrathes hat das Recht, im Reichstage zu erscheinen und muß daselbst auf Verlangen jederzeit gehört werden, um die Ansichten seiner Regierung zu vertreten, auch dann, wenn dieselben von der Majorität des Bundesrathes nicht adoptirt worden sind. Niemand kann gleichzeitig Mitglied des Bundesrathes und des Reichstages sein.

Artikel 10.

Dem Kaiser liegt es ob, den Mitgliedern des Bundesrathes den üblichen diplomatischen Schutz zu gewähren.

IV. Präsidium.[1])

Artikel 11.

Das Präsidium des Bundes steht dem Könige von Preußen zu, welcher den Namen Deutscher Kaiser[2]) führt. Der Kaiser hat das Reich völkerrechtlich zu vertreten, im Namen des Reichs Krieg zu erklären und Frieden zu schließen, Bündnisse und andere Verträge mit fremden Staaten einzugehen, Gesandte zu beglaubigen und zu empfangen.

---

[1]) Vgl. v. Rönne's Staatsrecht des D. Reichs, 2. Aufl., Bd. I. §§ 25—27 S. 223 ff. — Ueber die Stellvertretung des Kaisers Wilhelm I. in den Regierungsgeschäften durch den Kronprinzen (nachherigen Kaiser Friedrich III.) vgl. den Kaiserl. Erl. v. 4. Juni 1878 (RGB. S. 101), ferner durch den Prinzen Wilhelm von Preußen (jetzigen Kaiser Wilhelm II.) den Kaiserl. Erl. v. 17. Nov. 1887 (RGB. S. 69) und über die Betheiligung des Kronprinzen Wilhelm (jetzigen Kaiser Wilhelm II.) an den Regierungsgeschäften den Erl. des Kaisers Friedrich v. 21. März 1888 (RGB. S. 81).

[2]) Vgl. das RG. v. 23. Dez. 1888, betr. die Vorarbeiten für das National-Denkmal Kaiser Wilhelms I. (RGB. S. 219).

1. Allerh. Erl. v. 3. Aug. 1871, betr. die Bezeichnung der Behörden und Beamten des Deutschen Reichs, sowie die Feststellung des Kaiserl. Wappens und der Kaiserl. Standarte (RGB. S. 318), nebst Berichtigung (ebendas. S. 458).

Allerh. Erl. v. 16. März 1872, betr. den Gebrauch des Kaiserl. Adlers zur Bezeichnung von Waaren oder Etiketten (RGB. S. 90), nebst Bekanntm. des Reichskanzlers v. 11. April 1872, betr. die Ausführung dieses Erlasses (RGB. S. 93).

Kaiserl. V. v. 8. Nov. 1892 über die Führung der Reichsflagge (RGB. S. 1050), dazu

Bekanntm. des Reichskanzlers v. 20. Jan. 1893, betr. die Reichsdienstflagge (RCB. S. 9) und Allerh. Erl. v. 13. Aug. 1893, betr. Dienstflaggen in den Schutzgebieten (RCB. S. 273).

2. Ueber die Vertretung der Reichsgesandten durch die Königl. Bayerischen Gesandten in Verhinderungsfällen und die von letzteren zu leistende Beihilfe vgl. Schlußprotokoll zu dem Vertr. v. 23. Nov. 1870, betr. den Beitritt Bayerns zur Verf. des D. Bundes unter VII. und VIII. (BGB. S. 23).[1]

Zur Erklärung des Krieges im Namen des Reichs ist die Zustimmung des Bundesrathes erforderlich, es sei denn, daß ein Angriff auf das Bundesgebiet oder dessen Küsten erfolgt.[2]

---

[1]) Vgl. unten Anlage VII.

[2]) Diese Bestimmung des Art. 11 war in der Verf. des Nordd. Bundes nicht enthalten, sondern findet sich zuerst in der mit den Großherzogthümern Baden und Hessen vereinbarten Verf. des D. Bundes v. 15. Nov. 1870 (BGB. S. 632). Ueber das Recht des Kaisers zur Anordnung der Kriegsbereitschaft vgl. Art. 63 Abs. 4 der Reichsverf.

Insoweit die Verträge mit fremden Staaten sich auf solche Gegenstände beziehen, welche nach Artikel 4. in den Bereich der Reichsgesetzgebung gehören, ist zu ihrem Abschluß die Zustimmung des Bundesrathes und zu ihrer Gültigkeit die Genehmigung des Reichstages erforderlich.

Ueber die Zuziehung von Vertretern der einzelnen Bundesstaaten beim Abschluß von Post- und Telegraphenverträgen mit außerdeutschen Staaten, und über das Recht der einzelnen Bundesstaaten zum Abschluß von Verträgen mit anderen Staaten über das Post- und Telegraphenwesen, sofern sie lediglich den Grenzverkehr betreffen, vgl. Schlußp. zu dem Vertr. v. 23. Nov. 1870, betr. den Beitritt Bayerns zur Verf. des D. Bundes (BGB. 1871 S. 23) unter XI.[1])

Artikel 12.

Dem Kaiser steht es zu, den Bundesrath und den Reichstag zu berufen, zu eröffnen, zu vertagen und zu schließen.

Artikel 13.

Die Berufung des Bundesrathes und des Reichstages findet alljährlich statt und kann der Bundesrath zur Vorbereitung der Arbeiten ohne den Reichstag, letzterer aber nicht ohne den Bundesrath berufen werden.

Artikel 14.

Die Berufung des Bundesrathes muß erfolgen, sobald sie von einem Drittel der Stimmenzahl verlangt wird.

---

[1]) Vgl. unten Anlage VII.

Artikel 15.

Der Vorsitz im Bundesrathe und die Leitung der Geschäfte steht dem Reichskanzler zu, welcher vom Kaiser zu ernennen ist [1]).

Der Reichskanzler kann sich durch jedes andere Mitglied des Bundesrathes vermöge schriftlicher Substitution vertreten lassen.

Ueber das Recht der Bayerischen Regierung, durch ihren Vertreter im Falle der Verhinderung Preußens den Vorsitz im Bundesrathe zu führen, vgl. Schlußprot. zu dem Vertr. v. 23. Nov. 1870, betr. den Beitritt Bayerns zur Verf. des D. Bundes (BGB. 1871 S. 23) unter IX. [2])

Artikel 16.

Die erforderlichen Vorlagen werden nach Maßgabe der Beschlüsse des Bundesrathes im Namen des Kaisers an den Reichstag gebracht, wo sie durch Mitglieder des Bundesrathes oder durch besondere von letzterem zu ernennende Kommissarien vertreten werden.

Artikel 17.

Dem Kaiser steht die Ausfertigung und Verkündigung [3]) der Reichsgesetze und die Ueberwachung

---

1) Vgl. Allerh. Erl. v. 14. Juli 1867, betr. die Ernennung des Präsidenten des Staatsministeriums und Ministers der auswärtigen Angelegenheiten Grafen von Bismarck-Schönhausen zum Bundeskanzler des Nordd. Bundes (BGB. S. 23).

2) Vgl. unten Anlage VII.

3) Vgl. unten Anm. 3 zum Art. 2 der Reichsverf.

der Ausführung derselben zu.[1] **Die Anordnungen und Verfügungen des Kaisers werden im Namen des Reichs erlassen und bedürfen zu ihrer Gültigkeit der Gegenzeichnung des Reichskanzlers, welcher dadurch die Verantwortlichkeit übernimmt.**

RG. v. 17. März 1878, betr. die Stellvertretung des Reichskanzlers (RGB. S. 7).

Wir Wilhelm, von Gottes Gnaden Deutscher Kaiser, König von Preußen zc. verordnen im Namen des Reichs, nach erfolgter Zustimmung des Bundesraths und des Reichstags, was folgt:

§. 1. Die zur Gültigkeit der Anordnungen und Verfügungen des Kaisers erforderliche Gegenzeichnung des Reichskanzlers, sowie die sonstigen demselben durch die Verfassung und die Gesetze des Reichs übertragenen Obliegenheiten können nach Maßgabe der folgenden Bestimmungen durch Stellvertreter wahrgenommen werden, welche der Kaiser auf Antrag des Reichskanzlers in Fällen der Behinderung desselben ernennt.

§. 2. Es kann ein Stellvertreter allgemein für den gesammten Umfang der Geschäfte und Obliegenheiten des Reichskanzlers ernannt werden. Auch können für diejenigen einzelnen Amtszweige, welche sich in der eigenen und unmittelbaren Verwaltung des Reichs befinden, die Vorstände der dem Reichskanzler untergeordneten obersten Reichsbehörden mit der Stellvertretung desselben im ganzen Umfang oder in einzelnen Theilen ihres Geschäftskreises beauftragt werden.

§. 3. Dem Reichskanzler ist vorbehalten, jede Amtshandlung auch während der Dauer einer Stellvertretung selbst vorzunehmen.

---

[1]) Vgl. Art. 36 Abs. 2, Art. 50 u. 56 Abs. 1, Art. 63 der Reichsverf.

§. 4. Die Bestimmung des Artikel 15 der Reichsverfassung wird durch dieses Gesetz nicht berührt.

Urkundlich unter Unserer Höchsteigenhändigen Unterschrift und beigedrucktem Kaiserlichen Insiegel.

Gegeben Berlin, den 17. März 1878.

(L. S.) **Wilhelm.**

Fürst v. Bismarck.

Artikel 18.

Der Kaiser ernennt die Reichsbeamten, läßt dieselben für das Reich vereidigen und verfügt erforderlichen Falles deren Entlassung.[1])

Den zu einem Reichsamte berufenen Beamten eines Bundesstaates stehen, sofern nicht vor ihrem Eintritt in den Reichsdienst im Wege der Reichsgesetzgebung etwas Anderes bestimmt ist, dem Reiche gegenüber diejenigen Rechte zu, welche ihnen in ihrem Heimathslande aus ihrer dienstlichen Stellung zugestanden hatten.

I. Die Reichsbehörden.

Vgl. das Handbuch für das D. R. auf das Jahr 1899.

Der Reichskanzler hat im Namen des Kaisers die Ausführung der Reichsgesetze zu überwachen, die Verwaltung und Beaufsichtigung der Angelegenheiten zu leiten, welche dem Reich durch die Verfassung zugewiesen sind, sowie die Verfügungen und Anordnungen des Kaisers gegenzuzeichnen. Dem Reichskanzler sind die Chefs der einzelnen Reichsämter unterstellt.

---

[1]) Die nach Maßgabe der Verfassung und der Gesetze des D. R. vom Kaiser ernannten Behörden und Beamten sind als Kaiserliche zu bezeichnen (Allerh. Erl. v. 3. Aug. 1871 Ziffer 1, RGB. S. 318).

Die Reichskanzlei hat als Central-Büreau des Reichskanzlers den amtlichen Verkehr desselben mit den Chefs der einzelnen Ressorts zu vermitteln.

A. Das auswärtige Amt zerfällt in vier Abtheilungen, nämlich:

1. Abtheilung: a) politische; b) Personalien-;
2. Abtheilung: handelspolitische;
3. Abtheilung: Rechts-Abtheilung;
4. (nicht nummerirte) Abtheilung: Kolonialabtheilung.

Dem auswärtigen Amte sind unterstellt: a) die Legationskasse, b) die Prüfungskommission für das diplomatische Examen, c) das archäologische Institut, mit der Centraldirektion in Berlin und den Sekretariaten in Rom und in Athen.[1])

Zum Ressort des auswärtigen Amtes gehören: a) die Gesandtschaften; b) die Konsulate; c) die Schutzgebiete; d) die auswärtigen Gesandtschaften; e) die von Seiten des D. R. anerkannten Konsularbeamten fremder Staaten.

Dem Reichskanzler steht ein durch Allerh. Erl. v. 10. Okt. 1890 (RGB. S. 179) als sachverständiger Beirath für koloniale Angelegenheiten errichteter Kolonialrath zur Seite. (Vgl. Verf. des Reichskanzlers v. 10. Okt. 1890 zur Ausführung dieses Erl., RCB. S. 339.)

B. Das Reichsamt des Innern (früher Reichskanzleramt)[2]) steht unter der Leitung des Staatssekretärs

---

[1]) Vgl. das von dem Bundesrath laut Kaiserl. Erl. v. 9. April 1887 genehmigte abgeänderte Statut des Kaiserl. Deutschen archäologischen Instituts im RCB. S. 172, ergänzt durch Kaiserl. Erl. v. 17. Mai 1893 (RCB. S. 235).

[2]) Vgl. a) Allerh. Präsidial-Erl. v. 12. Aug. 1867, betr. die Errichtung des Bundeskanzleramtes (BGB. S. 29); b) Allerh. Erl. v. 12. Mai 1871, betr. die Abänderung der bisherigen Bezeichnung „Bundeskanzleramt" in „Reichskanzleramt" (RGB. S. 102); c) Allerh. Erl. v. 24. Dez. 1879, betr. die Benennung des Reichskanzler-

des Innern und zerfällt in zwei Abtheilungen, nämlich die Centralabtheilung und die Abtheilung für wirthschaftliche Angelegenheiten. Der letzteren Abtheilung liegen insbesondere die legislatorischen Vorarbeiten auf dem wirthschaftlichen Gebiete ob, während der Geschäftskreis der Centralabtheilung sich auf alle sonst zur Zuständigkeit des Reichsamtes des Innern gehörigen Angelegenheiten erstreckt.[1])

Zum Ressort des Reichsamtes des Innern gehören:

1. der Reichskommissar für das Auswanderungswesen;
2. die Reichsschulkommission;
3. die technische Kommission für Seeschiffahrt;
4. die Reichs-Prüfungsinspektoren, nämlich der Reichsinspektor für die Seeschiffer- und Seesteuermannsprüfungen, und die Reichsinspektoren für die Seedampfschiff-Maschinistenprüfungen;
5. das Bundesamt für das Heimathswesen;[2])
6. die entscheidenden Disziplinarbehörden, nämlich der Disziplinarhof zu Leipzig, und die Disziplinarkammern;[3])

---

amts (Reichsamt des Innern) und den Titel des Vorstandes (Staatssekretär des Innern) dieser Behörde (RGB. S. 321).

[1]) Vgl. auch das RG. v. 23. Mai 1887, betr. die Errichtung eines Seminars für Orientalische Sprachen (RGB. S. 193).

[2]) Vgl. BG. v. 6. Juni 1870 über den Unterstützungswohnsitz, §§ 42 ff. (BGB. S. 368 ff.) und Bekanntm. des Reichskanzlers v. 6. Juni 1873 mit dem Regulativ zur Ordnung des Geschäftsganges bei dem Bundesamte für das Heimathswesen (RCB. S. 4).

[3]) Vgl. RG. v. 31. März 1873, betr. die Rechtsverhältnisse der Reichsbeamten, §§ 86 ff. (RGB. S. 77) und Regulativ (des Bundesraths) für die Geschäftsordnung bei den Disziplinargerichten (RGB. S. 390) und Geschäftsordnung des Bundesraths v. 18. April 1880 für die Disziplinarbehörden (RCB. S. 203).

7. die Behörden für die Untersuchung von Seeunfällen, nämlich des Reichsoberseeamts,[1]) und die Reichskommissare bei den Seeämtern;
8. das statistische Amt, welches die Aufgabe hat, das gemäß des RG. v. 20. Juli 1879 (RGB. S. 261), sowie das sonst auf Anordnung des Bundesraths oder des Reichskanzlers für die Reichsstatistik zu liefernde Material zu sammeln, zu prüfen und zu bearbeiten und auf Anordnung des Reichskanzlers statistische Nachweisungen aufzustellen oder über statistische Fragen gutachtlich zu berichten;
9. die Normal-Aichungskommission, welche alle die technische Seite des Aichungswesens betr. Gegenstände zu regeln, die bezüglichen allgemeinen Vorschriften zu erlassen, die Taxen für die von den Aichungsstellen zu erhebenden Gebühren festzusetzen und darüber zu wachen hat, daß das Aichungswesen nach übereinstimmenden Regeln und dem Interesse des Verkehrs enspreched gehandhabt werde,[2]) und deren Zuständigkeit sich auf das gesammte Reich mit Ausschluß von Bayern erstreckt;
10. das Gesundheitsamt, welches dem Reichskanzler in der Ausübung des Aufsichtsrechtes und in der Vorbereitung der Gesetzgebung auf dem Gebiete der Medizinal- und Veterinär-Polizei des Reichs zu unterstützen, auch die Aufgabe der Herstellung einer Medizinal- und Veterinär-Statistik Deutschlands

[1]) Vgl. RG. v. 27. Juli 1877, betr. die Untersuchung von Seeunfällen §§ 29 ff. (RGB. S. 555) und die Geschäftsordnung für das Oberseeamt v. 3. Mai 1878 (RCB. S. 276) und Nachtrag dazu v. 10. Mai 1879 (RCB. S. 371).

[2]) Vgl. die Bekanntm. des Bundeskanzlers v. 16. Febr. 1869, betr. die Errichtung einer Normal-Aichungskommission in Berlin (BGB. S. 46).

hat, und mit welchem die ständige Kommission für Bearbeitung der Pharmakopöe verbunden ist;

11. das Patentamt, welches die Aufgabe hat, den Bestimmungen des Patentgesetzes v. 25. Mai 1877 und der V. v. 18. Juni 1877 gemäß, Patente auf neue Erfindungen zu ertheilen, und welchem auch die Erklärung der Nichtigkeit und die Zurücknahme der Patente zusteht;[1])

12. das Reichsversicherungsamt, welches nach Maßgabe des Unfallversicherungsges. v. 6. Juli 1884 und des Ausdehnungsges. v. 28. Mai 1885, des Ges. v. 5. Mai 1886, betr. die Unfall- und Krankenversicherung der in land- und forstwirthschaftlichen Betrieben beschäftigten Personen, des Bau-Unfallversicherungsges. v. 11. Juli 1887 und des See-Unfallversicherungsges. v. 13. Juli 1887, die Organisation der Berufsgenossenschaften durchzuführen und die Aufsicht über die letzteren zu handhaben hat, auch nach Maßgabe des Ges., betr. die Invaliditäts- und Altersversicherung v. 22. Juni 1889 bei der Organisation der Versicherungsanstalten mitzuwirken, die Aufsicht über die letzteren zu führen und die Mitglieder der Vorstände und sonstigen Organe der Versicherungsanstalten zur Befolgung der Anordnungen, sowie der gesetzlichen und statutarischen Vorschriften anzuhalten hat;[2])

---

[1]) Vgl. Patentgesetz v. 7. April 1891 §§ 13 ff. (RGB. S. 79), V. v. 11. Juli 1891 zur Ausführung des Patentgesetzes v. 7. April 1891 und des Gesetzes, betr. den Schutz von Gebrauchsmustern v. 1. Juni 1891 (RGB. S. 349) und V. v. 5. Juni 1897 zur Ausführung des Patentgesetzes v. 7. April 1891 (RGB. S. 473).

[2]) Vgl. Unfallversicherungsges. v. 6. Juli 1884 §§ 87 bis 91 (RGB. S. 102), RG. v. 16. Mai 1892, betr. die Abänderung des § 87 des Unfallversicherungsges. v.

13. die physikalisch-technische Reichsanstalt, welcher die experimentelle Förderung der exakten Naturforschung und der Präzisionstechnik obliegt;
14. das Schiffsvermessungsamt, welches die Aufsicht über das Schiffsvermessungswesen des Reichs führt, die Revision sämmtlicher Schiffsvermessungen vorzunehmen, die Abstellung der dabei gefundenen Mängel herbeizuführen, die Vermessungsbehörden mit technischen Anweisungen hinsichtlich der Handhabung der Vermessungsvorschriften zu versehen und zu entscheiden hat, in welcher Weise die Vermessung solcher Schiffe zu erfolgen hat, auf deren Konstruktionsart einzelne Vermessungsvorschriften nicht anwendbar sind und als Organe des Amtes auch die Reichs-Schiffsvermessungs-Inspektoren dienen;
15. die Central-Direktion der Monumenta Germaniae historica, welche auf Grund des vom Bundesrath (im Jahre 1875) bestätigten Statuts die Gesammtausgabe der Quellen der Deutschen Geschichte des Mittelalters leitet;

---

6. Juli 1884 (RGB. 1892 S. 665) V. v. 5. Aug. 1885, betr. die Formen des Verfahrens und den Geschäftsgang des Reichsversicherungsamtes (RGB. S. 255) nebst der (abändernden) V. v. 13. Nov. 1887 (RGB. S. 523) und V. v. 20. Dez. 1890 (RGB. S. 209); G. v. 5. Mai 1886, betr. die Unfall- und Krankenversicherung der in land- und forstwirthschaftlichen Betrieben beschäftigten Personen (RGB. S. 132); G. v. 11. Juli 1887, betr. die Versicherung der bei Bauten beschäftigten Personen (RGB. S. 287); G. v. 13. Juli 1887, betr. die Unfallversicherung der Seeleute und anderer bei der Seeschiffahrt betheiligten Personen (RGB. S. 329); G. v. 22. Juni 1889, betr. die Invaliditäts- und Altersversicherung (RGB. S. 97). — Vgl. Zus. IV. zum Art. 4 Ziff. 1 der Reichsverf. ad v Versicherungswesen.

16. der Reichs-Inspektor für das Seegerichtswesen, welcher die Ausführung der vom Bundesrath festgestellten Grundsätze über die einheitliche Bezeichnung der Fahrwasser und Untiefen in den Deutschen Küstengewässern zu überwachen hat;
17. die Reichskommission zur Entscheidung über Beschwerden gegen die Seitens der Landespolizeibehörden ausgesprochenen Verbote von sozialdemokratischen Vereinen, in Gemäßheit der §§ 26, 27 des Ges. v. 21. Okt. 1878 und des Ges. v. 18. März 1888;[1]
18. die Kommission für den Bau des Nord-Ostsee-Kanals;
19. die Kommission für die Errichtung des Reichstagsgebäudes, die Reichstags-Bauverwaltung, und die Reichstags-Baukasse;[2]
20. das Kaiserliche Kanalamt.

C. Das Reichs-Marine-Amt.

Durch Kaiserl. Erl. v. 30. März 1889 (RGB. S. 47) ist das Oberkommando der Marine von der Verwaltung derselben getrennt, und oberste Verwaltungsbehörde der Kaiserl. Marine ist seitdem das Reichs-Marine-Amt, dessen Geschäfte in Dezernaten bearbeitet werden, von denen die militärischen in einer Abtheilung, die technischen und die der Verwaltung je in einem Departement, die statisti-

---

[1]) Vgl. die Zus. 2 zum Art. 4 Ziff. 16 der Reichsverf., RG. v. 21. Okt. 1878 §§ 26, 27 (RGB. S. 356) und RG. v. 31. Mai 1880 (RGB. S. 117), nebst Geschäfts-Regulativ v. 4. Nov. 1878 für die auf Grund des G. v. 21. Okt. 1878 gebildete Reichs-Kommission (RCB. S. 661).

[2]) Vgl. bezüglich der Errichtung eines Reichstagsgebäudes und der Kosten desselben das RG. v. 8. Juli 1883, betr. die Feststellung eines Nachtrags zum Reichshaushalts-Etat für das Etatsjahr 1883/84 zu 2 (RGB. S. 241).

schen in einem Statistischen Büreau, die hydrographisch-wissenschaftlichen und kartographischen in einem Hydrographischen Amt zusammengefaßt sind.

Das Ressort des Reichs-Marine-Amts[1]) umfaßt:

1. die Inspektion des Torpedowesens zu Kiel in allen technischen und Verwaltungs-Angelegenheiten;
2. die Schiffsprüfungs-Kommission zu Kiel;
3. die beiden Marine-Stations-Intendanturen zu Kiel und Wilhelmshaven;
4. die drei Werften zu Danzig, Kiel und Wilhelmshaven;
5. die vier Artilleriedepots zu Friedrichsort, Wilhelmshaven, Geestemünde und Cuxhaven;
6. die Minendepots zu Friedrichsort, Wilhelmshaven und Geestemünde, letzteres mit einer Filiale in Cuxhaven;
7. das Torpedodepot zu Friedrichsort;
8. die vier Fortifikationen zu Friedrichsort, Wilhelmshaven, Geestemünde und Cuxhaven;
9. die Kassen- und Oekonomien-Verwaltung der Bildungsanstalten;
10. die Vermessungs-Dirigenten;
11. die Artillerie-Prüfungs-Kommission;
12. die Deutsche Seewarte zu Hamburg.

D. Das Reichs-Justizamt (zu Berlin), zu dessen Ressort das **Reichsgericht** zu Leipzig gehört.[2])

---

[1]) Auch Centralinstanz für die ostafrikanische Schutztruppe (Kaiserl. V. v. 9. April 1891; Kol.-B. S. 167).

[2]) a) Vgl. Gerichtsverf.-G. v. 27. Jan. 1877 §§ 125 bis 141 (RGB. S. 415) und RG. v. 11. April 1877 über den Sitz des Reichsgerichts (RGB. S. 415).

b) Vgl. Bekanntm. des Reichskanzlers v. 8. April 1880 mit der Geschäftsordnung des Reichsgerichts (RGB. S. 190) nebst dem durch Bekanntm. des Reichskanzlers

E. Das Reichsschatzamt.

Durch den Allerh. Erl. v. 14. Juli 1879 (RGB. S. 196) ist bestimmt worden, daß die bisher mit dem Reichskanzleramte verbundene Finanzverwaltung des Reichs fortan von einer besonderen, dem Reichskanzleramte unmittelbar unterstellten Centralbehörde unter der Benennung „Reichsschatzamt" zu führen. Zum Geschäftskreise derselben, dessen Zuständigkeit im Allgemeinen aus seiner Bestimmung als oberste Reichs-Finanzverwaltungsbehörde sich ergiebt, gehören insbesondere das Etats-, Kassen- und Rechnungswesen, die Münz-, Reichspapiergeld- und Reichsschulden-Angelegenheiten, die Verwaltung des Reichsvermögens, soweit dieselbe nicht von anderen Ressorts geführt wird, und die Bearbeitung der Zoll- und Steuersachen.

Vom Reichsschatzamte ressortiren: 1. die Reichshauptkasse;[1] 2. die Verwaltung des Reichs-Kriegsschatzes, welche der Reichskanzler unter Kontrole der Reichsschuldenkommission führt; 3. die Reichsschuldenverwaltung,

---

v. 25. Juni 1886 publizirten die Geschäftsordnung des Reichsgerichts abändernden Beschluß des Bundesraths v. 8. Juli 1886 (RCB. S. 300).

c) Dienstanweisung des Reichskanzlers v. 8. Juli 1879, betr. die Einziehung und Verrechnung der für die Geschäfte des Reichsgerichts in Ansatz kommenden Kosten (RCB. S. 473) nebst Bekanntm. des Reichskanzlers v. 14. Juli 1887, betr. die Abänderung dieser Dienstanweisung (RCB. S. 309).

[1]) Vgl. die Bekanntm. des Reichskanzlers v. 1. Juni 1871 (RGB. S. 126) und v. 29. Dez. 1875 (RCB. S. 821). Die Central-Kassengeschäfte des Reichs werden von der Reichsbank wahrgenommen; eine besondere Geschäftsabtheilung bei der Reichsbank-Hauptkasse dient als Centralkassenstelle des Reichs und führt die Benennung „Reichshauptkasse".

welche der Preußischen Hauptverwaltung der Staatsschulden übertragen ist, und deren obere Leitung dem Reichskanzler zusteht, soweit dies mit der der Hauptverwaltung der Staatsschulden beigelegten Unabhängigkeit vereinbar ist;[1]) 4. die Reichsbevollmächtigten und Stationskontroleure für die Kontrole der Zölle und Verbrauchssteuern; 5. die Reichs-Rayonkommission;[2]) 6. das Münzmetall-Depot des Reichs, welches die nicht mehr umlaufsfähigen Münzen, sowie die Reservebestände des Reichs an Münzmetallen und an Nickel- und Kupfermünzen verwaltet und dessen Geschäfte von der Königl. Preuß. Münze wahrgenommen werden.

F. Das Reichs-Eisenbahnamt, welches durch das RG. v. 27. Juni 1873 (RGB. S. 164) eingesetzt ist[3]) und innerhalb der durch die Verfassung bestimmten Zu-

---

[1]) Vgl. das BG. v. 19. Juni 1868, betr. die Verwaltung der nach Maßgabe des Gesetzes v. 9. Nov. 1867 aufzunehmenden Bundesanleihe (BGB. S. 339). Die später (seit dem Jahre 1870) erlassenen Anleihegesetze haben stets vorgeschrieben, daß auch die Verwaltung dieser Anleihen der Reichsschuldenverwaltung unter der Aufsicht der Reichsschuldenkommission zu übertragen. Bezüglich der außerdem derselben überwiesenen Kontrolgeschäfte vgl. v. Rönne's Staatsrecht des D. Reichs, 2. Aufl. Bd. I. § 43 S. 312. Vgl. auch RG. v. 31. Mai 1891, betr. das Reichsschuldbuch (RGB. S. 321) und bezüglich der Kontrole durch die Reichsschuldenkommission § 22 a. a. O.

[2]) Vgl. das RG. v. 21. Dez. 1871, betr. die Beschränkungen des Grundeigenthums in der Umgebung von Festungen, §§ 11, 14, 23, 30, 31 (RGB. S. 459).

[3]) Vgl. dazu die Bekanntm. des Reichskanzlers v. 13. März 1876 mit dem Regulativ des Bundesraths zur Ordnung des Geschäftsganges bei dem durch Richter verstärkten Reichseisenbahnamte (RCB. S. 197).

ständigkeit des Reichs a) das Aufsichtsrecht über das Eisenbahnwesen wahrzunehmen, b) für die Ausführung der in der Reichsverfassung enthaltenen Bestimmungen, sowie der sonstigen auf das Eisenbahnwesen bezüglichen Gesetze und verfassungsmäßigen Vorschriften Sorge zu tragen, c) auf Abstellung der in Hinsicht auf das Eisenbahnwesen hervortretenden Mängel und Mißstände hinzuwirken hat. Wenn gegen eine von dem Reichs-Eisenbahnamte verfügte Maßregel Gegenvorstellung erhoben wird auf Grund der Behauptung, daß die Maßregel in den Gesetzen und rechtsgültigen Vorschriften nicht begründet sei, so hat das durch Zuziehung von richterlichen Beamten zu verstärkende Reichs-Eisenbahnamt über die Gegenvorstellung selbstständig und unter eigener Verantwortlichkeit in Kollegiumsberathung und Beschlußfassung zu befinden. Im Uebrigen führt das Reichs-Eisenbahnamt seine Geschäfte unter der Verantwortlichkeit und nach den Anweisungen des Reichskanzlers.

G. Der Rechnungshof des Deutschen Reichs.

Die Kontrole des gesammten Haushalts des Deutschen Reichs und des Landeshaushalts von Elsaß-Lothringen wird von der Preuß. Ober-Rechnungskammer unter der Benennung „Rechnungshof des Deutschen Reichs" geführt.[1] Dem Rechnungshofe ist auch die Revision und Feststellung der Rechnungen des Invalidenfonds übertragen; desgl. unterliegen die Rechnungen der Reichsbank der Revision durch den Rechnungshof.

Vgl. BG. v. 4. Juli 1868, betr. die Kontrole des Bundeshaushalts für die Jahre 1867 bis 1869 (BGB.

[1]) Vgl. die Instr. des Reichskanzlers für den Rechnungshof des D. Reichs v. 5. März 1875 (RCB. S. 157) nebst Bekanntm. des Reichskanzlers v. 7. April 1877, betr. die Abänderung der §§ 4 u. 5 dieser Instr. (RCB. S. 182).

S. 133), BG. v. 11. März 1870, betr. die Kontrole des Bundeshaushalts für das Jahr 1870 (BGB. S. 47), RG. v. 28. Okt. 1871, betr. die Kontrole des Reichshaushalts für das Jahr 1871 (RGB. S. 344), desgl. die RG. v. 5. Juli 1872 (RGB. S. 265), v. 22. Juni 1873 (RGB. S. 145), v. 11. Febr. 1875 (RGB. S. 61), v. 14. Febr. 1876 (RGB. S. 19), v. 22. Mai 1877 (RGB. S. 469), v. 1. Juni 1878 (RGB. S. 97), v. 5. Juli 1879 (RGB. 173), v. 30. Mai 1880 (RGB. S. 119), v. 1. Juni 1881 (RGB. S. 100), v. 4. Jan. 1882 (RGB. S. 1), v. 3. März 1883 (RGB. S. 30), v. 30. April 1884 (RGB. S. 47), v. 26. Jan. 1885 (RGB. S. 7), v. 8. Febr. 1886 (RGB. S. 27), v. 17. Jan. 1887 (RGB. S. 3), v. 1. Febr. 1888 (RGB. S. 9), v. 18. Febr. 1889 (RGB. S. 11), v. 6. Febr. 1890 (RGB. S. 50), v. 9. Febr. 1891 (RGB. S. 15), v. 4. Jan. 1892 (RGB. S. 1) und v. 14. Mai 1894 (RGB. S. 449).

H. Die Verwaltung des Reichsinvalidenfonds.

Dieselbe verwaltet den Reichsinvalidenfonds, den Reichs-Festungsbaufonds und den Fonds für die Errichtung des Reichstagsgebäudes.

Vgl. die RG. v. 23. Mai 1873 (RGB. S. 117), v. 26. Febr. 1876 (RGB. S. 24), v. 11. Mai 1877 (RGB. S. 495), v. 30. März 1879 (RGB. S. 119) und v. 22. Mai 1893 (RGB. S. 171) in den Zus. zum Art. 61 der Reichsverf.

J. Das Reichs-Postamt.

Das Post- und Telegraphenwesen des Deutschen Reichs wird durch das dem Reichskanzler unmittelbar unterstellte Reichs-Postamt unter der Leitung des Staatssekretärs des Reichs-Postamts verwaltet. Dem Reichs-Postamte stehen diejenigen Befugnisse zu, welche die Gesetze den obersten Reichsbehörden beilegen. Dasselbe zerfällt in drei Abtheilungen: die erste für die Post, die zweite für die Telegraphen, die dritte für die gemeinschaftlichen Verwaltungsangelegenheiten. Dem Staatssekretär des Reichs-Postamts ist außerdem die Leitung der Reichsdruckerei übertragen. Die Verwaltung des Post- und Telegraphenwesens in den einzelnen Bezirken wird von Reichsbehörden geführt, welche die Amtsbezeichnung „Ober-Postdirektionen" haben. Den Ober-Postdirektionen sind die Postämter, Telegraphenämter und Postagenturen untergeordnet.

Vgl. a) Allerh. Präsidial-Erl. v. 18. Dez. 1867, betr. die Verwaltung des Post- und Telegraphenwesens des Nordd. Bundes (BGB. S. 328).

b) V. v. 22. Dez. 1875, betr. die Verwaltung des Post- und Telegraphenwesens (RGB. S. 379).

c) Allerh. Erl. v. 23. Febr. 1880, betr. die Benennung der obersten Reichsbehörde für die dem Ressort des Generalpostmeisters zugewiesenen Verwaltungszweige (RGB. S. 25 und RCB. S. 95).

K. Die Verwaltung der Reichseisenbahnen.

Unter der Leitung des Reichsamts sind die Verwaltung und der Betrieb der dem Deutschen Reiche gehörigen Eisenbahnen in Elsaß-Lothringen, sowie die Ausführung der Bauten derjenigen Bahnstrecken, welche in Elsaß-Lothringen auf Kosten des Deutschen Reichs ausgeführt werden, der Generaldirektion der Eisenbahnen in Elsaß-Lothringen zu Straßburg übertragen. Diese verwaltet außerdem die von dem Deutschen Reiche im Großherzogthum Luxemburg und in der Schweiz gepachteten Bahnstrecken.

Vgl. a) Allerh. Erl. v. 9. Dez. 1871, betr. die Einsetzung einer Behörde unter dem Namen „Kaiserl. Generaldirektion der Eisenbahnen in Elsaß-Lothringen" (RGB. S. 480, GB. f. Elf.-Lothr. 1872 S. 4).

b) Allerh. Erl. v. 27. Mai 1878, betr. die Errichtung des Reichsamts für die Verwaltung der Reichseisenbahnen (RGB. 1879 S. 193).

L. Die Reichsbank.

Dieselbe hat die Aufgabe, den Geldumlauf im gesammten Reichsgebiete zu regeln, die Zahlungsausgleichungen zu erleichtern und für die Nutzbarmachung verfügbaren Kapitals zu sorgen. Sie hat ihren Hauptsitz in Berlin und Zweigniederlassungen in allen bedeutenden Handelsplätzen des Reichs. Sie wird unter der Leitung des Reichskanzlers von dem Reichsbankdirektorium verwaltet. Die dem Reiche zustehende Aufsicht über die Reichsbank wird von einem Bankkuratorium ausgeübt, welches aus dem Reichskanzler als Vorsitzenden und vier Mitgliedern besteht. Eins dieser Mitglieder ernennt der Kaiser, die drei anderen der Bundesrath.

M. Die Reichsschulden-Kommission in Berlin, welche die Aufsicht über die Reichsschuldenverwaltung, die Kontrole über die Verwaltung des Reichskriegsschatzes, die Kontrole über die Verwaltung des Reichsinvalidenfonds einschließlich des Reichsfestungsbaufonds und des Fonds für den Bau des Reichstagsgebäudes, die Kontrole über die An- und Ausfertigung, Einziehung und Vernichtung der Banknoten der Reichsbank führt. Sie besteht aus dem Vorsitzenden des Ausschusses für Rechnungswesen und zwei Mitgliedern dieses Ausschusses, ferner aus drei Mitgliedern des Reichstages und dem Präsidenten des Rechnungshofes.

Vgl. das Reichsschatzamt oben unter E.

II. Die Reichsbeamten.[1])

---

[1]) Die Gesetze über die Rechtsverhältnisse der Reichsbeamten sind in Helgoland eingeführt durch V. v. 22. März 1891 (RGB. S. 21).

1. a) RG. v. 31. März 1873, betr. die Rechtsverhältnisse der Reichsbeamten (RGB. S. 61).

Dazu: RG. v. 21. April 1886, betr. die Abänderung des Reichsbeamtenges. und des G., betr. die Fürsorge für die Wittwen und Waisen der Reichsbeamten der Civilverwaltung v. 20. April 1881 (RGB. 1886 S. 80), V. v. 20. Juni 1886 wegen Ergänzung der V. v. 23. Dez. 1875, betr. die Pensionen und Kautionen der Reichsbankbeamten, und der V. v. 8. Juni 1881, betr. die Fürsorge für die Wittwen und Waisen der Reichsbankbeamten (RGB. 1886 S. 203). RG. v. 25. Mai 1887, betr. die Abänderungen des Reichsbeamtenges. v. 31. März 1873 (RGB. 1887 S. 194), RG. v. 31. Mai 1887, betr. die Rechtsverhältnisse der Kaiserl. Beamten in den Schutzgebieten (RGB. S. 211). RG. v. 22. Mai 1893, betr. einige Abänderungen und Ergänzungen . . . des Reichsbeamtenges. v. 31. März 1873 (RGB. 1893 S. 171).

b) G. v. 23. Dez. 1873, betr. die Rechtsverhältnisse der Beamten und Lehrer (in Els.-Lothr.)[1] (GB. f. Els.-Lothr. S. 479) nebst Kaiserl. V. v. 22. Febr. 1891 und v. 12. April 1893, betr. die Zuständigkeit der Behörden zur Ausführung des G. v. 23. Dez. 1873 über die Rechtsverhältnisse der Beamten und Lehrer (GB. f. Els.-Lothr. 1892 S. 1 und 1893 S. 45); V. v. 21. Nov. 1887, betr. die landesrechtliche Anwendung des Reichsbeamtenges. in Elsaß-Lothringen (GB. f. Els.-Lothr. S. 85); G. v. 31. Mai 1898 wegen Ergänzung des G., betr. die Rechtsverhältnisse der Beamten und Lehrer v. 23. Dez. 1873 (GB. f. Els.-Lothr. 1898 S. 51); G. v. 18. Juni 1890, betr. die Rechtsverhältnisse der Professoren an der Kaiser Wilhelms-Universität Straßburg (a. a. O. S. 37), nebst V. v. 3. Aug. 1890, betr. die Zuständigkeit der

---

[1]) Durch dieses G. ist das Reichsges. v. 31. März 1873 mit einigen Modifikationen in Elsaß-Lothringen eingeführt worden.

Behörden bei Handhabung dieses Gesetzes (a. a. O. S. 67).

c) Zum Reichsbeamtenges. v. 31. März 1873.

α) Zum § 3 (betr. die eidliche Verpflichtung der Reichsbeamten).

V. v. 3. Dez. 1867, betr. den Diensteid der unmittelbaren Bundesbeamten (BGB. S. 327).

V. v. 29. Juni 1871, betr. den Diensteid der unmittelbaren Reichsbeamten (RGB. S. 303).

Vgl. Art. 50 Abs. 3 und Art. 53 Abs. 1 der Reichsverf., und bezüglich der Reichskonsuln § 4 des G. v. 8. Nov. 1867, betr. die Organisation der Reichskonsulate (BGB. S. 138).

In Betreff der Staatsbeamten in Elsaß-Lothringen vgl. G. v. 20. Sept. 1871, betr. die Vereidigung der Staatsbeamten (GB. f. Elf.-Lothr. S. 339).

β) Zu den §§ 7, 8, 31, 69 (Fürsorge für die Wittwen und Waisen der Reichsbeamten).

RG. v. 20. April 1881, betr. die Fürsorge für die Wittwen und Waisen der Reichsbeamten der Civilverwaltung (RGB. S. 85), abgeändert durch Art. I und IV des RG. v. 17. Mai 1897 wegen anderweiter Bemessung der Wittwen- und Waisengelder (RGB. S. 455).

V. v. 8. Juni 1881, betr. die Fürsorge für die Wittwen und Waisen der Reichsbankbeamten (RGB. S. 117).

Dazu: Ausführungserlasse des Reichskanzlers v. 25. und 30. Mai 1881 (RCB. S. 183 und 232) und v. 25. Juni 1881 (RCB. S. 251).

RG. v. 5. März 1888, betr. den Erlaß der Wittwen- und Waisengeldbeiträge von Angehörigen der Reichs-Civilverwaltung, des Reichsheeres und der Kaiserl. Marine (RGB. S. 65) und V. v. 18. März 1888, betr. den Erlaß der Wittwen- und Waisengeldbeiträge der Reichsbankbeamten (RGB. S. 80).

γ) Zum § 14 (betr. Urlaub und Stellvertretung der Reichsbeamten).

B. v. 2. Nov. 1874 über den Urlaub der Reichsbeamten und deren Stellvertretung (RGB. S. 129).

B. v. 23. April 1879, betr. den Urlaub der gesandtschaftlichen und Konsularbeamten und deren Stellvertretung (RGB. S. 134).

B. v. 17. Aug. 1894 wegen Abänderung der B. v. 23. April 1879, betr. den Urlaub der gesandtschaftlichen und Konsularbeamten und deren Stellvertretung (RGB. S. 518).

δ) Zum § 17 (betr. Titel, Rang und Uniform der Reichsbeamten).

Allerh. Erl. v. 1. April 1871, betr. das Rangverhältniß der Posträthe und Ober-Posträthe (RGB. S. 103).

Allerh. Erl. v. 22. Febr. 1882, betr. den Rang der Ober-Postdirektoren (RGB. S. 42).

Allerh. Erl. v. 27. Dez. 1871, betr. den Rang der Telegraphen-Direktoren (RGB. S. 7).

Allerh. Erl. v. 17. Juli 1876, betr. die Amtsbezeichnung „Telegraphendirektor" und „Telegrapheninspektor" (RGB. S. 186).

B. v. 1. Dez. 1879, betr. die Titel der gerichtlichen Beamten in Elsaß-Lothringen (GB. f. Els.-Lothr. S. 100).

ε) Zum § 18 (betr. Tagegelder und Fuhrkosten, desgl. Umzugskosten der Reichsbeamten).

B. v. 21. Juni 1875, betr. die Tagegelder, die Fuhrkosten und die Umzugskosten der Reichsbeamten (RGB. S. 249).

Dazu: Erl. des Reichskanzlers v. 6. Jan. 1876 (RCB. S. 7), v. 13. Febr. 1886 (RCB. S. 35), v. 18. April 1888 (RCB. S. 151), v. 12. Jan. 1892 (RCB. S. 10), v. 14. April 1892 (RCB. S. 177), v. 18. Sept. 1894 (RCB. S. 413) und v. 12. Mai 1898 (RCB. S. 117). Desgl. Beschlüsse des Bundesraths v. 6. März 1876 (RCB. S. 181—183).

V. v. 5. Juli 1875, betr. die Tagegelder, Fuhr- und Umzugskosten von Beamten der Reichseisenbahnverwaltung und der Postverwaltung (RGB. S. 253).

V. v. 29. Juni 1877, betr. die Tagegelder und Fuhrkosten von Beamten der Reichs-Post- und Telegraphenverwaltung (RGB. S. 545).

V. v. 27. Juni 1894, betr. die Abänderung und Ergänzung der Bestimmungen über die Tagegelder und Fuhrkosten von Beamten der Reichs-Post- und Telegraphenverwaltung (RGB. S. 491).

V. v. 23. April 1879, betr. die Tagegelder, die Fuhrkosten und die Umzugskosten der gesandtschaftlichen und der Konsularbeamten (RGB. S. 127).

Dazu: V. v. 7. Febr. 1881, wegen Abänderung der V. v. 23. April 1879 (RGB. S. 27) und v. 24. Mai 1881, betr. die Umzugskosten des Personals des Marinelazareths zu Yokohama bei Versetzungen aus dem Inlande dorthin, beziehungsweise bei Rückversetzungen nach dem Inlande (RGB. S. 101).

V. v. 19. Nov. 1879, betr. die Abänderung beziehungsweise Ergänzung der Bestimmungen über die Tagelder, Fuhrkosten und Umzugskosten der Reichsbeamten (RGB. S. 313).

V. v. 20. Mai 1880, betr. nähere Festsetzungen über die Gewährung von Tagegeldern, Fuhrkosten und Umzugskosten an die Beamten der Militär- und Marineverwaltung (RGB. S. 113).

V. v. 16. Febr. 1891, betr. Abänderung der Bestimmungen über Gewährung von Tagegeldern, Fuhr- und Umzugskosten an die Beamten der Militär- und Marineverwaltung (RGB. S. 16).

Dazu: V. v. 27. Juli 1886 (RGB. S. 235).

V. v. 22. Juni 1884, betr. die Vergütung für Dienstreisen der Marinebeamten zwischen Kiel und Friedrichsort (RGB. S. 65).

V. v. 24 Febr. 1897, betr. die Tagegelder und

Fuhrkosten von Beamten der Verwaltung des Kaiser Wilhelm-Kanals (RGB. S. 19).

Dazu: Bekanntm. des Reichskanzlers v. 23. April 1897 (RCB. S. 109) und v. 7. Mai 1898 (RCB. S. 247).

V. v. 25. Okt. 1880, betr. die Tagegelder, Fuhrkosten und Umzugskosten der Beamten und Lehrer (in Elf.-Lothr.) (G.B. f. Elf.-Lothr. S. 136), nebst dazu erlassenen V. v. 26. Mai 1890 (a. a. O. S. 39) und v. 4. Mai 1896 (GB. f. Elf.-Lothr. S. 29).

V. des Reichskanzlers v. 9. April 1881, betr. die Grundsätze bezüglich der Ausführung von Dienstreisen und der Bescheinigung der Reisekostenliquidation innerhalb der Civilverwaltung des Reiches (RCB. S. 136).

Bekanntm. des Reichskanzlers v. 12. Dez. 1895, betr. die Abänderung der für die Civilverwaltung des Reichs festgesetzten Grundsätze über die Ausführung von Durchreisen v. 9. April 1881 (RCB. S. 504).

Verf. des Staatssekretärs des Reichspostamts v. 21. Dez. 1881, betr. die Berechnung der Reise- und Umzugskosten der Reichsbeamten (Amtsbl. d. Reichspostamts S. 390).

ζ) Zu den §§ 34, 41 und 48 und zum § 60.

RG. v. 21. April 1886, betr. die Abänderung des Reichsbeamtenges. und des Ges., betr. die Fürsorge für die Wittwen und Waisen der Reichsbeamten der Civilverwaltung v. 21. April 1881 (RGB. S. 80).

η) Zu den §§ 87 und 88 (Disziplinarkammern).

V. v. 11. Juli 1873, betr. die Abgrenzung der Bezirke der Disziplinarkammern (RGB. S. 293).

V. v. 7. Jan. 1874, betr. die Errichtung einer Disziplinarkammer in Straßburg im Elsaß (RGB. S. 3).

RG. v. 5. Nov. 1874, betr. die Disziplinarkammer für die Beamten der Reichs-Eisenbahnverwaltung, welche im Auslande ihren dienstlichen Wohnsitz haben (RGB. S. 128).

ϑ) Zum § 159 (Ausführungsverordnungen).

V. v. 23. Nov. 1874, betr. die Zuständigkeit der Reichsbehörden zur Ausführung des G. v. 31. März 1873 und die Anstellung der Reichsbeamten (RGB. S. 135).

V. v. 19. Dez. 1875, betr. die Anstellung der Beamten und die Zuständigkeit zur Ausführung des G. v. 31. März 1873 bei der Verwaltung der Reichsbank (RGB. S. 378).

V. v. 7. Aug. 1888 über die Zuständigkeit der Reichsbehörden zur Ausführung des G., betr. die Rechtsverhältnisse der Reichsbeamten (RGB. S. 229).

2. RG. v. 30. Juni 1873, betr. die Bewilligung von Wohnungsgeldzuschüssen an die Offiziere und Aerzte des Reichsheeres und der Kaiserl. Marine, sowie an die Reichsbeamten (RGB. S. 166).

Dazu:

a) V. v. 30. Juni 1873, betr. die Klassifikation der Reichsbeamten nach Maßgabe des Tarifs zu dem G. v. 30. Juni 1873 über die Bewilligung von Wohnungsgeldzuschüssen 2c. (RGB. S. 169).

b) V. v. 3. Febr. 1874, betr. die Ergänzung der Klassifikationen der Reichsbeamten nach Maßgabe des Tarifs zu dem G. v. 30. Juni 1873 über die Bewilligung von Wohnungsgeldzuschüssen (RGB. S. 13).

3. BG. v. 2. Juni 1869, betr. die Kautionen der Bundesbeamten[1]) (BGB. S. 161). Auch gültig für Baden und Südhessen, zuf. Art. 80 unter I. 14 der mit Baden und Hessen vereinbarten Verf. (BGB. 1870 S. 647), für Württemberg, zuf. Art. 2 Nr. 6 des Vertr. v. 25. Nov. 1870 (BGB. S. 656) und für Bayern, zuf. § 2 unter I. 7 des RG. v. 22. April 1871 (BGB. S. 88).

---

[1]) Durch RG. v. 20. Febr. 1898 (RGB. S. 29) ist die Verpflichtung der Reichsbeamten zur Kautionsleistung nach Maßgabe des G. v. 2. Juni 1869 aufgehoben. Nur die über die Kautionspflicht der Reichsbankbeamten bestehenden Bestimmungen sind unberührt geblieben. Die Rückgabe der Kautionen wird innerhalb einer zweijährigen Frist nach dem Inkrafttreten dieses Gesetzes erfolgen.

Dazu:

a) RG. v. 22. März 1893 wegen Ergänzung des G. v. 2. Juni 1869, betr. die Kautionen der Bundesbeamten (RGB. S. 131) nebst Bekanntm. des Reichskanzlers v. 15. Juni 1893, betr. die Anlegung von Kautionsmassen für den Bereich der Reichs-Post- und Telegraphenverwaltung (RCB. S. 197).

b) B. v. 18. April 1883, betr. die Kautionen der Beamten und Unterbeamten der Reichs-Post- und Telegraphenverwaltung und der Reichsdruckerei (RGB. S. 35).[1]

c) B. v. 1. Dez. 1891 und 28. Nov. 1895, wegen Ergänzung bezw. Abänderung der B. v. 18. April 1883, betr. die Kautionen der Beamten und Unterbeamten der Reichs-Post- und Telegraphenbeamten und der Reichsdruckerei (RGB. 1891 S. 393 u. 1895 S. 459).

d) B. v. 16. Aug. 1876, betr. die Kautionen der bei der Militär- und Marineverwaltung angestellten Beamten (RGB. S. 179).[2]

---

[1]) Durch den Art. 8 dieser B. sind die auf das Kautionswesen der Post- und Telegraphenbeamten bezüglichen Bestimmungen in der B. v. 29. Juni 1869 (BGB. S. 285), sowie die B. v. 14. Juli 1871 (RGB. S. 316), v. 12. Juli 1873 (RGB. S. 298), v. 3. April 1876 (RGB. S. 161) und v. 6. April 1881 (RGB. S. 91) aufgehoben. Die B. v. 29. Juni 1869 bleibt also nur noch bezüglich der Kautionen der Aichungsbeamten in Geltung.

[2]) Durch den § 9 dieser B. sind frühere Verordnungen: a) B. v. 5. Juli 1871, betr. die Kautionen der bei der Militär- und Marineverwaltung angestellten Beamten (RGB. S. 308), b) B. v. 14. Dez. 1872, betr. die Aufbringung von Kautionserhöhungen (RGB. S. 434) und B. v. 14. Jan. 1873, betr. die Beschaffung der Kautionen derjenigen Militärbeamten, welche bei den Feldverwaltungen angestellt werden (RGB. S. 37), aufgehoben worden.

α) V. v. 4. März 1879 wegen Ergänzung bezw. Abänderung der V. v. 16. Aug. 1876 (RGB. S. 13), V. v. 30. März 1882 wegen Abänderung der V. v. 16. Aug. 1876 (RGB. 1882 S. 43), V. v. 4. Juni 1885 wegen Ergänzung und Abänderung der V. v. 16. Aug. 1876 (RGB. 1885 S. 195), V. v. 26. Mai 1888, wegen Ergänzung der V. v. 16. Aug. 1876, betr. die Kautionen der bei der Militär- und der Marineverwaltung angestellten Beamten (RGB. 1888 S. 177), V. v. 10. Febr. 1890 (RGB. S. 51), V. v. 27. Dez. 1890 (RGB. 1891 S. 7) und V. v. 22. Mai 1891 wegen desselben Gegenstandes (RGB. S. 294). Ferner: V. v. 14. Mai 1892 wegen Abänderung der V. v. 16. Aug. 1876, 4. März 1879 u. 10. Febr. 1890 (RGB. 1892 S. 666), V. v. 9. Dez. 1892 wegen Ergänzung der V. v. 16. Aug. 1876 u. 22. Mai 1891 (RGB. 1892 S. 1051), V. v. 31. Juli 1894 wegen Ergänzung und V. v. 29. Jan. u. 20. Mai 1896 wegen Abänderung bezw. Ergänzung der V. v. 16. Aug. 1876, betr. die Kautionen der bei der Militär- und der Marineverwaltung angestellten Beamten (RGB. 1894 S. 517, 1896 S. 5 u. S. 151).

β) V. v. 10. Mai 1881, betr. die Festsetzung der Kautionen des Lootsenkommandeurs an der Jade und der Sekretariats-Assistenten bei dem Lootsenkommando dortselbst (RGB. S. 95).

e) V. v. 27. Febr. 1872, betr. die Kautionen der bei der Verwaltung der Reichseisenbahnen in Elsaß-Lothringen angestellten Beamten (RGB. S. 59, GB. f. Elf.-Lothr. S. 154).

f) V. v. 6. Juli 1874, betr. die Kautionen der bei dem Auswärtigen Amte, bei der Verwaltung des Reichsinvalidenfonds und im Bureau des Reichstags angestellten Beamten (RGB. S. 109).

g) V. v. 23. Dez. 1875, betr. die Pensionen und Kautionen der Reichsbankbeamten (RGB. S. 380), und V. v.

31. März 1880 wegen Ergänzung und Abänderung der V. v. 23. Dez. 1875 (RGB. 1880 S. 97).

Vgl. RG. v. 21. April 1886 (RGB. S. 80) und V. v. 20. Juni 1886 (RGB. S. 203).

h) V. v. 20. Juni 1879 über die Kaution des Rendanten der Patentamtskasse (RGB. S. 160).

i) V. v. 2. Febr. 1881, betr. die Kaution des Rendanten der Bureaukasse bei dem Reichsamte des Innern (RGB. S. 3).

k) V. v. 12. März 1887, betr. die Kaution des Rendanten des Reichskriegsschatzes (RGB. S. 119).

l) V. v. 16. Juni 1887, betr. die Kaution des Kassirers der Legationskasse (RGB. S. 250).

m) V. v. 3. Dez. 1888 über die Kaution des Rendanten der Bureaukasse bei der Physikalisch-Technischen Reichsanstalt (RGB. S. 291).

n) V. v. 5. Dez. 1888, betr. die Kautionen der Beamten der Reichseisenbahnverwaltung (RGB. S. 293).

o) V. v. 12. Juli 1896 über die Kaution des Rendanten der Bureaukasse beim Reichsversicherungsamt (RGB. S. 193).

p) V. v. 30. Nov. 1896 über die Kautionen von Beamten beim Kaiserl. Patentamt (RGB. S. 761).

q) Das G. v. 2. Juni 1869 (mit den zu demselben erlassenen Verordnungen) ist in Elsaß-Lothringen eingeführt durch das G. v. 11. Dez. 1871 (GB. f. Elf.-Lothr. S. 386).

Vgl. in Betreff der Landesbeamten in Elsaß-Lothringen: G. v. 15. Okt. 1873, betr. die Kautionen der Beamten des Staates, der Gemeinden und der öffentlichen Anstalten (GB. f. Elf.-Lothr. S. 273), nebst V. v. 22. Okt. 1873, betr. die Amtskautionen (ebendas. S. 292), V. v. 2. Mai 1877, betr. die Amtskautionen der Uebergangssteuererheber, Ortseinnehmer, Nebenzollamts- und Steueramtsdiener (GB. für Elf.-Lothr. S. 26), V. v. 2. Mai 1881 (GB. f.

Elf.-Lothr. S. 81), V. v. 26. Mai 1891 (GB. f. Elf.-Lothr. S. 37), V. v. 12. April 1893 (GB. f. Elf.-Lothr. S. 46), betr. die Amtskautionen und G. v. 17. April 1895, betr. die Bestellung der Amtskautionen (GB. f. Elf.-Lothr. S. 49).

4. RG. v. 31. Mai 1881, betr. die Besteuerung der Dienstwohnungen der Reichsbeamten (RGB. S. 99).

5. RG. v. 20. Juni 1872, betr. die Verwendung des Ueberschusses aus der Verwaltung der Französischen Landesposten durch die Deutsche Reichspostverwaltung während des Krieges gegen Frankreich in den Jahren 1870 und 1871 (RGB. 1872 S. 210), und RG. v. 4. März 1876, betr. die Kaiser-Wilhelm-Stiftung für die Angehörigen der Deutschen Reichspostverwaltung (RGB. S. 122). Dazu: Allerh. Erl. v. 29. Aug. 1872, betr. die Kaiser-Wilhelm-Stiftung für die Angehörigen der Deutschen Reichspostverwaltung, nebst dem Statut (RGB. S. 373).

III. Zu den einem Beamten zustehenden Rechten im Sinne des Art. 18 Abs. 2 der Reichsverfassung gehören diejenigen Rechte nicht, welche seinen Hinterbliebenen in Beziehung auf Pensionen oder Unterstützungen etwa zustehen.

Vgl. Prot. v. 15. Nov. 1870, betr. die Vereinbarung zwischen dem Nordd. Bunde, Baden und Hessen über Gründung des Deutschen Bundes, zu Art. 18 der Reichsverfassung[1]) (BGB. S. 650), desgl. mit Württemberg v. 25. Nov. 1870[2]) (BGB. S. 657).

Artikel 19.

Wenn Bundesglieder ihre verfassungsmäßigen Bundespflichten nicht erfüllen, können sie dazu im Wege der Exekution angehalten werden. Diese Exe-

---

[1]) Vgl. unten Anlage V.

[2]) Vgl. unten Anlage VI.

kution ist vom Bundesrathe zu beschließen und vom Kaiser zu vollstrecken.[1])

V. Reichstag.[2])

Artikel 20.

Der Reichstag geht aus allgemeinen und direkten Wahlen mit geheimer Abstimmung hervor.

Bis zu der gesetzlichen Regelung, welche im §. 5. des Wahlgesetzes vom 31. Mai 1869. (Bundesgesetzbl. 1869. S. 145.) vorbehalten ist, werden in Bayern 48, in Württemberg 17, in Baden 14, in Hessen südlich des Main 6 Abgeordnete gewählt, und beträgt demnach die Gesammtzahl der Abgeordneten 382.

1. Bis zu der im Art. 20 der Reichsverfassung vorbehaltenen gesetzlichen Regelung werden in Elsaß-Loth-

---

[1]) Der zweite Satz des Art. 19 lautete in der Verfassung des Nordd. Bundes (BGB. 1867 S. 8) dahin: Diese Exekution ist a) in Betreff militärischer Leistungen, wenn Gefahr im Verzuge, von dem Bundesfeldherrn anzuordnen und zu vollziehen, b) in allen anderen Fällen aber von dem Bundesrathe zu beschließen und von dem Bundesfeldherrn zu vollstrecken. Die Exekution kann bis zur Sequestration des betreffenden Landes und seiner Regierungsgewalt ausgedehnt werden. In den unter a) bezeichneten Fällen ist dem Bundesrathe von Anordnung der Exekution, unter Darlegung der Beweggründe, ungesäumt Kenntniß zu geben.

[2]) Vgl. v. Rönne's Staatsrecht des D. R., 2. Aufl., Bd. I. §§ 28—40 S. 237 ff.

ringen 15 Abgeordnete zum Deutschen Reichstage gewählt (RG. v. 25. Juni 1873, betr. die Einführung der Verfassung des Deutschen Reichs in Elsaß-Lothringen, § 3, RGB. S. 161, GB. f. Elf.-Lothr. S. 131).[1])

Die Gesammtzahl der Abgeordneten beträgt demnach jetzt 397.

2. Wahlgesetz für den Reichstag des Norddeutschen Bundes. V. v. 31. Mai 1869 (BGB. S. 145).[2])[3])[4])

Wir Wilhelm, von Gottes Gnaden König von Preußen 2c. verordnen im Namen des Norddeutschen Bundes, nach erfolgter Zustimmung des Bundesrathes und des Reichstages, was folgt:

§. 1. Wähler für den Reichstag des Norddeutschen Bundes ist jeder Norddeutsche, welcher das fünfundzwanzigste Lebensjahr zurückgelegt hat, in dem Bundesstaate, wo er seinen Wohnsitz hat.

---

[1]) Vgl. zum Art. 1 der Reichsverf. Zus. III oben S. 24.

[2]) Das für den Reichstag des Nordd. Bundes ergangene Wahlgesetz v. 31. Mai 1869 ist zuf. der Bestimmung des Art. 80 Ziff. I. Nr. 13 der zwischen dem Nordd. Bunde und Baden und Hessen vereinbarten Verf. des D. Bundes (BGB. 1870 S. 647), und zuf. des Art. 1 und des Art. 2 Ziff. 6 des Bündnißvertrages mit Württemberg v. 25. Nov. 1870 (BGB. S. 654), sowie zuf. der Bestimmung des Bündnißvertrages mit Bayern v. 23. Nov. 1870 Ziff. III. § 8 (BGB. 1871 S. 21) als Reichsgesetz in Kraft getreten.

[3]) In Gemäßheit des § 4 des RG. v. 15. Dez. 1890, betr. die Vereinigung von Helgoland mit dem D. Reiche (RGB. S. 207) ist das Wahlgesetz für den Deutschen Reichstag auch auf Helgoland in Kraft getreten.

[4]) Vgl. Wahlkatechismus für die Wahlen zum Deutschen Reichstage von Th. Prengel im J. Guttentag'schen Verlage, Berlin 1893.

§. 2. Für Personen des Soldatenstandes des Heeres und der Marine ruht die Berechtigung zum Wählen so lange, als dieselben sich bei der Fahne befinden.[1])

§. 3. Von der Berechtigung zum Wählen sind ausgeschlossen:

1) Personen, welche unter Vormundschaft oder Kuratel stehen;
2) Personen, über deren Vermögen Konkurs- oder Fallitzustand gerichtlich eröffnet worden ist und zwar während der Dauer dieses Konkurs- oder Fallit-Verfahrens;
3) Personen, welche eine Armenunterstützung aus öffentlichen oder Gemeinde-Mitteln beziehen, oder im letzten der Wahl vorhergegangenen Jahre bezogen haben;
4) Personen, denen in Folge rechtskräftigen Erkenntnisses der Vollgenuß der staatsbürgerlichen Rechte entzogen ist, für die Zeit der Entziehung, sofern sie nicht in diese Rechte wieder eingesetzt sind.[2])

Ist der Vollgenuß der staatsbürgerlichen Rechte wegen politischer Vergehen oder Verbrechen entzogen, so tritt die Berechtigung zum Wählen wieder

---

[1]) Das Reichsmilitärgesetz v. 2. Mai 1874 bestimmt im § 49 Abs. 1 (RGB. S. 45): „Für die zum aktiven Heere gehörigen Militärpersonen, mit Ausnahme der Militärbeamten, ruht die Berechtigung zum Wählen sowohl in Betreff der Reichsvertretung, als in Betreff der einzelnen Landesvertretungen. Eine Vereinigung der hiernach wahlberechtigt bleibenden Militärpersonen zu besonderen Militär-Wahlzwecken für die Wahl der auf indirektem Wahlrecht beruhenden Landesvertretungen darf nicht stattfinden."

[2]) Vgl. §§ 32—47 und 45 des Reichsstrafgesetzb. v. 15. Mai 1871 bezw. 26. Febr. 1876 (RGB. S. 39).

ein, sobald die außerdem erkannte Strafe vollstreckt, oder durch Begnadigung erlassen ist.

§. 4. Wählbar zum Abgeordneten ist im ganzen Bundesgebiete jeder Norddeutsche, welcher das fünfundzwanzigste Lebensjahr zurückgelegt und einem zum Bunde gehörigen Staate seit mindestens einem Jahre angehört hat, sofern er nicht durch die Bestimmungen in dem §. 3. von der Berechtigung zum Wählen ausgeschlossen ist.

§. 5. In jedem Bundesstaate wird auf durchschnittlich 100,000 Seelen derjenigen Bevölkerungszahl, welche den Wahlen zum verfassunggebenden Reichstage zu Grunde gelegen hat, Ein Abgeordneter gewählt. Ein Ueberschuß von mindestens 50,000 Seelen der Gesammtbevölkerung eines Bundesstaates wird vollen 100,000 Seelen gleich gerechnet. In einem Bundesstaate, dessen Bevölkerung 100,000 Seelen nicht erreicht, wird Ein Abgeordneter gewählt.

Demnach beträgt die Zahl der Abgeordneten 297 und kommen auf Preußen 235, Sachsen 23, Hessen 3, Mecklenburg-Schwerin 6, Sachsen-Weimar 3, Mecklenburg-Strelitz 1, Oldenburg 3, Braunschweig 3, Sachsen-Meiningen 2, Sachsen-Altenburg 1, Sachsen-Koburg-Gotha 2, Anhalt 2, Schwarzburg-Rudolstadt 1, Schwarzburg-Sondershausen 1, Waldeck 1, Reuß ältere Linie 1, Reuß jüngere Linie 1, Schaumburg-Lippe 1, Lippe 1, Lauenburg 1, Lübeck 1, Bremen 1, Hamburg 3.

Eine Vermehrung der Zahl der Abgeordneten in Folge der steigenden Bevölkerung wird durch das Gesetz bestimmt.

§. 6. Jeder Abgeordnete wird in einem besonderen Wahlkreise gewählt.

Jeder Wahlkreis wird zum Zwecke der Stimmabgabe in kleinere Bezirke getheilt, welche möglichst mit den Ortsgemeinden zusammenfallen sollen, sofern nicht bei volkreichen Ortsgemeinden eine Unterabtheilung erforderlich wird.

Mit Ausschluß der Exklaven müssen die Wahlkreise, sowie die Wahlbezirke räumlich abgegrenzt und thunlichst abgerundet sein.

Ein Bundesgesetz wird die Abgrenzung der Wahlkreise bestimmen. Bis dahin sind die gegenwärtigen Wahlkreise beizubehalten, mit Ausnahme derjenigen, welche zur Zeit nicht örtlich abgegrenzt und zu einem räumlich zusammenhängenden Bezirke abgerundet sind. Diese müssen zum Zwecke der nächsten allgemeinen Wahlen gemäß der Vorschrift des dritten Absatzes gebildet werden.

§. 7. Wer das Wahlrecht in einem Wahlbezirke ausüben will, muß in demselben, oder, im Falle eine Gemeinde in mehrere Wahlbezirke getheilt ist, in einem derselben zur Zeit der Wahl seinen Wohnsitz haben.

Jeder darf nur an Einem Orte wählen.

§. 8. In jedem Bezirke sind zum Zwecke der Wahlen Listen anzulegen, in welche die zum Wählen Berechtigten nach Zu- und Vornamen, Alter, Gewerbe und Wohnort eingetragen werden.

Diese Listen sind spätestens vier Wochen vor dem zur Wahl bestimmten Tage zu Jedermanns Einsicht auszulegen, und ist dies zuvor unter Hinweisung auf die Einsprachefrist öffentlich bekannt zu machen. Einsprachen gegen die Listen sind binnen acht Tagen nach Beginn der Auslegung bei der Behörde, welche die Bekanntmachung erlassen hat, anzubringen und innerhalb der nächsten vierzehn Tage zu erledigen, worauf die Listen geschlossen werden. Nur diejenigen sind zur Theilnahme an der Wahl berechtigt, welche in die Listen aufgenommen sind.

Bei einzelnen Neuwahlen, welche innerhalb Eines Jahres nach der letzten allgemeinen Wahl stattfinden, bedarf es einer neuen Aufstellung und Auslegung der Wahlliste nicht.

§. 9. Die Wahlhandlung, sowie die Ermittelung des Wahlergebnisses, sind öffentlich.

Die Funktion der Vorsteher, Beisitzer und Protokollführer bei der Wahlhandlung in den Wahlbezirken und der Beisitzer bei der Ermittelung des Wahlergebnisses in den Wahlkreisen ist ein unentgeltliches Ehrenamt und kann nur von Personen ausgeübt werden, welche kein unmittelbares Staatsamt bekleiden.

§. 10. Das Wahlrecht wird in Person durch verdeckte, in eine Wahlurne niederzulegende Stimmzettel ohne Unterschrift ausgeübt.

Die Stimmzettel müssen von weißem Papier und dürfen mit keinem äußeren Kennzeichen versehen sein.

§. 11. Die Stimmzettel sind außerhalb des Wahllokals mit dem Namen des Kandidaten, welchem der Wähler seine Stimme geben will, handschriftlich oder im Wege der Vervielfältigung zu versehen.

§. 12. Die Wahl ist direkt. Sie erfolgt durch absolute Stimmenmehrheit aller in einem Wahlkreise abgegebenen Stimmen. Stellt bei einer Wahl eine absolute Stimmenmehrheit sich nicht heraus, so ist nur unter den zwei Kandidaten zu wählen, welche die meisten Stimmen erhalten haben.

Bei Stimmengleichheit entscheidet das Loos.

§. 13. Ueber die Gültigkeit oder Ungültigkeit der Wahlzettel entscheidet mit Vorbehalt der Prüfung des Reichstages allein der Vorstand des Wahlbezirkes nach Stimmenmehrheit seiner Mitglieder.

Die ungültigen Stimmzettel sind zum Zwecke der Prüfung durch den Reichstag dem Wahlprotokoll beizufügen. Die gültig befundenen bewahrt der Vorsteher der Wahlhandlung in dem Wahlbezirke so lange versiegelt, bis der Reichstag die Wahl definitiv gültig erklärt hat.

§. 14. Die allgemeinen Wahlen sind im ganzen Bundesgebiete an dem von dem Bundespräsidium bestimmten Tage vorzunehmen.

§. 15. Der Bundesrath ordnet das Wahlverfahren, soweit dasselbe nicht durch das gegenwärtige Gesetz festgestellt worden ist, durch ein einheitliches, für das ganze Bundesgebiet gültiges Wahlreglement.[1])

Dasselbe kann nur unter Zustimmung des Reichstages abgeändert werden.

§. 16. Die Kosten für die Druckformulare zu den Wahlprotokollen und für die Ermittelung des Wahlergebnisses in den Wahlkreisen werden von den Bundesstaaten, alle übrigen Kosten des Wahlverfahrens werden von den Gemeinden getragen.

§. 17. Die Wahlberechtigten haben das Recht, zum Betrieb der den Reichstag betreffenden Wahlangelegenheiten Vereine zu bilden und in geschlossenen Räumen unbewaffnet öffentliche Versammlungen zu veranstalten.

Die Bestimmungen der Landesgesetze über die Anzeige der Versammlungen und Vereine, sowie über die Ueberwachung derselben, bleiben unberührt.

---

[1]) Dieses Wahlregl. ist unterm 28. Mai 1870 (BGB. S. 275) ergangen. Vgl. dazu die Berichtigungen in BGB. 1870 S. 488, und die Bekanntm. v. 27. Febr. 1871 mit den Nachträgen zum Wahlregl. v. 28. Mai 1870 (BGB. 1871 S. 35 ff.) und v. 24. Jan. 1872 (RGB. S. 38), v. 9. Jan. 1890 (RGB. S. 10) und v. 13. Mai 1893 (RGB. S. 141), betr. Abänderung in Anlage D des Wahlregl. v. 28. Mai 1870, sowie das RG. v. 20. Juni 1873, betr. die Abänderung der Reichstagswahlkreise 5 und 6 des Regierungsbezirks Oppeln im Königreiche Preußen (RGB. S. 144), das RG. v. 25. Dez. 1876, betr. die Abänderung mehrerer Reichstagswahlkreise in Braunschweig, Hannover, Lauenburg und Westfalen (RGB. S. 275) und Bekanntm. des Reichskanzlers v. 16. Mai 1891, betr. die Zutheilung der Insel Helgoland zu dem 5. Wahlkreise der preußischen Provinz Schleswig-Holstein (RGB. S. 111).

§. 18. Das gegenwärtige Gesetz tritt bei der ersten nach dessen Verkündigung stattfindenden Neuwahl des Reichstages in Kraft. Von dem nämlichen Zeitpunkte an verlieren alle bisherigen Wahlgesetze für den Reichstag nebst den dazu erlassenen Ausführungsgesetzen, Verordnungen und Reglements ihre Gültigkeit.

Urkundlich unter Unserer Höchsteigenhändigen Unterschrift und beigedrucktem Bundes-Insiegel.

Gegeben Schloß Babelsberg, den 31. Mai 1869.

(L. S.) **Wilhelm.**

Gr. v. Bismarck-Schönhausen.

3. Zus. § 6 des RG. v. 25. Juni 1873 (RGB. S. 161, GB. f. Elf.-Lothr. S. 131)[1]) gilt das Wahl-G. v. 31. Mai 1869 auch für Elsaß-Lothringen.[2])

Dazu: Bekanntm. des Reichskanzlers v. 1. Dez. 1873, betr. die Feststellung der Wahlkreise in Elsaß-Lothringen für die Wahlen zum Deutschen Reichstage (RGB. S. 373, GB. f. Elf.-Lothr. S. 315).

4. Ueber die Bestrafung der Wahlfälschungen und des Kaufes oder Verkaufes von Wahlstimmen vgl. §§ 108 und 109 des Strafgesetzb. für das D. R. (RGB. 1876 S. 61).

Artikel 21.

Beamte bedürfen keines Urlaubs zum Eintritt in den Reichstag.

---

[1]) Vgl. Zus. III zum Art. 1 der Reichsverf. oben S. 24.

[2]) Auf Grund des § 6 des RG. v. 25. Juni 1873 und des § 15 des Wahl-G. v. 31. Mai 1869 ist das Wahlregl. v. 28. Mai 1870 auch für Elsaß-Lothringen publizirt (GB. f. Elf.-Lothr. 1873 S. 316) und durch einen Nachtrag v. 1. Dez. 1873 (RGB. S. 374, GB. f. Elf.-Lothr. S. 330) ergänzt worden.

Wenn ein Mitglied des Reichstages ein besoldetes Reichsamt oder in einem Bundesstaat ein besoldetes Staatsamt annimmt oder im Reichs- oder Staatsdienste in ein Amt eintritt, mit welchem ein höherer Rang oder ein höheres Gehalt verbunden ist, so verliert es Sitz und Stimme in dem Reichstag und kann seine Stelle in demselben nur durch neue Wahl wieder erlangen.

RG. v. 31. März 1873, betr. die Rechtsverhältnisse der Reichsbeamten (RGB. S. 61) § 14 Abs. 2:

> In Krankheitsfällen, sowie in solchen Abwesenheitsfällen, zu denen die Beamten eines Urlaubs nicht bedürfen (Reichsverfassung Art. 21) findet ein Abzug vom Gehalte nicht statt. Die Stellvertretungskosten fallen der Reichskasse zur Last.

Artikel 22.

Die Verhandlungen des Reichstages sind öffentlich. Wahrheitsgetreue Berichte über Verhandlungen in den öffentlichen Sitzungen des Reichstages bleiben von jeder Verantwortlichkeit frei.

Vgl. Reichsstrafgesetzb. v. 26. Febr. 1876 § 12 (RGB. S. 42).

Artikel 23.

Der Reichstag hat das Recht, innerhalb der Kompetenz des Reichs Gesetze vorzuschlagen und an ihn gerichtete Petitionen dem Bundesrathe resp. Reichskanzler zu überweisen.

Artikel 24.

Die Legislaturperiode des Reichstags dauert fünf[1]) Jahre. Zur Auflösung des Reichstags während derselben ist ein Beschluß des Bundesraths unter Zustimmung des Kaisers erforderlich.

Durch das (transitorische) BG. v. 21. Juli 1870 (BGB. S. 498) ist die Legislaturperiode des am 31. Aug. 1867 gewählten Reichstages des Nordd. Bundes für die Dauer des damaligen Krieges mit Frankreich, jedoch nicht über den 31. Dez. 1870 hinaus, verlängert worden.

Artikel 25.

Im Falle der Auflösung des Reichstages müssen innerhalb eines Zeitraumes von 60 Tagen nach derselben die Wähler und innerhalb eines Zeitraumes von 90 Tagen nach der Auflösung der Reichstag versammelt werden.

Artikel 26.

Ohne Zustimmung des Reichstages darf die Vertagung desselben die Frist von 30 Tagen nicht übersteigen und während derselben Session nicht wiederholt werden.

Artikel 27.

Der Reichstag prüft die Legitimation seiner Mitglieder und entscheidet darüber. Er regelt seinen

[1]) Die Verlängerung der Legislaturperiode von drei auf fünf Jahre beruht auf dem RG. v. 19. März 1888, betr. die Abänderung des Art. 24 der Reichsverfassung (RGB. S. 110).

Geschäftsgang und seine Disziplin durch eine Geschäfts-Ordnung[1]) und erwählt seinen Präsidenten, seine Vizepräsidenten und Schriftführer.

Artikel 28.

Der Reichstag beschließt nach absoluter Stimmenmehrheit. Zur Gültigkeit der Beschlußfassung ist die Anwesenheit der Mehrheit der gesetzlichen Anzahl der Mitglieder erforderlich.

Der Absatz 2 dieses Artikels, welcher lautete: „Bei der Beschlußfassung über eine Angelegenheit, welche nach den Bestimmungen dieser Verfassung nicht dem ganzen Reiche gemeinschaftlich ist, werden die Stimmen nur derjenigen Mitglieder gezählt, die in Bundesstaaten gewählt sind, welchen die Angelegenheit gemeinschaftlich ist" ist aufgehoben durch RG. v. 24. Febr. 1873 (RGB. S. 45).

Artikel 29.

Die Mitglieder des Reichstages sind Vertreter des gesammten Volkes und an Aufträge und Instruktionen nicht gebunden.

Artikel 30.

Kein Mitglied des Reichstages darf zu irgend einer Zeit wegen seiner Abstimmung oder wegen

---

[1]) Vgl. Geschäftsordnung für den Reichstag des Nordd. Bundes v. 12. Juni 1868, mit Abänderungen v. 17. April u. 12. Mai 1869, 12. März 1870, 22. Mai 1872 u. 9. April 1874 (Berlin, bei J. Sittenfeld). Mit den (vorgedachten) Abänderungen abgedruckt in Guttentag's Gesetzgebung des D. Reiches Bd. II S. 332 ff.

der in Ausübung seines Berufes gethanen Aeußerungen gerichtlich oder disziplinarisch verfolgt oder sonst außerhalb der Versammlung zur Verantwortung gezogen werden.

Vgl. Reichsstrafgesetzb. v. 26. Febr. 1876 § 11 (RGB. S. 41).

Artikel 31.

Ohne Genehmigung des Reichstages kann kein Mitglied desselben während der Sitzungsperiode wegen einer mit Strafe bedrohten Handlung zur Untersuchung gezogen oder verhaftet werden, außer wenn es bei Ausübung der That oder im Laufe des nächstfolgenden Tages ergriffen wird.

Gleiche Genehmigung ist bei einer Verhaftung wegen Schulden erforderlich.[1])

Auf Verlangen des Reichstages wird jedes Strafverfahren gegen ein Mitglied desselben und jede Untersuchungs- oder Civilhaft für die Dauer der Sitzungsperiode aufgehoben.

Artikel 32.

Die Mitglieder des Reichstages dürfen als solche keine Besoldung oder Entschädigung beziehen.

---

[1]) Vgl. BG. v. 29. Mai 1868, betr. die Aufhebung der Schuldhaft (BGB. S. 237). Vgl. CPO. v. 30. Jan. 1877 § 785 Nr. 1 (RGB. S. 228).

VI. Zoll- und Handelswesen.[1])

Artikel 33.

Deutschland bildet ein Zoll- und Handelsgebiet, umgeben von gemeinschaftlicher Zollgrenze. Ausgeschlossen bleiben die wegen ihrer Lage zur Einschließung in die Zollgrenze nicht geeigneten einzelnen Gebietstheile.

Vgl. Art. 6 des Zoll- und Handelsvereinsvertrages v. 8. Juli 1867 (BGB. S. 91) und Bekanntm. des Reichskanzlers v. 18. Nov. 1868 (BGB. S. 518).

Bekanntm. des Reichskanzlers vom 20. Dez. 1881, betr. den Anschluß eines Theils der Unterelbe an das Deutsche Zollgebiet, mit dem Regulativ, betr. die zollamtliche Behandlung der Waaren-Ein-, Aus- und Durchfuhr auf dem zum Deutschen Zollgebiete gehörigen Theile der Unterelbe (RCB. S. 464).

Alle Gegenstände, welche im freien Verkehr eines Bundesstaates befindlich sind, können in jeden anderen Bundesstaat eingeführt und dürfen in letzterem einer Abgabe nur insoweit unterworfen werden, als daselbst gleichartige inländische Erzeugnisse einer inneren Steuer unterliegen.

G. v. 17. Juli 1871, betr. die Einführung des Art. 33 der Reichsverf. in Elsaß-Lothringen (v. 1. Jan. 1872 an) (RGB. 1871 S. 325, GB. f. Els.-Lothr. S. 247).

Dazu: V. v. 19. Aug. 1871 (RGB. S. 326, GB. f. Els.-Lothr. S. 253) und V. v. 30. Aug. 1871 (RGB. S. 329, GB. f. Els.-Lothr. S. 335).

---

[1]) Vgl. v. Rönne's Staatsrecht des Deutschen Reichs, 2. Aufl., Bd. II. Abth. 1 § 92 S. 184 ff.

Artikel 34.

Die Hansestädte Bremen und Hamburg mit einem dem Zweck entsprechenden Bezirke ihres oder des umliegenden Gebietes bleiben als Freihäfen außerhalb der gemeinschaftlichen Zollgrenze, bis sie ihren Einschluß in dieselbe beantragen.

Zollvereins-G. v. 1. Juli 1869, betr. die Sicherung der Zollvereinsgesetze in den vom Zollgebiete ausgeschlossenen Hamburgischen Gebietstheilen (BGB. S. 370).

RG. v. 28. Juni 1879, betr. die Sicherung der gemeinschaftlichen Zollgrenze in den vom Zollgebiete ausgeschlossenen Bremischen Gebietstheilen (RGB. S. 159).

RG. v. 16. Febr. 1882, betr. die Ausführung des Anschlusses der freien und Hansestadt Hamburg an das Deutsche Zollgebiet (RGB. S. 39).

RG. v. 31. März 1885, betr. den Beitrag des Reichs zu den Kosten des Anschlusses der freien Hansestadt Bremen an das Deutsche Zollgebiet (RGB. S. 79).

Artikel 35.[1])

Das Reich ausschließlich hat die Gesetzgebung über das gesammte Zollwesen, über die Besteuerung des im Bundesgebiete gewonnenen Salzes und Tabacks, bereiteten Branntweins und Bieres und aus Rüben oder anderen inländischen Erzeugnissen dargestellten Zuckers und Syrups, über den gegenseitigen Schutz der in den einzelnen Bundesstaaten erhobenen Verbrauchsabgaben gegen Hinterziehungen, sowie über die Maßregeln, welche in den Zollaus-

---

[1]) Vgl. v. Rönne's Staatsrecht des D. R., ebendas. Bd. II. Abth. 1 §§ 75 ff. S. 94 ff.

schlüssen zur Sicherung der gemeinsamen Zollgrenze erforderlich sind.

1. Zollwesen:

a) G. v. 18. Mai 1868 wegen Abänderung einzelner Bestimmungen der Zoll-Ordn. und der Zollstrafgesetzgebung (BGB. S. 225), welches durch § 166 des Vereins-Zollges. v. 1. Juli 1869 aufgehoben ist.

b) Vereins-Zollges. v. 1. Juli 1869 (BGB. S. 317)[1]). Dazu: RG. v. 18. April 1889, betr. die Abänderung des Vereins-Zollges. v. 1. Juli 1869 (RGB. 1889 S. 53).

c) RG. v. 15. Juli 1879, betr. den Zolltarif des Deutschen Zollgebiets und den Ertrag der Zölle und der Tabacksteuer (RGB. S. 207).[2])

Dazu:

α) RG. v. 6. Juni 1880, betr. die Abänderung des Zolltarifs des Deutschen Zollgebiets (RGB. S. 120).

---

[1]) Ueber die Geltung dieses G. im ganzen Deutschen Zollvereinsgebiete vgl. Guttentag's Gesetzgebung Bd. I. S. 707 Note 1, und das G. selbst mit den dazu erlassenen Ausführungsverordnungen ebendas. S. 707—766.

[2]) a) Die älteren Zolltarifsgesetze v. 25. Mai 1868 (BGB. S. 316), 17. Mai 1870 (BGB. S. 123) und 7. Juli 1873 (RGB. S. 241 u. GB. f. Elf.-Lothr. S. 191) nebst der Bekanntm. des Reichskanzlers v. 12. Juli 1873, betr. die neue Redaktion des Zolltarifs (RGB. S. 244, GB. f. Elf.-Lothr. S. 194) sind durch dieses G. erledigt.

b) Das RG. v. 30. Mai 1879, betr. die vorläufige Einführung und Aenderungen des Zolltarifs (RGB. S. 149) und die auf Grund desselben erlassenen Bekanntm. des Reichskanzlers v. 31. Mai 1879 (RGB. S. 150), v. 5. Juli 1879 (RGB. S. 161) und v. 7. Juli 1879 (RGB. S. 163) haben durch die Publikation des RG. v. 15. Juli 1879 ihre Erledigung gefunden.

β) RG. v. 19. Juni 1881, betr. die Abänderung des Zolltarifs (RGB. S. 119).
γ) RG. v. 21. Juni 1881, betr. die Abänderung des Zolltarifs (RGB. S. 121).
δ) RG. v. 23. Juni 1882, betr. die Abänderung des Zolltarifgesetzes v. 15. Juli 1879 (RGB. S. 59).
ε) RG. v. 22. Mai 1885, betr. die Abänderung des Zolltarifgesetzes v. 15. Juli 1879 (RGB. S. 93).

Durch § 5 des letztgedachten G. ist der Reichskanzler ermächtigt, den Text des Zolltarifgesetzes v. 15. Juli 1879, wie er sich aus den Aenderungen ergiebt, welche durch die vorgedachten Gesetze (α—ε) festgestellt sind, durch das RGB. bekannt zu machen. Auf Grund dieser Ermächtigung ist der Text des Zolltarifgesetzes v. 15. Juli 1879 neu redigirt und durch die Bekanntm. des Reichskanzlers v. 24. Mai 1885 (RGB. S. 111) veröffentlicht worden.

Dazu: RG. v. 18. April 1886, betr. einen Zus. zum § 5 des Zolltarifgesetzes v. $\frac{\text{15. Juli 1879}}{\text{22. Mai 1885}}$ (RGB. S. 123).

ζ) RG. v. 21. Dez. 1887, betr. die Abänderung des Zolltarifs (RGB. S. 533).
η) RG. v. 14. April 1894, betr. die Abänderung des Zolltarifgesetzes v. 15. Juli 1879 (RGB. S. 335).
ϑ) RG. v. 18. Mai 1895 (RGB. S. 233), betr. die Aenderung des Zolltarifgesetzes und des Zolltarifs.
ι) Bekanntm. des Reichskanzlers v. 18. Juli 1888 mit den vom Bundesrathe beschlossenen Anweisungen und Regulativen zur Ausführung des Vereinszollgesetzes ꝛc. (RCB. S. 484) abgeändert durch Bekanntm. des Reichskanzlers v. 13. Febr. 1894 (RCB. S. 52).
ϰ) Bekanntm. des Reichskanzlers v. 17. Juli 1889 mit dem vom Bundesrath beschlossenen Regulativ in Betreff der Zollfreiheit von Materialien, welche zum

Bau, zur Reparatur oder zur Ausrüstung von Seeschiffen verwendet werden, einschließlich der gewöhnlichen Schiffsutensilien (RCB. S. 431).

λ) RG. v. 20. Juli 1879, betr. die Statistik des Waarenverkehrs des Deutschen Zollgebiets mit dem Auslande (RGB. S. 261).

Dazu: Bekanntm. des Reichskanzlers v. 9. Dez. 1888 mit den vom Bundesrathe beschlossenen Ausführungsbestimmungen und Dienstvorschriften zu dem RG. v. 20. Juli 1879 (RCB. 1888 S. 967), Bekanntm. des Reichskanzlers v. 8. Juli 1890 mit den vom Bundesrath beschlossenen Abänderungen und Ergänzungen des amtlichen Waarenverzeichnisses zum Zolltarif, des statistischen Waarenverzeichnisses und des Verzeichnisses der Massengüter, auf welche die Bestimmung im § 11 Abs. 2 Ziff. 3 des G. v. 20. Juli 1879, betr. die Statistik des Waarenverkehrs, Anwendung findet (RCB. 1890 S. 239), Bekanntm. v. 2. Juli 1891 (RCB. S. 199), Bekanntm. v. 10. Dez. 1891 (RCB. 1892 S. 2), Bekanntm. v. 28. Jan. 1892 (RCB. S. 37), Bekanntm. v. 13. Juli 1892 (RCB. S. 570), v. 28. Febr. 1893 (RCB. S. 42), Bekanntm. des Reichskanzlers v. 6. März 1892 (RCB. S. 139), Bekanntm. v. 8. März 1895 (RCB. S. 52) und Bekanntm. des Reichskanzlers v. 29. Okt. 1896 (RCB. S. 508), welche die v. 1. Jan. 1897 an gültigen Ausführungsbestimmungen und Dienstvorschriften enthält.

2. Salzsteuer.

BG. v. 12. Okt. 1867, betr. die Erhebung einer Abgabe von Salz (BGB. S. 41), nebst Uebereinkunft der Zollvereinsstaaten v. 8. Mai 1867 wegen Erhebung einer Abgabe von Salz (a. a. O. S. 49 ff.).

Dazu: Bekanntm. des Reichskanzlers v. 18. Juli 1888 mit den Ausführungsvorschriften des Bundesraths, betr.

das G. über die Erhebung einer Abgabe von Salz (RCB. S. 484 u. 613), Bundesrathsbeschluß v. 27. Nov. 1890 (RCB. S. 387), Bekanntm. des Reichskanzlers v. 24. März 1891, betr. die Ergänzung des § 10 der Ausführungsbestimmungen zum Salzsteuergesetz (RCB. S. 62), endlich Bundesrathsbeschlüsse v. 10. Dez. 1891 (RCB. 1892 S. 2) und v. 13. Juli 1893 (RCB. S. 235) über denselben Gegenstand.

3. Tabacksteuer.

a) RG. v. 16. Juli 1879, betr. die Besteuerung des Tabacks (RGB. S. 245).[1])

b) RG. v. 26. Juni 1878, betr. Erhebungen über den Tabackbau, die Tabackfabrikation und den Tabackhandel (RGB. S. 129).

c) RG. v. 5. April 1885, betr. Abänderung der §§ 12, 16 und 19 des G., betr. die Erhebung der Tabacksteuer v. 16. Juli 1879 (RGB. 1885 S. 83).

4. Branntweinsteuer und Biersteuer.

a) BG. v. 4. Mai 1868, betr. die Erhebung einer Abgabe von der Branntweinbereitung in den Hohenzollernschen Landen (BGB. S. 151) und RG. v. 15. Nov. 1874, betr. die Abgabe von der Branntweinbereitung in den Hohenzollernschen Landen (RGB. S. 133).

---

[1]) a) Durch dieses Gesetz ist das Zollvereinsgesetz v. 26. Mai 1868, betr. die Besteuerung des Tabaks (BGB. S. 319), aufgehoben worden.

b) Vgl. das G. v. 16. Juli 1879 mit den zu demselben erlassenen Ausführungsvorschriften in Guttentag's Gesetzgebung Bd. IV. S. 844—936, desgl. Bekanntm. des Reichskanzlers v. 30. März 1886 (RCB. S. 71) und v. 18. Juli 1888 mit dem Nachtrage zu den Ausführungsbestimmungen, betr. das Tabaksteuergesetz v. 16. Juli 1879 (RCB. 1888 S. 484 und S. 748).

b) BG. v. 4. Juli 1868 wegen Besteuerung des Braumalzes in verschiedenen zum Nordd. Bunde gehörenden Staaten und Gebietstheilen (BGB. S. 355).

c) BG. v. 8. Juli 1868, betr. die Besteuerung des Branntweins in verschiedenen zum Nordd. Bunde gehörenden Staaten und Gebietstheilen (BGB. S. 384).

d) Die beiden vorgedachten Gesetze (zu b und c) sind durch besondere Verordnungen eingeführt worden in Mecklenburg, Lauenburg, Lübeck und Preußischen und Hamburgischen Gebietstheilen (V. v. 29. Juli 1868, BGB. S. 465); in verschiedenen Preußischen und Hamburgischen Gebietstheilen (V. v. 19. Okt. 1868, BGB. S. 513); in der Hamburgischen Voigtei Moorwärder und in einem Theile der Preußischen Insel Wilhelmsburg (V. v. 5. Juni 1869, BGB. S. 241), und in dem dem Zollverein anzuschließenden Gebietstheile der Stadt Altona (V. v. 29. Dez. 1871, RGB. S. 483).

e) RG. v. 16. Nov. 1874, betr. die Besteuerung des Branntweins in Gebietstheilen, welche in die Zollvereinsgrenze eingeschlossen werden (RGB. S. 134).

f) BG. v. 8. Juli 1868, betr. die subsidiarische Haftung des Brauerei-Unternehmers für Zuwiderhandlungen gegen die Braumalzsteuergesetze durch Verwalter, Gewerbsgehülfen und Hausgenossen (BGB. S. 403), und BG. v. 8. Juli 1868, betr. die subsidiarische Haftung des Brennerei-Unternehmers für Zuwiderhandlungen gegen die Branntweinsteuer-Gesetze durch Verwalter, Gewerbsgehülfen und Hausgenossen (a. a. O. S. 404).

g) Vertr. v. 9. April 1868 zwischen dem Nordd. Bunde und Hessen, betr. die Besteuerung des Branntweins und Biers in dem nicht zum Nordd. Bunde gehörigen Theile des Großherzogthums Hessen (BGB. S. 466).

h) RG. v. 31. Mai 1872 wegen Erhebung der Brausteuer (RGB. S. 153).

Dazu: RG. v. 23. Dez. 1876, betr. die Abänderung des § 44 des G. wegen Erhebung der Brausteuer v. 31. Mai 1872 (RGB. 1876 S. 237).[1])

i) RG. v. 19. Juli 1879, betr. die Steuerfreiheit des Branntweins zu gewerblichen Zwecken (RGB. S. 259).

Dazu: Regulativ (des Bundesrathes) v. 23. Dez. 1879, betr. die Steuerfreiheit des Branntweins zu gewerblichen Zwecken (RCB. S. 781 ff.) und Beschluß des Bundesrathes v. 7. Juli 1881, betr. die Abänderung dieses Regulativs (RCB. S. 282).

k) Bekanntm. des Reichskanzlers v. 18. Juli 1872, betr. die Umrechnung der Uebergangsabgaben von Bier, Branntwein und geschrotetem Malz, beziehungsweise der Steuervergütungen bei der Ausfuhr der genannten Erzeugnisse nach Maßgabe der durch die Maaß- und Gewichts-Ordnung v. 17. Aug. 1868 eingeführten metrischen Maaße (RGB. 1872 S. 293).

An die Stelle dieser Bekanntm. ist (in Folge der Einführung der Reichsmarkrechnung) die Bekanntm. des Reichskanzlers v. 15. Jan. 1877, betr. die Umrechnung der Uebergangsabgaben und Ausfuhrvergütungen, welche von Staaten, wo innere Steuern auf die Hervorbringung oder Zubereitung gewisser Erzeugnisse gelegt sind, erhoben beziehungsweise bewilligt werden (RGB. S. 9), getreten.

Dazu: α. Bekanntm. des Reichskanzlers v. 3. März 1880, betr. Abänderung der Bayerischen Uebergangsabgaben und Rückvergütungssätze für Bier (RGB. S. 25)

---

[1]) Dieses Gesetz ist an die Stelle des durch dasselbe aufgehobenen G. v. 26. Dez. 1875 (RGB. S. 377) getreten. — Vgl. dazu die Ausführungsvorschriften zu dem G. wegen Erhebung der Brausteuer v. 31. Mai 1872 (RCB. 1888 S. 677), und Guttentagsche Samml. D. Reichsgesetze Nr. 25: E. Bertho, das Deutsche Reichsgesetz wegen Erhebung der Brausteuer v. 31. Mai 1872 mit den Ausführungsvorschriften. Berlin 1885.

und v. 9. Nov. 1880, betr. Abänderung der Uebergangsabgaben für Branntwein und Einführung einer Steuerrückvergütung für solche in Bayern (RGB. S. 189); β. Bekanntm. des Reichskanzlers v. 20. Mai und v. 9. Nov. 1880, betr. Abänderung der Sätze der Badischen Uebergangsabgaben und Rückvergütung für Branntwein (RGB. S. 112 u. 190) und v. 10. Juni 1881, betr. die Uebergangsabgabe und die Steuerrückvergütung für Bier in Baden (RGB. S. 116), sowie Bekanntm. des Reichskanzlers v. 28. Mai 1883, betr. die Uebergangsabgabe und die Steuerrückvergütung für Branntwein in Baden (RGB. S. 72); γ. Bekanntm. des Reichskanzlers v. 25. Sept. 1878, betr. die Einführung von Uebergangsabgaben und Ausfuhrvergütungen für Bier, Branntwein und geschrotetes Malz in der Bayrischen Pfalz (RGB. S. 347); δ. Bekanntm. des Reichskanzlers v. 7. Juli 1881, betr. die Abänderung der Uebergangsabgabensätze für Bier, Branntwein und Malz in Württemberg (RGB. S. 232) und Bekanntm. des Reichskanzlers v. 18. Dez. 1883, betr. die Veränderung des Uebergangsabgabensatzes für braunes Bier in Württemberg (RGB. S. 341).

l) Bekanntm. des Reichskanzlers v. 9. Juli 1897, betr. die Uebersicht der Uebergangsabgaben und Ausfuhrvergütungen, welche im gegenseitigen Verkehr zwischen den zum Zollgebiete gehörigen Staaten, in denen innere Steuern auf die Hervorbringung oder Zubereitung gewisser Erzeugnisse gelegt sind, erhoben bezw. bewilligt werden (RGB. S. 597).

m) RG. v. 24. Juni 1887, betr. die Besteuerung des Branntweins (RGB. S. 253).

RG. v. 7. April 1889, betr. die Aufhebung der §§ 4 und 25 des (vorgedachten) G. v. 24. Juni 1887 (RGB. 1889 S. 149).

RG. v. 8. Juni 1891, betr. die Abänderung des G. über die Besteuerung des Branntweins v. 24. Juni 1887 (RGB. 1891 S. 338).

RG. v. 16. Juni 1895, betr. die Abänderung des Branntweinsteuergesetzes v. 24. Juni 1887 (RGB. 1895 S. 265).

Der Text des G. betr. Besteuerung des Branntweins, v. 24. Juni 1887, wie er sich in Folge der hierzu ergangenen abändernden Bestimmungen ergiebt, ist mit der Bekanntm. des Reichskanzlers v. 17. Juni 1895 im RGB. S. 276 ff. abgedruckt. Abgeändert durch RG. v. 4. April 1898, betr. die anderweite Festsetzung des Gesammtkontingents der Brennereien (RGB. S. 159) und Bekanntm. des Reichskanzlers v. 28. Juli 1898, betr. das Inkrafttreten der Artikel I u. II des G. v. 4. April 1898 über die anderweite Feststellung des Gesammtkontingents der Brennereien (RGB. S. 1018).

Dazu:

α) V. v. 9. Sept. 1887, betr. die Besteuerung des Branntweins im Großherzogthum Baden (RGB. S. 485).

β) V. v. 23. Sept. 1887, betr. die Besteuerung des Branntweins im Königreich Württemberg (RGB. S. 487).

γ) V. v. 25. Sept. 1887, betr. die Besteuerung des Branntweins in den Hohenzollernschen Landen (RGB. S. 489).

δ) V. v. 27. Sept. 1887, betr. die Besteuerung des Branntweins im Königreich Bayern (RGB. S. 491).

Vgl. die Bekanntm. des Reichskanzlers v. 27. Sept. 1887, mit den vorläufigen Bestimmungen des Bundesraths zur Ausführung der Reichsgesetze, betr. die Besteuerung des Branntweins v. 24. Juni 1887 und v. 8. Juli 1868 und betr. die Steuerfreiheit des Branntweins zu gewerblichen Zwecken v. 19. Juli 1879 (RCB. 1887 S. 351), nebst der Bekanntm. des Reichskanzlers v. 3. Nov. 1887 mit den Beschlüssen des Bundesraths zur Ergänzung der vorgedachten vorläufigen Bestimmungen (RCB. S. 527) und den hierauf bezüglichen Bekanntm. des Reichskanzlers v. 24. und 27. Dez. 1887 (RCB. S. 613 u. 614) und v. 14. März (RCB. 1888 S. 117).

Vgl. die Bekanntm. des Reichskanzlers v. 1. März 1888 (RCB. S. 80) und v. 31. März 1890 (RCB. S. 77), betr. die Ausführung des Branntweinsteuer-G. v. 24. Juni 1887, desgl. die Bekanntm. des Reichskanzlers v. 2. Juli 1889 und v. 3. Aug. 1889 (RCB. S. 387 u. 451) und v. 27. Dez. 1893 (RCB. S. 360).

Vgl. die Bekanntm. des Reichskanzlers v. 2. Juli 1891, betr. Ausführungsbestimmungen zum Branntweinsteuer-G. v. 8. Juni 1891 (RCB. S. 198).

Vgl. die Bekanntm. des Reichskanzlers v. 27. Juni 1895, enthaltend die Bestimmungen zur Ausführung des G. v. 16. Juni 1895, betr. die Abänderung des Branntweinsteuer-G. v. 24. Juni 1887 (RCB. S. 226).

Vgl. die Bekanntm. des Reichskanzlers v. 14. Juli 1890 mit den vom Bundesrathe beschlossenen Vorschriften über die Aenderung und Ergänzung des Regulativs für Gewerbsanstalten, in denen unter steuerlicher Kontrole stehender Branntwein gereinigt werden darf (RCB. S. 250), Bekanntm. des Reichskanzlers v. 9. März 1893 nebst Branntwein-Reinigungsordnung (RCB. S. 48) und Bekanntm. des Reichskanzlers v. 17. Juli 1895, betr. die Abänderung und Ergänzung der Branntwein-Reinigungsordnung v. 9. März 1893 (RCB. S. 304).

Vgl. die Bekanntm. des Reichskanzlers v. 17. Juni 1892 nebst Branntwein-Gebührenordnung (RCB. S. 423) und Bekanntm. des Reichskanzlers v. 11. April 1894, betr. Abänderung der Branntwein-Gebührenordnung (RCB. S. 91).

Vgl. die Bekanntm. des Reichskanzlers v. 19. Juli 1888, in Betreff der Ermittelung des Alkoholgehaltes des zur steuerlichen Abfertigung gelangenden Branntweins und in Betreff der Vergütung der Branntweinsteuer bei der Ausfuhr 2c. von Branntwein und der Vergütung der Gebrauchsabgabe bei der Ausfuhr von Fabrikaten (RCB. S. 455), Bekanntm. des Reichskanzlers v. 28. März 1889 (RCB. S. 245) und Bekanntm. des Reichskanzlers v. 19. Dez. 1895 (RCB. S. 507).

Betr. die Denaturirung des Branntweins vgl. die Bekanntm. des Reichskanzlers v. 15. Dez. 1887 (RCB. S. 570), v. 21. Juni 1888 (RCB. S. 227) und v. 18. Dez. 1889 (RCB. S. 589). Bekanntm. des Reichskanzlers v. 8. Dez. 1892, betr. Vorschriften für die steuerfreie Verwendung von undenaturirtem Branntwein zu Heil-, wissenschaftlichen und gewerblichen Zwecken (RCB. S. 694). Bekanntm. des Reichskanzlers v. 27. Febr. 1896, betr. die Bestimmungen über den Handel mit denaturirtem Branntwein (RCB. S. 67).

Ueber die Statistik der Branntweinbrennereien und der Branntweinbesteuerung vgl. die Bekanntm. des Reichskanzlers v. 12. Febr. 1889 (RCB. S. 209).

Abkommen v. 22. Mai 1896 zwischen dem Deutschen Reich und dem Großherzogthum Luxemburg über den Verkehr mit Branntwein (RGB. S. 676).

5. Zuckersteuer.

a) Zollvereins-G. v. 26. Juni 1869, betr. die Besteuerung des Zuckers (BGB. S. 282).

b) Zollvereins-G. v. 2. Mai 1870 wegen Abänderung der V., die Besteuerung des im Inlande erzeugten Rübenzuckers betr. (BGB. S. 311).

c) RG. v. 7. Juli 1883, betr. die Steuervergütung für Zucker (RGB. S. 157).

d) RG. v. 1. Juni 1886, die Besteuerung des Zuckers betr. (RGB. S. 181).

Dazu: Bekanntm. des Reichskanzlers v. 17. Juli 1886 mit den vom Bundesrath beschlossenen Ausführungsbestimmungen zu dem (vorgedachten) RG. v. 1. Juni 1886 (RCB. S. 235) und Bekanntm. des Reichskanzlers v. 16. Juli 1886, betr. die von dem Bundesrathe beschlossenen Bestimmungen über bei der Ausfuhr von kondensirter Milch zu gewährende Steuervergütung für den in dem Fabrikate enthaltenen inländischen Zucker (RGB. S. 290), desgl. Bekanntm. des Reichskanzlers v. 7. Juli 1887, betr. den Beschluß des Bundesraths in Bezug auf die Statistik der Zuckerproduktion und Besteuerung (RCB. S. 182).

e) RG. v. 9. Juli 1887, betr. die Besteuerung des Zuckers (RGB. S. 308).

Dazu:

Bekanntm. des Reichskanzlers v. 23. Febr. 1888, betr. den Beschluß des Bundesraths zur Ausführung der §§ 12 u. 13 des RG. v. 9. Juli 1887 (RCB. 1888 S. 74).

Bekanntm. des Reichskanzlers v. 21. Juni 1888, betr. den Beschluß des Bundesraths zur Ausführung des § 9 des RG. v. 9. Juli 1887 (RCB. 1888 S. 223).

Bekanntm. des Reichskanzlers v. 28. Juni 1888, betr. den Beschluß des Bundesraths zur Ausführung des RG. v. 9. Juli 1887 (RCB. 1888 S. 267).

Bekanntm. des Reichskanzlers v. 28. März 1889, betr. den Beschluß des Bundesraths in Betreff der Ausführungsvorschriften im § 55 zu dem RG. v. 9. Juli 1887 (RCB. 1889 S. 245).

Bekanntm. des Reichskanzlers v. 2. Juli 1889, v. 25. Juli 1889, v. 21. Nov. 1889, v. 25. Nov. 1889, v. 10. Dez. 1889, v. 21. Dez. 1889 und v. 2. Juli 1891, betr. Abänderungen der Ausführungsbestimmungen zu dem RG. v. 9. Juli 1887 (RCB. 1889 S. 387, 445, 567, 568, 585 und 601 und 1891 S. 201).

f) RG. v. 31. Mai 1891, betr. die Besteuerung des Zuckers (RGB. S. 295).

Dazu: Bekanntm. des Reichskanzlers v. 30. April 1892, betr. den Beschluß des Bundesraths in Betreff der Ausführungsbestimmungen zu dem Zuckersteuerges. v. 31. Mai 1891, und betr. die Bestimmungen über die Zuckerstatistik (RCB. 1892 S. 185 und 305).

Bekanntm. des Reichskanzlers v. 18. Mai 1893, betr. Ergänzungen der Ausführungsbestimmungen zum Zuckersteuerges. v. 31. Mai 1891 und des Zuckerniederlage-Regulativs (RCB. S. 1893 S. 143).

Bundesrathsbeschluß v. 26. Jan. 1893 (RCB. S. 26) und Bekanntm. des Reichskanzlers v. 21. Febr. 1894, betr. Abänderung der Ausführungsbestimmungen zum Zuckersteuerges. v. 31. Mai 1891 (RCB. 1894 S. 57).

g) RG. v. 9. Juni 1895 (RGB. S. 255), betr. Abänderung des Zuckersteuergesetzes.

h) RG. v. 27. Mai 1896 (RGB. S. 109), betr. Abänderung des Zuckersteuergesetzes.

Der Text des Zuckersteuergesetzes, wie er sich in Folge der hierzu ergangenen abändernden Bestimmungen ergiebt, ist mit der Bekanntm. des Reichskanzlers v. 28. Mai 1896 (RGB. S. 116), betr. die Redaktion des Zuckersteuergesetzes im RGB. S. 117 ff. abgedruckt.

6. Betr. Elsaß-Lothringen.

a) G. v. 17. Juli 1871, betr. die Einführung der Deutschen Zoll- und Steuergesetzgebung (GB. f. Els.-Lothr. S. 37) und Bekanntm. v. 2. Aug. 1871, betr. die Bestimmung des Tages (7. Aug. 1881), an welchem die Deutsche Zoll- und Steuergesetzgebung in Kraft tritt (a. a. O. S. 243).

b) G. v. 16. Mai 1873, betr. die Besteuerung des Branntweins in Elsaß-Lothringen (RGB. S. 111, GB. f. Els.-Lothr. S. 67).

c) RG. v. 25. Juni 1873, betr. die Einführung der Verfassung des D. R. in Elsaß-Lothringen, § 4 (betr. die Besteuerung des inländischen Bieres)[1] (RGB. S. 161, GB. f. Els.-Lothr. S. 131).

7. Ueber das Veto des Kaisers bezüglich der Gesetzesvorschläge über die im Art. 35 der Reichsverf. bezeichneten Abgaben vgl. Art. 5 Abs. 2 der Reichsverf.

---

[1]) Vgl. Zus. III. zum Art. 1 der Reichsverf., oben S. 24 und G. v. 22. März 1891, betr. die Uebergangsabgabe von Bier (GB. f. Els.-Lothr. S. 3).

In Bayern, Württemberg und Baden bleibt die Besteuerung des inländischen Branntweins und Bieres der Landesgesetzgebung vorbehalten. Die Bundesstaaten werden jedoch ihr Bestreben darauf richten, eine Uebereinstimmung der Gesetzgebung über die Besteuerung auch dieser Gegenstände herbeizuführen.

1. Die nach Maßgabe der Zollvereinsverträge zu erhebenden Uebergangsabgaben von Branntwein und Bier (Art. 35 und 38 der Verf.) sind ebenso anzusehen, wie die auf die Bereitung dieser Getränke gelegte Abgabe. Prot. v. 15. Nov. 1870, betr. die Vereinbarung zwischen dem Nordd. Bunde, Baden und Hessen über Gründung des Deutschen Bundes, unter 2[1]) (BGB. S. 650), Verhandlung v. 25. Nov. 1870, über den Beitritt Württembergs zu der zwischen dem Nordd. Bunde, Baden und Hessen vereinbarten Verfassung des Deutschen Bundes unter 1d[2]) (BGB. S. 657) und Schlußprotokoll zu dem Vertr. v. 23. Nov. 1870, betr. den Beitritt Bayerns zur Verf. des Deutschen Bundes unter X[3]) (BGB. 1871 S. 23).

2. Vgl. Art. 38 Abs. 4 der Reichsverf.

3. Vgl. die Zus. 4 zum Abs. 1 des § 35 der Reichsverf.

Artikel 36.

Die Erhebung und Verwaltung der Zölle und Verbrauchssteuern (Art. 35) bleibt jedem Bundesstaate, soweit derselbe sie bisher ausgeübt hat, innerhalb seines Gebietes überlassen.

---

[1]) Vgl. unten Anlage V.
[2]) Vgl. unten Anlage VI.
[3]) Vgl. unten Anlage VII.

Der Kaiser überwacht die Einhaltung des gesetzlichen Verfahrens durch Reichsbeamte, welche er den Zoll- oder Steuerämtern und den Direktivbehörden der einzelnen Staaten, nach Vernehmung des Ausschusses des Bundesrathes für Zoll- und Steuerwesen, beiordnet.

Die von diesen Beamten über Mängel bei der Ausführung der gemeinschaftlichen Gesetzgebung (Art. 35.) gemachten Anzeigen werden dem Bundesrathe zur Beschlußnahme vorgelegt.

Vgl. Art. 7 Abs. 1 Nr. 3 der Reichsverf.

Artikel 37.

Bei der Beschlußnahme über die zur Ausführung der gemeinschaftlichen Gesetzgebung (Art. 35.) dienenden Verwaltungsvorschriften und Einrichtungen giebt die Stimme des Präsidiums alsdann den Ausschlag, wenn sie sich für Aufrechthaltung der bestehenden Vorschrift oder Einrichtung ausspricht.

Vgl. Art. 5 Abs. 2 der Reichsverf.

Artikel 38.

Der Ertrag der Zölle und der anderen in Artikel 35. bezeichneten Abgaben, letzterer soweit sie der Reichsgesetzgebung unterliegen, fließt in die Reichskasse.

Dieser Ertrag besteht aus der gesammten von den Zöllen und den übrigen Abgaben aufgekommenen Einnahme nach Abzug:

1) der auf Gesetzen oder allgemeinen Verwaltungsvorschriften beruhenden Steuervergütungen und Ermäßigungen,
2) der Rückerstattungen für unrichtige Erhebungen,
3) der Erhebungs- und Verwaltungskosten, und zwar:
   a) bei den Zöllen der Kosten, welche an den gegen das Ausland gelegenen Grenzen und in dem Grenzbezirke für den Schutz und die Erhebung der Zölle erforderlich sind,
   b) bei der Salzsteuer der Kosten, welche zur Besoldung der mit Erhebung und Kontrolirung dieser Steuer auf den Salzwerken beauftragten Beamten aufgewendet werden,
   c) bei der Rübenzuckersteuer und Tabacksteuer der Vergütung, welche nach den jeweiligen Beschlüssen des Bundesrathes den einzelnen Bundesregierungen für die Kosten der Verwaltung dieser Steuern zu gewähren ist,
   d) bei den übrigen Steuern mit funfzehn Prozent der Gesammteinnahme.

Die außerhalb der gemeinschaftlichen Zollgrenze liegenden Gebiete tragen zu den Ausgaben des Reichs durch Zahlung eines Aversums bei.

Bayern, Württemberg und Baden haben an dem in die Reichskasse fließenden Ertrage der Steuern von Branntwein und Bier und an dem diesem Ertrage entsprechenden Theile des vorstehend erwähnten Aversums keinen Theil.

1. Vgl. Art. 35 Abs. 2 der Reichsverf. und Zus. 1 dazu.

2. An dem in die Reichskasse fließenden Ertrage der Steuer vom Bier und an dem diesem Ertrage entsprechenden Theile des im Art. 38 Abs. 3 erwähnten Aversums hat Elsaß-Lothringen keinen Theil (RG. v. 25. Juni 1873, betr. die Einführung der Verfassung des D. R. in Elsaß-Lothringen, § 4 Abs. 2,[1]) RGB. S. 161, GB. f. Els.-Lothr. S. 131).

3. Vgl. § 3 des RG. v. 4. Dez. 1871, betr. die Feststellung des Haushaltsetats des D. R. für das Jahr 1872 (RGB. 1871 S. 413).

4. Vgl. § 2 des RG. v. 15. Dez. 1890, betr. die Vereinigung von Helgoland mit dem D. R. (RGB. S. 207).

Artikel 39.

Die von den Erhebungsbehörden der Bundesstaaten nach Ablauf eines jeden Vierteljahres aufzustellenden Quartal-Extrakte und die nach dem Jahres- und Bücherschlusse aufzustellenden Finalabschlüsse über die im Laufe des Vierteljahres beziehungsweise während des Rechnungsjahres fällig gewordenen Einnahmen an Zöllen und nach Artitel 38. zur Reichskasse fließenden Verbrauchsabgaben werden von den Direktivbehörden der Bundesstaaten, nach vorangegangener Prüfung, in Hauptübersichten zusammengestellt, in welchen jede Abgabe gesondert nachzuweisen ist, und es werden diese Uebersichten an den Ausschuß des Bundesrathes für das Rechnungswesen eingesandt.

---

[1]) Vgl. Zus. III. zum Art. 1 der Reichsverf., oben S. 24.

Der letztere stellt auf Grund dieser Uebersichten von drei zu drei Monaten den von der Kasse jedes Bundesstaates der Reichskasse schuldigen Betrag vorläufig fest und setzt von dieser Feststellung den Bundesrath und die Bundesstaaten in Kenntniß, legt auch alljährlich die schließliche Feststellung jener Beträge mit seinen Bemerkungen dem Bundesrathe vor. Der Bundesrath beschließt über diese Feststellung.

Artikel 40.

Die Bestimmungen in dem Zollvereinigungsvertrage vom 8. Juli 1867. bleiben in Kraft, soweit sie nicht durch die Vorschriften dieser Verfassung abgeändert sind und so lange sie nicht auf dem im Artikel 7., beziehungsweise 78. bezeichneten Wege abgeändert werden.

1. Vgl. den Vertr. v. 8. Juli 1867 zwischen dem Nordd. Bunde, Bayern, Württemberg, Baden und Hessen, die Fortdauer des Zoll- und Handelsvereins betr., nebst dem dazu gehörigen Schlußprot. v. 8. Juli 1867, im BGB. Nr. 9 S. 81—124, desgl. in Guttentag's Gesetzgebung Bd. I S. 32—61, und über die fortdauernde Geltung dieses Vertrages v. Rönne's Staatsrecht des D. Reichs, 2. Aufl., Bd. II. Abth. 1 § 92 S. 194 ff. und Delbrück, Der Art. 40 der Reichsverfassung (Berlin 1881).

RG. v. 27. Mai 1885, betr. die Abänderung des Zollvereinigungsvertrages v. 8. Juli 1867 (RGB. 1885 S. 109).

2. Vgl. RG. v. 25. Juni 1873, betr. die Einführung der Verfassung des Deutschen Reichs in Elsaß-Lothringen, § 5[1]) (RGB. S. 161. GB. f. Elf.-Lothr. S. 131).

---

[1]) Vgl. Zus. III. zum Art. 1 der Reichsverf., oben S. 24.

VII. Eisenbahnwesen.[1])

1. Vgl. Art. 4 Nr. 8 der Reichsverfassung.

2. G. v. 11. Dez. 1871, betr. die Einführung (v. 1. Jan. 1872 an) des Abschnitt VII. der Reichsverfassung über das Eisenbahnwesen in Elsaß-Lothringen (RGB. S. 444, GB. f. Elf.-Lothr. S. 371).

3. RG. v. 27. Juni 1873, betr. die Errichtung eines Reichs-Eisenbahnamtes (RGB. S. 164).

Vgl. Zus. I. F. zum Art. 18 der Reichsverfassung oben S. 105.

RG. v. 1. Mai 1874, betr. die Erwerbung eines Dienstgebäudes für das Reichseisenbahnamt (RGB. S. 39).

4. Allerh. Erl. v. 9. Dez. 1871, betr. die Einsetzung einer Behörde unter dem Namen „Kaiserliche Generaldirektion der Eisenbahnen in Elsaß-Lothringen" (RGB. S. 480, GB. f. Elf.-Loth. 1872 S. 4).

Allerh. Erl. v. 27. Mai 1878, betr. die Errichtung eines Reichsamts für die Verwaltung der Reichseisenbahnen (RGB. 1879 S. 193).

Vgl. Zus. I. K. zum Art. 18 der Reichsverfassung, oben S. 107.

5. RG. v. 14. Juni 1871, betr. die Beschaffung von Betriebsmitteln für die Eisenbahnen in Elsaß und Lothringen (RGB. S. 253).

RG. v. 22. Nov. 1871, v. 15. Juni 1872 und v. 18. Juni 1873 betr. den außerordentlichen Geldbedarf für die Reichseisenbahnen in Elsaß-Lothringen und für die im Großherzogthum Luxemburg belegenen Strecken der Wilhelm-Luxemburg-Eisenbahn (RGB. 1871 S. 396, 1872 S. 209 u. 1873 S. 143).

---

[1]) Vgl. v. Rönne's Staatsrecht des D. Reichs, 2. Aufl., Bd. II. Abth. 1 § 100 S. 314 ff.; Guttentag'sche Samml. D. Reichsgesetze Nr. 35: Die Reichs-Eisenbahngesetzgebung von Coermann.

RG. v. 21. Mai 1877, betr. den Bau einer Eisenbahn von Teterchen bis zur Saarbahn bei Bouß und bei Völklingen (RGB. S. 513).

RG. v. 8. Mai 1878, betr. den Bau von Eisenbahnen in Lothringen (RGB. S. 93).

Dazu: Allerh. Erl. v. 14. Juni 1878 (RGB. S. 125).

RG. v. 9. Juli 1879, betr. den Bau von Eisenbahnen von Teterchen nach Diedenhofen und von Buchsweiler nach Schweighausen, sowie den Ausbau des zweiten Geleises zwischen den Bahnhöfen Teterchen und Hargarten-Falk (RGB. S. 195).

Dazu: Allerh. Erl. v. 13. Okt. 1880 (RGB. S. 187).

RG. v. 24. Mai 1881, betr. die Aufnahme einer Anleihe für die Reichseisenbahnen in Elsaß-Lothringen (RGB. S. 93).

Dazu: Allerh. Erl. v. 12. Dez. 1881 (RGB. S. 273).

6. RG. v. 15. Juli 1872, betr. die Uebernahme der Verwaltung der Wilhelm-Luxemburg-Eisenbahn (RGB. S. 329).

Vgl. Uebereinkunft wegen Uebernahme der Verwaltung der Wilhelm-Luxemburg-Eisenbahn durch die Kaiserl. Deutsche Eisenbahnverwaltung v. 11. Juni 1872 (RGB. S. 330) und Uebereinkunft zwischen Deutschland und Belgien, betr. den Betrieb des auf Belgischem Gebiete belegenen Theils der Wilhelm-Luxemburg-Eisenbahn, v. 11. Juli 1872 (RGB. 1873 S. 339).

7. Ueber das Verhältniß der Eisenbahnunternehmungen zur Post-Verwaltung vgl. § 4 des RG. v. 28. Okt. 1871, über das Postwesen des Deutschen Reichs (RGB. S. 347) und RG. v. 20. Dez. 1875, betr. die Abänderung des § 4 des G. v. 28. Okt. 1871 über das Postwesen des Deutschen Reichs (RGB. 1875 S. 318).

Dazu:

a) Bekanntm. des Reichskanzlers v. 9. Febr. 1876, mit den Vollzugsbestimmungen zum Eisenbahnpostgesetze

v. 20. Dez. 1875 (RCB. 1876 S. 87) und über die Abänderung dieser Vollzugsbestimmungen der Bekanntm. des Reichskanzlers v. 9. Mai 1878 (RCB. S. 261) und v. 24. Dez. 1881 (RCB. 1882 S. 4).

b) Bekanntm. des Reichskanzlers v. 28. Mai 1879, mit den Bestimmungen, betr. die Verpflichtungen der Eisenbahnen untergeordneter Bedeutung zu Leistungen für die Zwecke des Postdienstes (RCB. S. 380).

8. RG. v. 25. Febr. 1876, betr. die Beseitigung von Ansteckungsstoffen bei Viehbeförderungen auf Eisenbahnen (RGB. S. 163).

Vgl. die Zus. zum Art. 4 Nr. 15 der Reichsverfassung.

9. RG. v. 3. Mai 1886, betr. die Unzulässigkeit der Pfändung von Eisenbahnfahrbetriebsmitteln (RGB. S. 131), nebst Erklärung des Reichskanzlers v. 17. März 1887 (RGB. S. 153).

10. Bekanntm. des Reichskanzlers v. 17. Febr. 1887, betr. die technische Einheit im Eisenbahnwesen 2c. nebst den hierauf bezüglichen Bekanntm. v. 29. April 1887 (RGB. S. 111 u. 158 und RCB. S. 50 u. 115), 15. Sept. 1890 (RGB. S. 175 und RCB. S. 319), 22. Sept. 1891 (RGB. S. 387 und RCB. S. 285), 20. Juni 1896 (RGB. S. 177) und v. 28. Aug. 1896 (RGB. S. 702).

11. Internationales Uebereinkommen über den Eisenbahnfrachtverkehr nebst dem Prot. v. 14. Okt. 1890 (RGB. 1892 S. 793 ff. u. S. 918) und der Liste der Eisenbahnstrecken, auf welche dieses Uebereinkommen Anwendung findet (RGB. 1890 S. 835). Die eingetretenen Aenderungen dieser Liste sind berücksichtigt in der mittels Bekanntm. des Reichskanzlers v. 2. Febr. 1898 veröffentlichten V. Ausgabe dieser Liste (RGB. S. 7), bezüglich weiterer Ergänzungen und Berichtigungen vgl. Bekanntm. des Reichskanzlers v. 4. März 1898, betr. die dem internationalen Uebereinkommen über den Eisenbahnfrachtverkehr beigefügte Liste (RGB. S. 32), v.

15. Juni 1898 (a. a. O. S. 911), v. 23. Aug. (a. a. O. S. 1032) und v. 28. Okt. (a. a. O. S. 1185). Zur Ausführung des internationalen Uebereinkommens ist gemäß Art. 57 desselben ein Centralamt errichtet worden. Vgl. Reglement, betr. die Errichtung eines Centralamts (RGB. 1892 S. 870), Ausführungsbestimmungen (RGB. 1892 S. 874 ff.)[1]), Zusatzvereinbarung zu dem Uebereinkommen v. 16. Juli 1895 (RGB. 465), Zusatzerklärung v. 20. Sept. 1893 (RGB. 1896 S. 707), Bekanntm. des Reichskanzlers v. 7. Nov. 1896 (RGB. S. 711) und Bekanntm. des Reichskanzlers v. 20. Aug. 1897, betr. den Beitritt Dänemarks zum internationalen Uebereinkommen über den Eisenbahnfrachtverkehr und die Ergänzung der zugehörigen Liste (RGB. S. 723).

Artikel 41.

Eisenbahnen, welche im Interesse der Vertheidigung Deutschlands oder im Interesse des gemeinsamen Verkehrs für nothwendig erachtet werden, können kraft eines Reichsgesetzes auch gegen den Widerspruch der Bundesglieder, deren Gebiet die Eisenbahnen durchschneiden, unbeschadet der Landeshoheitsrechte, für Rechnung des Reichs angelegt oder an Privatunternehmer zur Ausführung konzessionirt und mit dem Expropriationsrechte ausgestattet werden.

Jede bestehende Eisenbahnverwaltung ist verpflichtet, sich den Anschluß neu angelegter Eisenbahnen auf Kosten der letzteren gefallen zu lassen.

---

[1]) Vgl. hierzu Glock, System. Zusammenstellung ꝛc. S. 67 Nr. 523 und 524.

Die gesetzlichen Bestimmungen, welche bestehenden Eisenbahn-Unternehmungen ein Widerspruchsrecht gegen die Anlegung von Parallel- oder Konkurrenzbahnen einräumen, werden, unbeschadet bereits erworbener Rechte, für das ganze Reich hierdurch aufgehoben. Ein solches Widerspruchsrecht kann auch in den künftig zu ertheilenden Konzessionen nicht weiter verliehen werden.

Artikel 42.

Die Bundesregierungen verpflichten sich, die Deutschen Eisenbahnen im Interesse des allgemeinen Verkehrs wie ein einheitliches Netz verwalten und zu diesem Behuf auch die neu herzustellenden Bahnen nach einheitlichen Normen anlegen und ausrüsten zu lassen.

Artikel 43.

Es sollen demgemäß in thunlichster Beschleunigung übereinstimmende Betriebseinrichtungen getroffen, insbesondere gleiche Bahnpolizei-Reglements eingeführt werden. Das Reich hat dafür Sorge zu tragen, daß die Eisenbahnverwaltungen die Bahnen jederzeit in einem die nöthige Sicherheit gewährenden baulichen Zustande erhalten und dieselben mit Betriebsmaterial so ausrüsten, wie das Verkehrsbedürfniß es erheischt.

1. Bekanntm. des Reichskanzlers v. 4. Jan. 1875 mit dem vom Bundesrathe beschlossenen Bahnpolizeiregl. für

die Eisenbahnen Deutschlands (RCB. S. 57).[1] Dazu: Berichtigungen im RCB. S. 156 und 357.

Abänderungen und Ergänzungen des Bahnpolizeiregl. v. 4. Jan. 1875:

Bekanntm. des Reichskanzlers v. 12. Juni 1878 (RCB. S. 355) und v. 17. Mai 1881 (RCB. S. 172).

Bekanntm. des Reichskanzlers vom 4. Jan. 1875 mit der vom Bundesrathe beschlossenen Signalordnung für die Eisenbahnen Deutschlands (RCB. S. 73). Dazu: Bekanntm. des Reichskanzlers v. 12. Juni 1878 und v. 20. Juni 1880, betr. Aenderung und Ergänzung der Signalordnung für die Eisenbahnen Deutschlands (RCB. 1878 S. 363 und 1880 S. 483).

Bekanntm. des Reichskanzlers v. 16. April 1875, wonach das Bahnpolizeiregl. und die Signalordnung v. 4. Jan. 1875 auch für Elsaß-Lothringen in Kraft getreten sind (GB. f. Elf.-Lothr. S. 65).

Kaiserl. V. v. 24. April 1876, betr. die Sicherheitsordnung für die Eisenbahnen in Elsaß-Lothringen, auf welche das Bahnpolizeiregl. und die Signalordnung für die Eisenbahnen Deutschlands v. 4. Jan. 1875 keine Anwendung finden (GB. f. Elf.-Lothr. 1876 S. 13).

Bekanntm. des Kaiserl. Statthalters in Elf.-Lothr. v. 18. Febr. 1886, betr. Abänderung und Ergänzung des Textes des Bahnpolizeiregl., der Signalordnung und der Normen für die Konstruktion und Ausführung der Eisenbahnen Deutschlands (GB. f. Elf.-Lothr. S. 7).

2. Bekanntm. des Reichskanzlers v. 12. Juni 1878, mit den Bestimmungen über die Befähigung von Bahn-

---

[1]) Dieses Bahnpolizeiregl. v. 4. Jan. 1875 ist, zufolge der Bekanntm. des Reichskanzlers v. 4. Jan. 1875 an die Stelle des Bahnpolizeiregl. für die Eisenbahnen im Nordd. Bunde v. 3. Juni 1870 (BGB. S. 461) und des Nachtrags zu demselben v. 29. Dez. 1871 (RGB. 1872 S. 34) getreten.

polizeibeamten und Lokomotivführern (RCB. S. 364). Dazu: Bekanntm. des Reichskanzlers v. 17. Mai 1881, betr. Aenderung und Ergänzung dieser Bestimmungen (RCB. S. 172).

3. Bekanntm. des Reichskanzlers v. 12. Juni 1878, mit den (vom Bundesrathe beschlossenen) Normen für die Konstruktion und Ausrüstung der Eisenbahnen Deutschlands (RCB. S. 332) und Bekanntm. des Reichskanzlers v. 12. Juni 1878, betr. die Bahnordnung für Deutsche Eisenbahnen untergeordneter Bedeutung (RCB. S. 341) nebst Bekanntm. des Reichskanzlers v. 3. Sept. 1890, betr. die Abänderung des § 27 der letztgedachten Bahnordnung (RCB. S. 303).

4. Bekanntm. des Reichskanzlers v. 1. Juli 1878, betr. die Geltung der vorstehend (zu 1—3) gedachten Bestimmungen für Elsaß-Lothringen (GB. f. Elf.-Lothr. S. 47).

5. Bekanntm. des Reichskanzlers v. 30. Nov. 1885, betr. das Bahnpolizeiregl. für die Eisenbahnen Deutschlands (RGB. S. 289, RCB. S. 541).

6. Bekanntm. des Reichskanzlers v. 5. Juli 1892, betr. die Betriebsordnung für die Haupteisenbahnen Deutschlands (RGB. S. 691)[1]), abgeändert durch Bekanntm. des Reichskanzlers v. 24. März 1897 und 23. Mai 1898 (RGB. 1897 S. 161 und 1898 S. 349).

7. Bekanntm. des Reichskanzlers v. 5. Juli 1892, betr. die Bestimmungen über die Befähigung von Eisen-

---

[1]) Zuf. des § 74 der Betriebsordnung v. 5. Juli 1892 ist dasselbe (mit dem 1. Jan. 1893) an Stelle des bisher geltenden Bahnpolizeiregl. v. 30. Nov. 1885 in Kraft getreten und findet Anwendung auf allen dem öffentlichen Verkehr dienenden Eisenbahnen Deutschlands mit Ausnahme derjenigen, für welche nach der Entschließung der zuständigen Landesbehörde mit Zustimmung des Reichseisenbahnamtes die Bahnordnung für die Nebeneisenbahnen Deutschlands maßgebend ist.

bahnbetriebsbeamten (RGB. S. 723)[1], abgeändert durch Bekanntm. des Reichskanzlers v. 13. Juli 1897 und 23. Mai 1898 (RGB. 1897 S. 601 und 1898 S. 353).

8. Bekanntm. des Reichskanzlers v. 5. Juli 1892, betr. die Signalordnung für die Eisenbahnen Deutschlands (RGB. S. 733)[2]) abgeändert durch Bekanntm. des Reichskanzlers v. 23. Mai 1898 (RGB. S. 353).

9. Bekanntm. des Reichskanzlers v. 5. Juli 1892, betr. die Normen für den Bau und die Ausrüstung der Haupteisenbahnen Deutschlands (RGB. S. 747).[3]) abgeändert durch Bekanntm. des Reichskanzlers v. 24. März 1897 u. v. 23. Mai 1898 (RGB. 1897 S. 164 u. 1898 S. 355).

10. Bekanntm. des Reichskanzlers v. 5. Juli 1892, betr. die Bahnordnung für die Nebeneisenbahnen Deutschlands (RGB. S. 764),[4]) abgeändert durch Bekanntm. des Reichskanzlers v. 24. März 1897 und v. 23. Mai 1898 (RGB. 1897 S. 166 u. 1898 S. 355).

Artikel 44.

Die Eisenbahnverwaltungen sind verpflichtet, die für den durchgehenden Verkehr und zur Herstellung

---

[1]) Diese Bestimmungen sind an die Stelle der Bestimmungen über die Befähigung von Bahnpolizeibeamten und Lokomotivführern v. 12. Juni 1878 mit dem 1. Jan. 1893 in Kraft getreten.

[2]) Diese Signalordnung ist an Stelle der Signalordnung für die Eisenbahnen Deutschlands v. 30. Nov. 1885 (mit dem 1. Jan. 1893) in Kraft getreten.

[3]) Diese Normen sind an Stelle der Normen für die Konstruktion und Ausrüstung der Eisenbahnen Deutschlands v. 30. Nov. 1885 (mit dem 1. Jan. 1893) in Kraft getreten.

[4]) Diese Bahnordnung ist an Stelle der Bahnordnung für Deutsche Eisenbahnen untergeordneter Bedeutung v. 12. Juni 1878 (mit dem 1. Jan. 1893) in Kraft getreten.

ineinander greifender Fahrpläne nöthigen Personenzüge mit entsprechender Fahrgeschwindigkeit, desgleichen die zur Bewältigung des Güterverkehrs nöthigen Güterzüge einzuführen, auch direkte Expeditionen im Personen- und Güterverkehr, unter Gestattung des Ueberganges der Transportmittel von einer Bahn auf die andere, gegen die übliche Vergütung einzurichten.

Artikel 45.

Dem Reiche steht die Kontrole über das Tarifwesen zu. Dasselbe wird namentlich dahin wirken:

1) daß baldigst auf allen Deutschen Eisenbahnen übereinstimmende Betriebsreglements eingeführt werden;

1. Bekanntm. des Reichskanzlers v. 11. Mai 1874, betr. das Betriebsregl. für die Eisenbahnen Deutschlands (RGB. S. 84).

Vgl. das v. Bundesrath beschlossene Betriebsregl. v. 11. Mai 1874 im RCB. S. 179.[1])

---

[1]) a) Dieses Betriebsregl. v. 11. Mai 1874 ist, zuf. der Bekanntm. des Reichskanzlers vom 11. Mai 1874, an die Stelle des Betriebsregl. für die Eisenbahnen im Nordd. Bunde v. 10. Juni 1870 (BGB. S. 419) und der Nachträge zu demselben v. 22. Dez. 1871 (RGB. S. 473, GB. f. Elf.-Lothr. 1872 S. 5) u. v. 5. Aug. 1872 (RGB. S. 360, GB. f. Elf.-Loth. S. 571) getreten.

b) Das Betriebsregl. v. 11. Mai 1874 ist mit allen zu demselben bis 1884 ergangenen Ausführungsbestimmungen und Erläuterungen abgedruckt in Guttentag's Gesetzgebung Bd. III S. 248 bis 299.

Dazu:

Bekanntm. des Reichskanzlers v. 6. April 1876 (RCB. S. 223 u. GB. f. Elf.-Lothr. S. 8), v. 14. Dez. 1876 (GB. f. Elf.-Lothr. S. 5), v. 29. Dez. 1876 (RCB. S. 7), v. 30. April 1878 (RCB. S. 238), v. 13. Juli 1879 (RCB. S. 478), v. 1. März 1881 (RCB. S. 83) und v. 5. Juli 1881 (RCB. S. 261).

Vgl. auch die Bekanntm. des Reichseisenbahnamtes v. 14. Juli 1879 mit dem Beschluß des Bundesraths v. 27. Juni 1879 über die Ausführung des § 50 Nr. 7 des Betriebsregl. v. 11. Mai 1874, betr. Abänderungen des Betriebsregl. für die Eisenbahnen Deutschlands (RCB. 1879 S. 482).

Bekanntm. des Reichskanzlers v. 11. Mai 1874, betr. die Geltung des Betriebsregl. von 1874 für Elsaß-Lothringen (GB. f. Elf.-Lothr. S. 17), v. 15. Nov. 1877 und v. 27. Juni 1879, betr. Abänderung des Betriebsregl. für die Eisenbahnen Deutschlands (GB. f. Elf.-Lothr. 1877 S. 67 u. 1879 S. 79).

Ueber weitere Ergänzungen und Abänderungen des Betriebsregl. v. 11. Mai 1874 vgl. die Bekanntm. des Reichskanzlers v. 27. Jan. 1886 (RCB. S. 23), v. 25. Juni 1886 (a. a. O. S. 301), v. 17. Febr. 1887 (RCB. S. 50), v. 14. Dez. 1887 (a. a. O. S. 564), v. 3. Mai 1888 (RCB. S. 162), v. 22. Juli 1888 (a. a. O. S. 481), v. 20. Sept. u. 29. Nov. 1888 (a. a. O. S. 889 u. 952), v. 12. Febr. 1889 (RCB. S. 204), v. 23. Mai 1889 (a. a. O. S. 307), v. 21. Juni 1889 (a. a. O. S. 366), v. 9. Juli 1889 (a. a. O. S. 404 u. 430), v. 2. April 1890 (RCB. S. 78), v. 18. Mai 1890 (a. a. O. S. 137), v. 2. Aug. 1890 (a. a. O. S. 290), v. 19. März 1891 (a. a. O. S. 55), v. 22. Juli 1891 (a. a. O. S. 22), v. 20. Jan. 1892 (a. a. O. S. 19), v. 8. April 1892 (a. a. O. S. 171) und v. 2. Juli 1892 (a. a. O. S. 489).

2. Bekanntm. des Reichskanzlers v. 15. Nov. 1892, betr. die Verkehrsordnung für die Eisenbahnen Deutschlands (RGB. S. 923).[1])

Ueber Ergänzung und Abänderung der Verkehrsordnung v. 15. Nov. 1892 vgl. die Bekanntm. des Reichskanzlers v. 23. Febr. 1893 (RGB. S. 9), v. 28. Juli 1893 (RGB. S. 237), v. 18. März 1894 (RGB. S. 329), v. 9. Febr. 1895 (a. a. O. S. 101), v. 1. Juli 1895 (a. a. O. S. 354), v. 18. Okt. 1895 (a. a. O. S. 445), v. 9. Febr. 1896 (a. a. O. S. 9), v. 19. Juli 1896 (a. a. O. S. 193), v. 7. Juli 1897 (a. a. O. S. 595), v. 15. Nov. 1897 (a. a. O. S. 779), v. 22. Nov. 1897 (a. a. O. S. 781) und v. 19. Juni 1898 (RGB. S. 913).

3. Bekanntm. des Reichskanzlers v. 13. Juli 1879 und v. 28. Nov. 1887, betr. die Bestimmungen über die Verladung und Beförderung von lebenden Thieren auf Eisenbahnen (RCB. 1879 S. 479 und RCB. 1887 S. 557) und Bekanntm. des Reichskanzlers v. 13. Juni 1893, betr. die Abänderung dieser Bestimmungen (RCB. S. 187).

2) daß die möglichste Gleichmäßigkeit und Herabsetzung der Tarife erzielt, insbesondere, daß bei größeren Entfernungen für den Transport von Kohlen, Koaks, Holz, Erzen, Steinen, Salz, Roheisen, Düngungsmitteln und ähnlichen Gegenständen ein dem Bedürfniß der Landwirthschaft und Industrie entsprechender ermäßigter Tarif, und zwar zunächst thunlichst der Einpfennig-Tarif eingeführt werde.

---

[1]) Mit dem 1. Jan. 1893 ist diese Verkehrsordnung an Stelle des Betriebsreglements für die Eisenbahnen Deutschlands v. 11. Mai 1874 in Kraft getreten.

Bezüglich der Württembergischen Eisenbahnen ist in der Verhandl. v. 25. Nov. 1870 über den Beitritt Württembergs zu der zwischen dem Nordd. Bunde, Baden und Hessen vereinbarten Verfassung des Deutschen Bundes (BGB. S. 657) unter 2. zum Art. 45 der Verf.[1]) anerkannt, daß bei ihren Bau-, Betriebs- und Verkehrsverhältnissen nicht alle im Art. 45 aufgeführten Transportgegenstände in allen Gattungen von Verkehren zum Einpfennigsatze befördert werden können.

Artikel 46.

Bei eintretenden Nothständen, insbesondere bei ungewöhnlicher Theuerung der Lebensmittel, sind die Eisenbahnverwaltungen verpflichtet, für den Transport, namentlich von Getreide, Mehl, Hülsenfrüchten und Kartoffeln, zeitweise einen dem Bedürfniß entsprechenden, von dem Kaiser auf Vorschlag des betreffenden Bundesraths-Ausschusses festzustellenden, niedrigen Spezialtarif einzuführen, welcher jedoch nicht unter den niedrigsten auf der betreffenden Bahn für Rohprodukte geltenden Satz herabgehen darf.

Die vorstehend, sowie die in den Artikeln 42. bis 45. getroffenen Bestimmungen sind auf Bayern nicht anwendbar.

Dem Reiche steht jedoch auch Bayern gegenüber das Recht zu, im Wege der Gesetzgebung einheitliche Normen für die Konstruktion und Ausrüstung

[1]) Vgl. unten Anlage VI.

der für die Landesvertheidigung wichtigen Eisenbahnen aufzustellen.

Artikel 47.

Den Anforderungen der Behörden des Reichs in Betreff der Benutzung der Eisenbahnen zum Zweck der Vertheidigung Deutschlands haben sämmtliche Eisenbahnverwaltungen unweigerlich Folge zu leisten. Insbesondere ist das Militär und alles Kriegsmaterial zu gleichen ermäßigten Sätzen zu befördern.

VIII. Post- und Telegraphenwesen.[1]

1. V. v. 14. Okt. 1871, betr. die Einführung des Abschn. VIII der Reichsverf. in Elsaß-Lothringen (RGB. S. 443, GB. f. Els.-Lothr. S. 347).

2. Ueber das Verhältniß des Post- und Telegraphenwesens in Hessen zum Bunde vgl. Protokoll v. 15. Nov. 1870, betr. die Vereinbarung zwischen dem Nordd. Bunde, Baden und Hessen über Gründung des Deutschen Bundes, unter 4[2]) (BGB. S. 650), und hinsichtlich Bayerns und Württembergs Art. 52 der Reichsverf. und die Anm. dazu.

3. Vgl. den Weltpostvereinsvertrag v. 1. Juni 1878 (RGB. 1879 S. 83) und Zusatzabkommen v. 21. März 1885 (RGB. 1886 S. 82). — Vgl. dazu die Darstellung mit den Ausführungsübereinkünften in Guttentag's Gesetzgebung Bd. IV. S. 681—777 und Bd. V. S. 141—167.

4. Vgl. den Weltpostvertrag v. 4. Juli 1891 und das Schlußprotokoll gleichen Datums (RGB. 1892 S. 503 und 531, RCB. 1892 S. 331 und 348).

---

[1]) Vgl. v. Rönne's Staatsrecht des D. R., 2. Aufl., Bd. II. Abth. 1 § 99 S. 285 ff.

[2]) Vgl. unten Anlage V.

5. Vgl. den Weltpostvertrag v. 15. Juni 1897 (RGB. 1898 S. 1079), durch welchen der Weltpostvertrag v. 4. Juli 1891 abgeändert worden ist.

Vgl. dazu:

Uebereinkommen des Weltpostvereins v. 15. Juni 1897 über den Austausch von Briefen und Kästchen mit Werthangabe (RGB. 1898 S. 1115).

Uebereinkommen v. 15. Juni 1897, betr. den Postanweisungsdienst (RGB. 1898 S. 1133).

Uebereinkunft v. 15. Juni 1897, betr. den Austausch von Postpacketen (RGB. 1898 S. 1145).

Uebereinkommen v. 15. Juni 1897, betr. den Postauftragsdienst (RGB. 1898 S. 1166).

Uebereinkommen v. 15. Juni 1897, betr. den Postbezug von Zeitungen und Zeitschriften (RGB. 1898 S. 1176).

6. Vgl. den internationalen Vertrag zum Schutze der unterseeischen Telegraphenkabel v. 14. März 1884 (RGB. 1888 S. 151) und RG. v. 21. Nov. 1887 zur Ausführung des internationalen Vertrages v. 14. März 1884 (RGB. 1888 S. 169). Dazu Bekanntm. des Reichskanzlers v. 26. Nov. 1888, betr. den Beitritt der Britischen Kolonien und Besitzungen zum Vertrage v. 14. März 1884 (RGB. 1888 S. 292) und Bekanntm. des Reichskanzlers v. 6. Sept. 1889, betr. den Beitritt von Tunis zum Vertrag v. 14. März 1884 (RGB. 1889 S. 194).

Artikel 48.

Das Postwesen und das Telegraphenwesen werden für das gesammte Gebiet des Deutschen Reichs als einheitliche Staatsverkehrs-Anstalten eingerichtet und verwaltet.

Die im Artikel 4. vorgesehene Gesetzgebung des Reichs in Post- und Telegraphen-Angelegenheiten

erstreckt sich nicht auf diejenigen Gegenstände, deren Regelung nach den in der Norddeutschen Post- und Telegraphen-Verwaltung maßgebend gewesenen Grundsätzen der reglementarischen Festsetzung oder administrativen Anordnung überlassen ist.

1. Vgl. Art. 4 Nr. 10 der Reichsverf.

2. a) BG. v. 2. Nov. 1867 über das Postwesen des Nordd. Bundes (BGB. S. 61). Aufgehoben durch:

b) RG. v. 28. Okt. 1871 über das Postwesen des Deutschen Reichs (RGB. S. 347).

In Elsaß-Lothringen eingeführt durch G. v. 4. Nov. 1871 (GB. f. Els.-Lothr. S. 348).

Dazu: RG. v. 20. Dez. 1875, betr. die Abänderung des § 4 des G. v. 28. Okt. 1871 über das Postwesen des D. R. (RGB. 1875 S. 318). Vgl. Zus. 7 zum Absch. VII. der Reichsverf.

3. a) BG. v. 4. Nov. 1867 über das Posttaxwesen im Gebiete des Nordd. Bundes (BGB. S. 75). Aufgehoben durch:

b) RG. v. 28. Okt. 1871 über das Posttaxwesen im Gebiete des D. R. (RGB. S. 358).

In Elsaß-Lothringen eingeführt durch G. v. 4. Nov. 1871 (GB. f. Els.-Lothr. S. 348).

c) RG. v. 17. Mai 1873, betr. einige Abänderungen des G. über das Posttaxwesen im Gebiete des D. R. v. 28. Okt. 1871 (RGB. 1873 S. 107).

In Elsaß-Lothringen eingeführt durch RG. v. 8. Febr. 1875 Ziffer 5 (RGB. S. 69, GB. f. Els.-Lothr. S. 9).

d) RG. v. 3. Nov. 1874, betr. Abänderung des G. über das Posttaxwesen (RGB. S. 127 und 134).

4. BG. v. 5. Juni 1869, betr. die Portofreiheiten im Gebiete des Nordd. Bundes (BGB. S. 141). Auch gültig für Baden zuf. Art. 80 unter II. Ziff. 4 der zwischen dem Nordd. Bunde und Baden und Hessen vereinbarten Ver-

fassung des Deutschen Bundes v. 15. Nov. 1870 [1]) (BGB. S. 647), für Bayern und Württemberg, zuf. des RG. v. 29. Mai 1872 (RGB. S. 167) und für Südhessen, zuf. RG. v. 20. Dez. 1875 (RGB. S. 323). In Elsaß-Lothringen eingeführt durch G. v. 1. März 1872 (GB. f. Elf.-Lothr. S. 150).

5. Bekanntm. des Bundeskanzlers v. 29. Aug. 1870, betr. die portopflichtige Korrespondenz zwischen Behörden verschiedener Bundesstaaten (BGB. S. 514).

Ausgedehnt auf sämmtliche Staaten des Deutschen Reichs, zuf. Bekanntm. des Reichskanzlers v. 17. April 1872 (RGB. S. 108, GB. f. Elf.-Lothr. S. 168) und v. 8. Juli 1873 (RGB. S. 232), desgl. auf die portopflichtige Korrespondenz zwischen den Behörden des Reichs und Oesterreich-Ungarns, zuf. Bekanntm. des Reichskanzlers v. 31. Okt. 1873 (RGB. S. 366, GB. f. Elf.-Lothr. S. 290).

6. BG. v. 16. Mai 1869, betr. die Einführung von Telegraphenfreimarken (BGB. S. 377). Auch gültig für Baden und Südhessen, zuf. Art. 80 unter II. der mit Baden und Hessen vereinbarten Verfassung (BGB. 1870 S. 647), und für Elf.-Lothr., zuf. RG. v. 8. Febr. 1875 Ziffer 1 (RGB. S. 69, GB. f. Elf.-Lothr. S. 9), dagegen nicht eingeführt in Bayern und Württemberg.

Vgl. Bekanntm. des Reichskanzlers v. 10. Juli 1869, betr. die Einführung von Telegraphenfreimarken (Pr. Min.-Bl. für die innere Verwalt. S. 220) und Bekanntm. der Kaiserl. Generaldirektion der Telegraphen v. 10. Okt. 1872 (a. a. O. S. 260) und v. 12. Dez. 1874 (RCB. S. 443).

7. V. v. 2. Juni 1877, betr. die gebührenfreie Beförderung von Telegrammen (RGB. S. 524).

8. RG. v. 6. April 1892 über das Telegraphenwesen des D. R. (RGB. S. 467).

---

[1]) Vgl. unten Anlage I.

Dazu:

Bekanntm. des Reichspostamts v. 28. Juni 1892, betr. die Bedingungen für die Betheiligung an einer Stadt-Fernsprecheinrichtung (RGB. S. 508).

Artikel 49.

Die Art. 49—52 sind für Baden erst mit dem 1. Jan. 1872 in Wirksamkeit getreten (Prot. v. 15. Nov. 1870 im Eingange, BGB. S. 650).

Die Einnahmen des Post- und Telegraphenwesens sind für das ganze Reich gemeinschaftlich. Die Ausgaben werden aus den gemeinschaftlichen Einnahmen bestritten. Die Ueberschüsse fließen in die Reichskasse (Abschnitt XII.).

Artikel 50.

Dem Kaiser gehört die obere Leitung der Post- und Telegraphenverwaltung an. Die von ihm bestellten Behörden haben die Pflicht und das Recht, dafür zu sorgen, daß Einheit in der Organisation der Verwaltung und im Betriebe des Dienstes, sowie in der Qualifikation der Beamten hergestellt und erhalten wird.

Dem Kaiser steht der Erlaß der reglementarischen Festsetzungen und allgemeinen administrativen Anordnungen, sowie die ausschließliche Wahrnehmung der Beziehungen zu anderen Post- und Telegraphenverwaltungen zu.

Ueber die Zuziehung von Vertretern einzelner Bundesstaaten bei dem Abschlusse von Post- und Telegraphenverträgen mit außerdeutschen Staaten, sowie über den selbstständigen Abschluß solcher nur den Grenzverkehr betr. Verträge vgl. Schlußprotokoll zu dem Vertr. v. 23. Nov. 1870, betr. den Beitritt Bayerns zur Verfassung des Deutschen Bundes (BGB. 1871 S. 23) unter XI.[1])

Sämmtliche Beamte der Post- und Telegraphenverwaltung sind verpflichtet, den Kaiserlichen Anordnungen Folge zu leisten. Diese Verpflichtung ist in den Diensteid aufzunehmen.

Vgl. Art. 18 Abs. 1 der Reichsverf.

Die Anstellung der bei den Verwaltungsbehörden der Post und Telegraphie in den verschiedenen Bezirken erforderlichen oberen Beamten (z. B. der Direktoren, Räthe, Ober-Inspektoren), ferner die Anstellung der zur Wahrnehmung des Aufsichts- u. s. w. Dienstes in den einzelnen Bezirken als Organe der erwähnten Behörden fungirenden Post- und Telegraphenbeamten (z. B. Inspektoren, Kontroleure) geht für das ganze Gebiet des Deutschen Reichs vom Kaiser aus, welchem diese Beamten den Diensteid leisten. Den einzelnen Landesregierungen wird von den in Rede stehenden Ernennungen, soweit dieselben ihre Gebiete betreffen, Behufs der landesherrlichen Bestätigung und Publikation rechtzeitig Mittheilung gemacht werden.

Die anderen bei den Verwaltungsbehörden der Post und Telegraphie erforderlichen Beamten, sowie alle für den lokalen und technischen Betrieb bestimmten, mithin bei den eigentlichen Betriebsstellen

---

[1]) Vgl. unten Anlage VII.

fungirenden Beamten u. s. w. werden von den betreffenden Landesregierungen angestellt.

Wo eine selbstständige Landespost- resp. Telegraphenverwaltung nicht besteht, entscheiden die Bestimmungen der besonderen Verträge.

1. Zus. § 50 des RG. v. 28. Okt. 1871 über das Postwesen des Deutschen Reichs (RGB. S. 359) gebührt das Recht der Erlassung eines Postreglements dem Reichskanzler unter theilweiser Mitwirkung des Bundesraths. Auf Grund dieser Bestimmung ist die Postordnung v. 8. März 1879 (RCB. S. 185) erlassen. Vgl. dazu: Abänderungen v. 24. Aug. 1879 (RCB. S. 538), v. 12. März 1883 (RCB. S. 71), v. 16. Jan. 1886 (RCB. S. 15), v. 21. März 1886 (RCB. S. 72), v. 4. Juli 1888 (RCB. S. 426), v. 13. Dez. 1888 (RCB. S. 1042), v. 9. Mai 1889 (RCB. S. 303), v. 30. April 1890 (RCB. S. 115), v. 23. Mai 1890 (RCB. S. 144), v. 16. Juni 1890 (RCB. S. 181)[1]), v. 12. Dez. 1890 (RCB. S. 387) und v. 5. März 1891 (RCB. S. 52).

An Stelle der Postordnung v. 8. März 1879 ist vom 1. Juli 1892 ab die Postordnung für das Deutsche Reich v. 11. Juni 1892 (RCB. S. 428, 430) getreten. Vgl. dazu: Abänderungen v. 30. Jan. 1895 und 19. März 1896 (RCB. 1895 S. 29 u. 1896 S. 123).

2. Telegraphenordnung für das Deutsche Reich v. 13. Aug. 1880 (RCB. S. 560).[2]) Abänderung v. 11. Juni

---

[1]) Die Postordnung v. 8. März 1879 ist mit den Abänderungen derselben und den Erläuterungen abgedruckt in Guttentag's Gesetzgebung Bd. II S. 498—549.

[2]) Dadurch ist die Telegraphenordnung für das Deutsche Reich v. 21. Juni 1872 (RGB. S. 213) nebst den zu derselben ergangenen abändernden Vorschriften (RCB. 1873 S. 150, 1876 S. 101, 1877 S. 432) ersetzt worden.

1886 (RGB. S. 204), v. 13. Dez. 1888 (RGB. S. 1042) und v. 15. Jan. 1891 (RGB. S. 13).

An Stelle der Telegraphenordnung v. 13. Aug. 1880 ist vom 1. Juli 1891 ab die Telegraphenordnung für das Deutsche Reich v. 15. Juni 1891 (RGB. S. 162) getreten, an deren Stelle vom 1. Juli 1897 an die Telegraphenordnung v. 9. Juni 1897 (RGB. S. 163).

3. Regl. v. 7. März 1876 über die Benutzung der innerhalb des Deutschen Reichstelegraphengebietes gelegenen Eisenbahn-Telegraphen zur Beförderung solcher Telegramme, welche nicht den Eisenbahndienst betreffen (RGB. S. 156).

4. Ueber die Organisation der Behörden und die Rechtsverhältnisse der Beamten des Post- und Telegraphenwesens vgl. Art. 18 der Reichsverf. und die Anm. dazu.

Artikel 51.

Bei Ueberweisung des Ueberschusses der Postverwaltung für allgemeine Reichszwecke (Art. 49.) soll, in Betracht der bisherigen Verschiedenheit der von den Landes-Postverwaltungen der einzelnen Gebiete erzielten Reineinnahmen, zum Zwecke einer entsprechenden Ausgleichung während der unten festgesetzten Uebergangszeit folgendes Verfahren beobachtet werden.

Aus den Postüberschüssen, welche in den einzelnen Postbezirken während der fünf Jahre 1861. bis 1865. aufgekommen sind, wird ein durchschnittlicher Jahresüberschuß berechnet, und der Antheil, welchen jeder einzelne Postbezirk an dem für das gesammte Gebiet des Reichs sich darnach herausstellenden Postüberschusse gehabt hat, nach Prozenten festgestellt.

Nach Maßgabe des auf diese Weise festgestellten Verhältnisses werden den einzelnen Staaten während der auf ihren Eintritt in die Reichs-Postverwaltung folgenden acht Jahre die sich für sie aus den im Reiche aufkommenden Postüberschüssen ergebenden Quoten auf ihre sonstigen Beiträge zu Reichszwecken zu Gute gerechnet.

Nach Ablauf der acht Jahre hört jene Unterscheidung auf, und fließen die Postüberschüsse in ungetheilter Aufrechnung nach dem im Artikel 49. enthaltenen Grundsatz der Reichskasse zu.

Von der während der vorgedachten acht Jahre für die Hansestädte sich herausstellenden Quote des Postüberschusses wird alljährlich vorweg die Hälfte dem Kaiser zur Disposition gestellt zu dem Zwecke, daraus zunächst die Kosten für die Herstellung normaler Posteinrichtungen in den Hansestädten zu bestreiten.

1. Bezüglich Badens vgl. Prot. v. 15. Nov. 1870, betr. die Vereinbarung zwischen dem Nordd. Bunde, Baden und Hessen über Gründung des D. Bundes (BGB. S. 650) unter 5 zu Art. 52 (jetzt Art. 51) der Reichsverf.[1]

2. BG. v. 5. Juni 1869, betr. die Portofreiheiten im Gebiete des Nordd. Bundes, § 13 (BGB. S. 143): „Die Vorschriften des Artikels 52. (jetzt 51) der Bundesverfassung sind nicht auszudehnen auf denjenigen Theil der Postüberschüsse, welcher durch die in gegenwärtigem Gesetze angeordnete Aufhebung von Portofreiheiten gewonnen wird. — Die näheren Bestimmungen über die

---

[1] Vgl. unten Anlage V.

Berechnung und Verwendung dieses bis Ende Dezember 1875. auszunehmenden Theils bleiben der Verständigung im Bundesrathe unter Zustimmung des Reichstages vorbehalten."

Vgl. Zus. 4 zum Art. 48 der Reichsverf.

Artikel 52.

Die Bestimmungen in den vorstehenden Artikeln 48. bis 51. finden auf Bayern und Württemberg keine Anwendung. An ihrer Stelle gelten für beide Bundesstaaten folgende Bestimmungen.

In Betreff Württembergs vgl. auch die Verhandl. dd. Berlin d. 25. Nov. 1870 über den Beitritt Württembergs zu der zwischen dem Nordd. Bunde, Baden und Hessen vereinbarten Verf. des D. Bundes (BGB. S. 657) unter 3[1]) und in Betreff Bayerns und Württembergs die Bestimmungen des RG. v. 28. Okt. 1871 über das Postwesen des D. Reichs §§ 4 und 50 (RGB. S. 347), desgl. Art. 12 und 13 des G. v. 20. Dez. 1875, betr. die Abänderung des § 4 des G. v. 28. Okt. 1871 über das Postwesen (RGB. 1875 S. 318), und des § 13 des RG. v. 28. Okt. 1871 über das Posttaxwesen im Gebiete des D. Reichs (RGB. S. 362).

Dem Reiche ausschließlich steht die Gesetzgebung über die Vorrechte der Post und Telegraphie, über die rechtlichen Verhältnisse beider Anstalten zum Publikum, über die Portofreiheiten und das Posttaxwesen, jedoch ausschließlich der reglementarischen und Tarif-Bestimmungen für den internen Verkehr innerhalb Bayerns, beziehungsweise Württembergs,

[1]) Vgl. unten Anlage VI.

sowie, unter gleicher Beschränkung, die Feststellung der Gebühren für die telegraphische Korrespondenz zu.

Ebenso steht dem Reiche die Regelung des Post- und Telegraphenverkehrs mit dem Auslande zu, ausgenommen den eigenen unmittelbaren Verkehr Bayerns, beziehungsweise Württembergs mit seinen dem Reiche nicht angehörenden Nachbarstaaten, wegen dessen Regelung es bei der Bestimmung im Artikel 49. des Postvertrages vom 23. November 1867. bewendet.

Postvertrag v. 23. Nov. 1867 zwischen dem Nordd. Bunde, Bayern, Württemberg und Baden (BGB. 1868 S. 41 ff.) Art. 49.[1])

Artikel 49.

Die Behandlung der Sendungen im Verkehr mit auswärtigen Postgebieten richtet sich nach den Postverträgen mit den betreffenden fremden Regierungen, beziehungsweise nach den Uebereinkünften mit auswärtigen Transport-Unternehmungen.

Bei dem Abschlusse von Postverträgen mit fremden Regierungen wird, wenn zwei oder mehrere der Theilnehmer des gegenwärtigen Vertrages mit einem und demselben ausländischen Staate in unmittelbarem Postverkehr stehen oder in solchen eintreten wollen, diejenige Postverwaltung, welche den Abschluß eines neuen Vertrages beabsichtigt, den anderen beim direkten Postverkehr mit dem betreffenden Lande betheiligten Postverwaltungen von ihrer Absicht Kenntniß geben zum Zwecke der Herbeiführung einer Verständigung über das in dem Verhältnisse zu dem fremden Lande einzuhaltende übereinstimmende

[1]) Vgl. v. Rönne's Staatsrecht des D. Reichs 2. Aufl. Bd. II. Abth. 1 § 99 S. 292 ff.

Verfahren und der Geltendmachung der bezüglich des Deutschen Postwesens bestehenden gemeinsamen Interessen.

Insoweit als eine solche Verständigung stattgefunden hat, werden die dabei betheiligten Postverwaltungen sich bemühen, den Abschluß der neuen Verträge in Gemeinschaft zu bewirken, wobei eine Bevollmächtigung eines der kontrahirenden Theile durch den anderen nicht ausgeschlossen ist.

In allen Fällen wird durch die Verträge dahin Vorsorge getroffen werden, daß die Erleichterungen, welche dem Postverkehr des betreffenden Auslandes mit dem Gebiet der vertragschließenden Deutschen Verwaltung zu Theil werden, in gleicher Weise und unter denselben Bedingungen auch auf den durch diese Verwaltung stückweise vermittelten Korrespondenzverkehr anderer Deutscher Postgebiete mit dem betreffenden Auslande zur Anwendung gelangen.

Die Annahme der in den Verträgen mit dem Auslande vereinbarten Bestimmungen soll für alle Theilnehmer des gegenwärtigen Vertrages obligatorisch sein, sobald bei den Festsetzungen über den Portobezug nicht unter das interne Deutsche Porto herunter gegangen ist. Hat in besonderen Fällen ein niedrigeres Porto vereinbart werden müssen, so bleibt die Theilnahme an den Bestimmungen des bezüglichen Vertrages dem Ermessen der einzelnen Postverwaltungen anheimgestellt.

An den zur Reichskasse fließenden Einnahmen des Post- und Telegraphenwesens haben Bayern und Württemberg keinen Theil.

IX. Marine und Schiffahrt.

RG. v. 16. März 1886, betr. die Herstellung des Nord-Ostseekanals (RGB. S. 58).

V. v. 17. Juli 1886, betr. die Errichtung einer besonderen Kommission für die Herstellung des Nord-Ostseekanals (RGB. S. 233).

Allerh. Erl. v. 4. Juni 1894, betr. Abgabentarife für die Kanalstrecken Holtenau-Rendsburg und die Benutzung der Hafenanlagen zu Holtenau (RGB. S. 464).

Allerh. Erl. v. 4. Juni 1895 (RGB. S. 241) betr. den Abgabentarif für den Nord-Ostseekanal.

RG. v. 27. Mai 1896, betr. den Abgabentarif für den Kaiser Wilhelm-Kanal (RGB. S. 150).

Allerh. Erl. v. 4. Aug. 1896, betr. Genehmigung eines revidirten Abgabentarifs für den Kaiser Wilhelm-Kanal (RGB. S. 681).

Allerh. Erl. v. 15. Juni 1895 (RGB. S. 349) betr. die Einrichtung und den Geschäftsgang des Kaiserlichen Kanalamts.

Betr.-O. für den Kaiser Wilhelm-Kanal v. 28. Aug. 1896 (Beilage zu Nr. 51 RCB.), welche an Stelle der Betr.-O. v. 17. Sept. 1895 (Beilage zu Nr. 3d RCB.) getreten ist.

Artikel 53.[1])

Die Kriegsmarine des Reichs ist eine einheitliche unter dem Oberbefehl des Kaisers. Die Organisation und Zusammensetzung derselben liegt dem Kaiser ob, welcher die Offiziere und Beamten der Marine ernennt, und für welchen dieselben nebst den Mannschaften eidlich in Pflicht zu nehmen sind.

Der Kieler Hafen und der Jadehafen sind Reichskriegshäfen.

---

[1]) Vgl. v. Rönne's Staatsrecht des D. Reichs, 2. Aufl. Bd. II. Abth. 1 § 112 S. 160 ff. und Zorn's Staatsrecht des D. Reichs, 2. Aufl. Bd. I. § 7 S. 210 und § 9 S. 272.

RG. v. 19. Juni 1883, betr. die Reichskriegshäfen und die Feststellung eines Nachtrages zum Reichshaushaltsetat für das Etatsjahr 1883/84 (RGB. 1883 S. 105).[1]

Der zur Gründung und Erhaltung der Kriegsflotte und der damit zusammenhängenden Anstalten erforderliche Aufwand wird aus der Reichskasse bestritten.

Die gesammte seemännische Bevölkerung des Reichs, einschließlich des Maschinenpersonals und der Schiffshandwerker, ist vom Dienste im Landheere befreit, dagegen zum Dienste in der Kaiserlichen Marine verpflichtet.[2]

2. Vgl. Art. 4 Nr. 14 der Reichsverf.

3. Vgl. Art. 57 und 59 der Reichsverf. und die Zus. dazu.

4. Organisation der Verwaltungs- und Kommando-Behörden der Kaiserl. Marine.

Allerh. Erl. v. 15. Juni 1871, betr. die Geschäftsführung der oberen Marinebehörde, nebst Regulativ (RGB. S. 272).

Allerh. Erl. v. 1. Jan. 1872, betr. die oberste Marinebehörde (RGB. S. 5).

---

[1]) Vgl. § 5 des RG. v. 15. Dez. 1890, betr. die Vereinigung von Helgoland mit dem D. Reich (RGB. S. 207).

[2]) Vgl. RG. v. 26. Mai 1893, betr. die Ersatzvertheilung (RGB. S. 185), auf dem auch die jetzige Fassung des Art. 53 beruht. Derselbe hatte ursprünglich noch folgenden (5.) Absatz: Die Vertheilung des Ersatzbedarfes findet nach Maßgabe der vorhandenen seemännischen Bevölkerung statt, und die hiernach von jedem Staate gestellte Quote kommt auf die Gestellung zum Landheere in Abrechnung.

Allerh. Erl. v. 30. März 1889, betr. die Trennung des Oberkommandos der Marine von der Verwaltung derselben (RGB. S. 47).

Allerh. Erl. v. 18. Juni 1872, betr. die Veränderung der Organisation der Marine-Intendantur (RGB. S. 361).

5. Allerh. Erl. v. 23. Mai 1876, betr. das oberste Militärgericht für Marinesachen (RGB. S. 165).

6. BG. v. 9. Nov. 1867, betr. den außerordentlichen Geldbedarf des Nordd. Bundes zum Zwecke der Erweiterung der Bundeskriegsmarine und der Herstellung der Küstenvertheidigung (BGB. S. 157), und die RG. v. 20. Mai 1869 (RGB. S. 137) und v. 6. April 1870 (BGB. S. 65) wegen Abänderung dieses Gesetzes, ferner: RG. v. 27. Jan. 1875 (RGB. S. 18), v. 29. April 1878 (RGB. S. 87), v. 30. März 1879 (RGB. S. 121), v. 26. März 1880 (RGB. S. 95) und v. 28. März 1881 (RGB. S. 68), betr. Aufnahmen von Anleihen für Zwecke der Verwaltung der Marine. Vgl. Zus. 1 zu c zum Art. 73 der Reichsverf.

Vgl. Art. VI. des RG. v. 8. Juli 1872, betr. die Französische Kriegskostenentschädigung (RGB. S. 289), und § 1 des RG. v. 8. Juli 1873, betr. den nach dem G. v. 8. Juli 1872 einstweilen reservirten Theil der Französischen Kriegskostenentschädigung (RGB. 1873 S. 217).

7. RG. v. 10. April 1898, betr. die deutsche Flotte (RGB. S. 165).

Artikel 54[1]).

Die Kauffahrteischiffe aller Bundesstaaten bilden eine einheitliche Handelsmarine.

Das Reich hat das Verfahren zur Ermittelung der Ladungsfähigkeit der Seeschiffe zu bestimmen,

---

[1]) Vgl. v. Rönne's Staatsrecht des D. R., 2. Aufl., Bd. II. Abth. 1 § 93 S. 206 ff.

die Ausstellung der Meßbriefe, sowie der Schiffscertifikate zu regeln und die Bedingungen festzustellen, von welchen die Erlaubniß zur Führung eines Seeschiffes abhängig ist.

1. Vgl. Art. 4 Nr. 7 und Nr. 9 der Reichsverf.

2. a) BG. v. 25. Okt. 1867, betr. die Nationalität der Kauffahrteischiffe und ihre Befugniß zur Führung der Bundesflagge [1]) (BGB. S. 35). Auch gültig für Baden und Südhessen, zuf. Art. 80 unter I. 2 der mit Baden und Hessen vereinbarten Verf. (BGB. S. 51), für Württemberg, zuf. Art. 2 Nr. 6 des Vertr. v. 25. Nov. 1870 (BGB. S. 657) und für Bayern, zuf. § 2 unter I. 2 des RG. v. 22. April 1871 (BGB. S. 87).

RG. v. 23. Dez. 1888, betr. Abänderungen des G. v. 25. Okt. 1867 über die Nationalität der Kauffahrteischiffe und ihre Befugniß zur Führung der Bundesflagge (RGB. S. 300).

b) RG. v. 28. Juni 1873, betr. die Registrirung und die Bezeichnung der Kauffahrteischiffe (RGB. S. 184).[1])

c) Behufs Ausführung der zu a und b gedachten Gesetze hat der Bundesrath die vom Reichskanzler publizirten Vorschriften über die Registrirung und die Bezeichnung der Kauffahrteischiffe v. 13. Nov. 1873 erlassen (RGB. S. 367), abgeändert durch Bekanntm. des Reichskanzlers v. 1. Sept. 1892, betr. die Bezeichnung der Kauffahrteischiffe (RGB. S. 787).

d) Bekanntm. des Reichskanzlers, mit der (auf Grund des Art. 54 der Reichsverf. vom Bundesrath erlassenen) Schiffsvermessungs-O. v. 5. Juli 1872 (RGB. S. 270), an deren Stelle laut Bekanntm. des Reichskanzlers v. 20. Juni 1888 die neue vom Bundesrath beschlossene Schiffsvermessungs-O. (RGB. S. 190) getreten ist. Ab-

---

[1]) Eingeführt in Helgoland durch V. v. 22. März 1891 (RGB. S. 21).

geändert laut Bekanntm. des Reichskanzlers v. 1. März 1895 (RGB. S. 153), betr. die (vom Bundesrath beschlossene) Abänderung der Schiffsvermessungs-O. v. 20. Juni 1888. Der neu festgestellte Text der Schiffsvermessungs-O. mit der Bekanntm. des Reichskanzlers v. 1. März 1895 (RGB. S. 160) ist im RGB. S. 161 ff. abgedruckt.

Dazu:

α) Bekanntm. des Reichskanzlers v. 30. März 1895 mit den vom Bundesrath erlassenen Vorschriften, betr. die Vermessung der Schiffe für die Fahrt durch den Suezkanal (RCB. S. 96).

β) Bekanntm. des Reichskanzlers v. 19. Juli 1890, betr. die ohne vorgängige Neuvermessung erfolgende Ertheilung wiederholter Ausfertigung von Meßbriefen für Seeschiffe zu erhebenden Gebühren (RCB. S. 281),

γ) Bekanntm. des Reichskanzlers v. 27. Febr. 1889, betr. die zu den Schiffscertifikaten zur Anwendung zu bringenden Formulare (RCB. S. 227), geändert durch Bekanntm. des Reichskanzlers v. 25. Nov. 1891 (RCB. S. 320).

δ) Bekanntm. des Reichskanzlers v. 25. Juli 1898, betr. Schiffsvermessung in Ostasien (RGB. S. 1017).

3. Ueber die Feststellung der Bedingungen, von welchen die Erlaubniß zur Führung eines Seeschiffes abhängig ist, vgl. § 31 der Gewerbe-O. v. 21. Juni 1869 bezw. v. 1. Juli 1883 nebst den Zus. dazu (zum Art. 4 zu III. B. 6) oben S. 50.

4. Seemanns-O. v. 27. Dez. 1872 (RGB. S. 409).

5. RG. v. 27. Dez. 1872, betr. die Verpflichtung Deutscher Kauffahrteischiffe zur Mitnahme hülfsbedürftiger Seeleute (RGB. S. 432).

6. Strandungs-O. v. 17. Mai 1874 (RGB. S. 73).[1])

---

[1]) Eingeführt in Helgoland durch V. v. 20. Juli 1895 (RGB. S. 421).

Dazu: Bekanntm. des Reichskanzlers v. 24. Nov. 1875 mit der Instr. des Bundesraths zur Strandungs-O. (RCB. S. 750).

7. RG. v. 9. Jan. 1875, betr. die Deutsche Seewarte (RGB. S. 11).

Dazu: V. v. 26. Dez. 1875, betr. den Geschäftsbetrieb, die Einrichtung und die Verwaltung der Deutschen Seewarte (RGB. S. 385), abgeändert durch V. v. 4. Febr. 1895 (RGB. S. 151).

8. RG. v. 27. Juli 1877, betr. die Untersuchung von Seeunfällen (RGB. S. 549).[1])

Dazu:

α) RG. v. 11. Juni 1878 über die Anwendung der Bestimmungen dieses Ges. auf Maschinisten der Seedampfschiffe (RGB. S. 109).

β) Bekanntm. des Reichskanzlers v. 23. Nov. 1877, betr. die Mitwirkung von Konsulaten bei der Ausführung des G. v. 27. Juli 1877 (RCB. S. 634).

In den Seehäfen und auf allen natürlichen und künstlichen Wasserstraßen der einzelnen Bundesstaaten werden die Kauffahrteischiffe sämmtlicher Bundesstaaten gleichmäßig zugelassen und behandelt. Die Abgaben, welche in den Seehäfen von den Seeschiffen oder deren Ladungen für die Benutzung der Schiffahrtsanstalten erhoben werden, dürfen die zur Unterhaltung und gewöhnlichen Herstellung dieser Anstalten erforderlichen Kosten nicht übersteigen.

RG. v. 22. Mai 1881, betr. die Küstenfrachtfahrt (RGB. S. 97).[2])

---

[1]) [2]) Vgl. die Anmerkung auf Seite 195.

Dazu:

a) V. v. 29. Dez. 1881, betr. die Berechtigung fremder Flaggen zur Ausübung der Deutschen Küstenfrachtfahrt (RGB. S. 275).

b) Bekanntm. des Reichskanzlers v. 29. Dez. 1881, betr. die durch das G. v. 22. Mai 1881 über die Küstenfrachtfahrt nicht berührten vertragsmäßigen Bestimmungen (RGB. S. 276).

c) V. v. 1. Juni 1886, betr. die Berechtigung der Niederländischen Flagge zur Ausübung der Deutschen Küstenfrachtfahrt (RGB. S. 129).

Auf allen natürlichen Wasserstraßen dürfen Abgaben nur für die Benutzung besonderer Anstalten, die zur Erleichterung des Verkehrs bestimmt sind, erhoben werden. Diese Abgaben, sowie die Abgaben für die Befahrung solcher künstlichen Wasserstraßen, welche Staatseigenthum sind, dürfen die zur Unterhaltung und gewöhnlichen Herstellung der Anstalten und Anlagen erforderlichen Kosten nicht übersteigen. Auf die Flößerei finden diese Bestimmungen insoweit Anwendung, als dieselbe auf schiffbaren Wasserstraßen betrieben wird.

1. Vgl. Art. 4 Nr. 8 u. 9 der Reichsverf.

2. BG. v. 11. Juni 1870 wegen Aufhebung der Elbzölle (BGB. S. 416).

Vgl. Vertrag zwischen dem Nordd. Bunde und Oesterreich v. 22. Juli 1870, betr. die Aufhebung des Elbzolls (BGB. S. 417).

3. BG. v. 1. Juni 1870 über die Abgaben von der Flößerei (BGB. S. 312), nebst den V. v. 1. Juni 1870 (a. a. O. S. 314), v. 19. Febr. 1871 (BGB. S. 31) und v. 13. Febr. 1874 (RGB. S. 14) zur Ausführung dieses Gesetzes. Auch gültig für Baden und Südhessen, zuf.

Art. 80 unter I. 23 der mit Baden und Hessen vereinbarten Verf. (BGB. 1870 S. 647), für Württemberg zuf. Art. 2 Nr. 6 des Vertr. v. 25. Nov. 1870 (BGB. S. 656) und für Bayern (mit Zusätzen), zuf. §8 des RG. v. 22. April 1871 (BGB. S. 89).

4. Vgl. G. v. 29. Jan. 1873, betr. die Aufhebung der Binnenschifffahrtsabgaben in Elsaß-Lothringen (GB. f. Elf.-Lothr. S. 59) und G. v. 26. Mai 1892, betr. die Verbesserung der Kanäle sowie die Erhebung von Schifffahrtsabgaben auf denselben (GB. f. Elf.-Lothr. S. 49).

5. RG. v. 5. April 1886, betr. die Erhebung einer Schifffahrtsabgabe auf der Unterweser (RGB. S. 67).

Auf fremde Schiffe oder deren Ladungen andere oder höhere Abgaben zu legen, als von den Schiffen der Bundesstaaten oder deren Ladungen zu entrichten sind, steht keinem Einzelstaate, sondern nur dem Reiche zu.

Artikel 55.

Die Flagge der Kriegs- und Handelsmarine ist schwarz-weiß-roth.

V. v. 25. Okt. 1867, betr. die Bundesflagge für Kauffahrteischiffe (BGB. S. 39) und Allerh. O. v. 4. Juli 1867 über die Flagge der Kriegsmarine (Hirth's Annal. des Nordd. Bundes, Bd. I. S. 1042).

Allerh. genehmigtes Flaggen- und Salut-Regl. v. 24. Dez. 1867 (Berlin, bei J. Sittenfeld, 1868).

Allerh. Erl. v. 2. März 1886, betr. die Führung der Kriegsflagge auf den Privatfahrzeugen der Deutschen Fürsten (RGB. S. 59).

Bekanntm. des Reichskanzlers v. 13. April 1893, betr. die durch Allerh. Erl. v. 27. März 1893 genehmigten Bestimmungen über die Führung der deutschen Kriegsflagge und der Reichsdienstflagge der Marine (RGB.

S. 112). Durch diese Bestimmungen sind alle entgegenstehenden älteren Verfügungen und Vorschriften über die Führung der Kriegsflagge aufgehoben.

Vgl. Allerh. Erl. v. 21. Aug. 1893 (RGB. S. 275) und RCB. S. 359.

Allerh. Erl. v. 1. Juli 1896, betr. Abzeichen auf der Handelsflagge für die als Offiziere des Beurlaubtenstandes 2c. der Marine angehörigen Schiffsführer (RGB. S. 181) u. RCB. S. 461.

X. Konsulatwesen.[1])

Artikel 56.

Das gesammte Konsulatwesen des Deutschen Reichs steht unter der Aufsicht des Kaisers, welcher die Konsuln, nach Vernehmung des Ausschusses des Bundesrathes für Handel und Verkehr, anstellt.

In dem Amtsbezirk der deutschen Konsuln dürfen neue Landeskonsulate nicht errichtet werden. Die Deutschen Konsuln üben für die in ihrem Bezirk nicht vertretenen Bundesstaaten die Funktionen eines Landeskonsuls aus. Die sämmtlichen bestehenden Landeskonsulate werden aufgehoben, sobald die Organisation der Deutschen Konsulate dergestalt vollendet ist, daß die Vertretung der Einzelinteressen aller Bundesstaaten als durch die Deutschen Konsulate gesichert von dem Bundesrathe anerkannt wird.

---

[1]) Vgl. v. Rönne's Staatsrecht des D. R., 2. Aufl. Bd. II. Abth. 1 § 94 S. 224 ff. Guttentag'sche Samml. D. Reichsgesetze Nr. 21: Zorn, Die Konsulargesetzgebung.

1. Vgl. Art. 4 Nr. 7 der Reichsverf.

2. Ueber das Recht der einzelnen Bundesstaaten, auswärtige Konsuln bei sich zu empfangen und für ihr Gebiet mit dem Exequatur zu versehen, vgl. Schlußprotokoll zu dem Vertr. v. 23. Nov. 1870, betr. den Beitritt Bayerns zur Verf. des D. Bundes (BGB. 1871 S. 25) unter XII.[1])

3. BG. v. 8. Nov. 1867, betr. die Organisation der Bundeskonsulate sowie die Amtsrechte und Pflichten der Bundeskonsuln (BGB. S. 137). Auch gültig für Baden und Südhessen, zuf. Art. 80 unter I. 4 der mit Baden und Hessen vereinbarten Verf. (BGB. 1870 S. 647), für Württemberg zuf. Art. 2 Nr. 6 des Vertr. v. 25. Nov. 1870 (BGB. S. 656) und für Bayern (mit einem Zusatz),[2]) zuf. § 3 des RG. v. 22. April 1871 (BGB. S. 88).

Dazu: RG. v. 1. April 1888, betr. die Zurückbeförderung der Hinterbliebenen im Auslande angestellter Reichsbeamten und Personen des Soldatenstandes (RGB. S. 131) [zur Ausdehnung der Bestimmung des § 8 des Konsulats-Gesetzes].

Vgl. BG. v. 4. Mai 1870, betr. die Eheschließung und die Beurkundung des Personenstandes von Bundesangehörigen im Auslande (BGB. S. 599). Vgl. dazu unten Anlage XI. unter I. 7.

4. RG. v. 25. März 1880, betr. die Schiffsmeldungen bei den Konsulaten des Deutschen Reichs (RGB. S. 181).

Dazu: V. v. 28. Juli 1880, betr. die Schiffsmeldungen bei den Konsulaten des D. Reichs (RGB. S. 183) und V. des Reichskanzlers v. 15. Nov. 1880, betr. die Ausführung des G. v. 25. März 1880 und der V. v. 28. Juli 1880 (RGB. S. 804).

---

[1]) Vgl. unten Anlage VII.

[2]) Dieser Zusatz ist durch den § 48 des RG. v. 10. Juli 1879 (RGB. S. 205) aufgehoben.

5. a) RG. v. 10. Juli 1879, über die Konsulargerichtsbarkeit (RGB. S. 197). Dazu: Instr. des Reichskanzlers v. 10. Sept. 1879 zur Ausführung des G. v. 10. Juli 1879 (RCB. S. 575) und Bekanntm. des Reichskanzlers v. 27. Nov. 1891 (RCB. S. 319).

Dazu:

V. v. 18. Nov. 1887, betr. die Rechtsverhältnisse in dem Schutzgebiete der Deutsch-Ostafrikanischen Gesellschaft (RGB. S. 527), V. v. 21. Dez. 1887, betr. die Rechtsverhältnisse in den südwestafrikanischen Schutzgebieten (RGB. S. 535) [Ausdehnung des RG. v. 10. Juli 1879 auf die gedachten Schutzgebiete].

b) RG. v. 30. März 1874, betr. die Einschränkung der Gerichtsbarkeit der D. Konsuln in Egypten (RGB. S. 23), und RG. v. 5. Juni 1880, betr. die Konsulargerichtsbarkeit in Egypten (RGB. S. 145).

Dazu:

α) V. v. 23. Dez. 1875, betr. die Einschränkung der Gerichtsbarkeit der D. Konsuln in Egypten (RGB. S. 381).

β) V. v. 23. Dez. 1880, betr. die Konsulargerichtsbarkeit in Egypten (RGB. S. 192).

γ) V. v. 15. Febr. 1897, betr. die Gerichtsbarkeit der D. Konsuln in Egypten (RGB. S. 17).

c) RG. v. 7. Juni 1880, betr. die Konsulargerichtsbarkeit in Bosnien und der Herzegowina (RGB. S. 146). Dazu: V. v. 23. Dez. 1880, betr. die Konsulargerichtsbarkeit in Bosnien und der Herzegowina (RGB. S. 191).

d) RG. v. 27. Juli 1883, betr. die Konsulargerichtsbarkeit in Tunis (RGB. S. 263). Dazu: V. v. 21. Jan. 1884, betr. die Konsulargerichtsbarkeit in der Regentschaft Tunis (RGB. S. 9).

e) RG. v. 6. Juli 1890, betr. die Konsulargerichtsbarkeit in Samoa und die Uebernahme einer Bürgschaft Seitens des Reichs für die durch Einrichtung einer anderweiten Rechtspflege dortselbst erwachsenden antheilmäßigen Kosten (RGB. S. 139). Dazu: V. v. 29. Okt. 1890, betr. die Konsulargerichtsbarkeit in Samoa (RGB. S. 189).

6. a) RG. v. 1. Juli 1872, betr. die Gebühren und Kosten bei den Konsulaten des D. Reichs (RGB. S. 245).

b) RG. v. 5. Juni 1895 (RGB. S. 417) wegen Abänderung des Gesetzes v. 1. Juli 1872, betr. die Gebühren und Kosten bei den Konsulaten des D. Reichs.

c) V. v. 23. April 1879, betr. die Tagegelder, die Fuhrkosten und die Umzugskosten der gesandtschaftlichen und Konsularbeamten (RGB. S. 127).

7. a) Allgem. Dienstinstr. für die Konsuln des D. Reichs v. 6. Juni 1871. (In Hirth's Annalen des D. Reichs Bd. 4 [1871] S. 607.) Nachtrag dazu v. 22. Febr. 1873 (in Hänel und Lesse, Gesetzgebung des D. Reichs über Konsularwesen S. 44—89).

b) V. v. 23. April 1879, betr. den Urlaub der gesandtschaftlichen und Konsularbeamten und deren Stellvertretung (RGB. S. 134), abgeändert durch V. v. 17. Aug. 1894 wegen Abänderung der V. v. 23. April 1879, betr. den Urlaub der gesandtschaftlichen und Konsularbeamten und deren Stellvertretung (RGB. 1894 S. 518).

XI. Reichskriegswesen.[1])

1. Vgl. Art. 4 Nr. 14 der Reichsverf.

2. G. v. 23. Jan. 1872, betr. die Einführung von Bestimmungen über das Reichskriegswesen in Elsaß-Lothringen (RGB. S. 31, GB. f. Els.-Lothr. S. 83).

[Zuf. § 1 dieses G. sind die Art. 57, 58, 59, 61, 63, 64 u. 65 der Reichsverf. in Elsaß-Lothringen in Kraft gesetzt worden.]

---

[1]) Vgl. v. Rönne's Staatsrecht des D. R., 2. Aufl. Bd. II. Abth. 2 §§ 107—120 S. 111 ff.

Artikel 57.

Jeder Deutsche ist wehrpflichtig und kann sich in Ausübung dieser Pflicht nicht vertreten lassen.

1. BG. v. 9. Nov. 1867, betr. die Verpflichtung zum Kriegsdienste (BGB. S. 131). Auch gültig für Baden und Hessen, zuf. Art. 80 unter I. 5 der mit diesen Staaten vereinbarten Verf. (BGB. 1870 S. 647), für Württemberg, zuf. Art. 2 Nr. 6 des Vertr. v. 25. Nov. 1870 (BGB. S. 556), für Bayern (mit Vorbehalten), zuf. RG. v. 24. Nov. 1871 (RGB. S. 398), und für Elsaß-Lothringen, zuf. § 2 des G. v. 23. Jan. 1872 (RGB. S. 31, GB. f. Elf.-Lothr. S. 83).

2. Vgl. Art. 53 Abs. 4 der Reichsverfassung.

3. RG. v. 8. Febr. 1890, betr. die Wehrpflicht der Geistlichen (Römisch-kathol. Konfession). (RGB. S. 23.)

4. Vgl. § 3 des RG. v. 15. Dez. 1890, betr. die Vereinigung von Helgoland mit dem D. Reich (RGB. S. 207).

Artikel 58.

Die Kosten und Lasten des gesammten Kriegswesens des Reichs sind von allen Bundesstaaten und ihren Angehörigen gleichmäßig zu tragen, so daß weder Bevorzugungen, noch Prägravationen einzelner Staaten oder Klassen grundsätzlich zulässig sind. Wo die gleiche Vertheilung der Lasten sich in natura nicht herstellen läßt, ohne die öffentliche Wohlfahrt zu schädigen, ist die Ausgleichung nach den Grundsätzen der Gerechtigkeit im Wege der Gesetzgebung festzustellen.

RG. v. 11. Nov. 1871, betr. die Bildung eines Reichskriegsschatzes (RGB. S. 403).

Dazu: V. v. 22. Jan. 1874, betr. die Verwaltung des Reichskriegsschatzes (RGB. S. 9). Abgeändert durch V. v. 31. März 1897 (RGB. S. 169).

Artikel 59.

Jeder wehrfähige Deutsche gehört sieben Jahre lang, in der Regel vom vollendeten zwanzigsten bis zum beginnenden achtundzwanzigsten Lebensjahre, dem stehenden Heere — und zwar die ersten drei Jahre bei den Fahnen, die letzten vier Jahre in der Reserve —, die folgenden fünf Lebensjahre der Landwehr ersten Aufgebots und sodann bis zum 31. März desjenigen Kalenderjahres, in welchem das neununddreißigste Lebensjahr vollendet wird, der Landwehr zweiten Aufgebots an. In denjenigen Bundesstaaten, in denen bisher eine längere als zwölfjährige Gesammtdienstzeit gesetzlich war, findet die allmälige Herabsetzung der Verpflichtung nur in dem Maße statt, als dies die Rücksicht auf die Kriegsbereitschaft des Reichsheeres zuläßt.

In Bezug auf die Auswanderung der Reservisten sollen lediglich diejenigen Bestimmungen maßgebend sein, welche für die Auswanderung der Landwehrmänner gelten.[1])

---

[1]) Der erste Satz dieses Artikels lautete ursprünglich:

Jeder wehrfähige Deutsche gehört sieben Jahre lang, in der Regel vom vollendeten 20. bis zum beginnenden 28. Lebensjahre, dem stehenden Heere — und zwar die ersten drei Jahre bei den Fahnen, die letzten vier Jahre in der Reserve — und die folgenden fünf Lebensjahre der Landwehr an.

Die Aenderung beruht auf RG. v. 11. Febr. 1888, betr. Aenderungen der Wehrpflicht [Art. I.] (RGB. S. 11).

1. RG. v. 3. Aug. 1893, betr. die Friedenspräsenzstärke des deutschen Heeres (RGB. S. 233).

Wir Wilhelm, von Gottes Gnaden Deutscher Kaiser, König von Preußen 2c. verordnen im Namen des Reichs, nach erfolgter Zustimmung des Bundesraths und des Reichstags, was folgt:

Art. I. (vgl. Art. 60 der Reichsverf. Zus. 6).

Artikel II.

Für die Zeit vom 1. Oktober 1893 bis zum 31. März 1899 treten bezüglich der Dienstpflicht folgende Bestimmungen in Kraft:

§. 1. Während der Dauer der Dienstpflicht im stehenden Heere sind die Mannschaften der Kavallerie und der reitenden Feldartillerie die ersten drei, alle übrigen Mannschaften die ersten zwei Jahre zum ununterbrochenen Dienst bei den Fahnen verpflichtet.

Im Falle nothwendiger Verstärkungen können auf Anordnung des Kaisers die nach der Bestimmung des ersten Absatzes zu entlassenden Mannschaften im aktiven Dienst zurückbehalten werden. Eine solche Zurückbehaltung zählt für eine Uebung, in sinngemäßer Anwendung des letzten Absatzes des §. 6 des Gesetzes, betreffend die Verpflichtung zum Kriegsdienst, vom 9. November 1867 (Bundes-Gesetzbl. 1867 S. 131).

§. 2. Mannschaften, welche nach einer zweijährigen aktiven Dienstzeit entlassen worden sind (§. 1), kann im ersten Jahre nach ihrer Entlassung die Erlaubniß zur Auswanderung auch in der Zeit, in welcher sie zum aktiven Dienst nicht einberufen sind, verweigert werden.

Die Bestimmung des §. 60 Ziffer 3 des Reichs-Militärgesetzes vom 2. Mai 1874 (Reichs-Gesetzbl. 1874 S. 45) findet auf die nach zweijähriger aktiver Dienstzeit entlassenen Mannschaften keine Anwendung. Auch bedürfen diese Mannschaften keiner militärischen Genehmigung zum Wechsel des Aufenthalts.

§. 3. Mannschaften der Kavallerie und der reitenden Feldartillerie, welche im stehenden Heere drei Jahre aktiv gedient haben, dienen in der Landwehr ersten Aufgebots nur drei Jahre.

§. 4. Alle diesem Artikel entgegenstehenden Bestimmungen, insbesondere die bezüglichen Festsetzungen des §. 6 des Gesetzes, betreffend die Verpflichtung zum Kriegsdienst, vom 9. November 1867, und des §. 2 des Artikels II des Gesetzes, betreffend Aenderungen der Wehrpflicht, vom 11. Februar 1888 (Reichs-Gesetzl. 1888 S. 11) treten außer Kraft.

Artikel III.

Die Bestimmungen des Artikels II §. 1, erster Absatz, finden für diejenigen Mannschaften, welche nach zweijährigem aktiven Dienst hiernach zur Entlassung zu kommen hätten, im ersten Jahre nach Inkrafttreten dieses Gesetzes keine Anwendung; jedoch zählt eine solche Zurückbehaltung für eine Uebung, desgleichen eine etwaige Einberufung während des angeführten Zeitraumes.

. . . .

Urkundlich unter Unserer Höchsteigenhändigen Unterschrift und beigedrucktem Kaiserlichen Insiegel.

Gegeben an Bord M. Y. „Hohenzollern"

Cowes, den 3. August 1893.

(L. S.) **Wilhelm.**

Graf von Caprivi.

2. Vgl. BG. v. 9. Nov. 1867, betr. die Verpflichtung zum Kriegsdienste (BGB. S. 131) § 15, BG. v. 1. Juni 1870 über die Erwerbung und den Verlust der Bundes- und Staatsangehörigkeit (BGB. S. 355) §§ 15 und 17, und Strafgesetzbuch für das D. R. (RGB. 1876 S. 40) §§ 140 und 360 Nr. 3.

Artikel 60.

Die Friedens-Präsenzstärke des Deutschen Heeres wird bis zum 31. Dezember 1871. auf Ein Prozent der Bevölkerung von 1867. normirt, und wird pro rata derselben von den einzelnen Bundesstaaten gestellt. Für die spätere Zeit wird die Friedens-Präsenzstärke des Heeres im Wege der Reichsgesetzgebung festgestellt.

RG. v. 9. Dez. 1871, betr. die Friedens-Präsenzstärke des Deutschen Heeres und die Ausgaben für die Verwaltung desselben für die Jahre 1872, 1873 und 1874 (RGB. 1871 S. 411).

Reichs-Militärgesetz v. 2. Mai 1874 § 1 [Verlängerung der Friedens-Präsenzstärke des Heeres für die Zeit vom 1. Jan. 1875 bis zum 31. Dez. 1881] (RGB. 1874 S. 45).

RG. v. 6. Mai 1880, betr. Ergänzungen und Aenderungen des Reichs-Militärges. v. 2. Mai 1874 Art. I. § 1 (RGB. 1880 S. 103). [Feststellung der Friedens-Präsenzstärke des Heeres an Mannschaften für die Zeit vom 1. April 1881 bis zum 31. März 1888 auf 427 274 Mann, wobei die Einjährig-Freiwilligen nicht in Anrechnung kommen.]

RG. v. 11. März 1887, betr. die Friedens-Präsenzstärke des Deutschen Heeres (RGB. S. 117). [Feststellung der Friedens-Präsenzstärke des Heeres an Mannschaften für die Zeit vom 1. April 1887 bis zum 31. März 1894 auf 468 409 Mann, wobei die Einjährig-Freiwilligen nicht in Anrechnung kommen.]

RG. v. 15. Juli 1890, betr. die Friedens-Präsenzstärke des Deutschen Heeres (RGB. S. 140). [Feststellung der Frieden-Präsenzstärke des Heeres für die Zeit vom 1. Okt. 1890 bis zum 31. März 1894 auf 486 983 Mann, wobei die Einjährig-Freiwilligen nicht in Anrechnung kommen.]

RG. v. 3. Aug. 1893, betr. die Friedens-Präsenzstärke des Deutschen Heeres (RGB. S. 233). [Feststellung der Friedens-Präsenzstärke des Heeres für die Zeit vom 1. Okt. 1893 bis zum 31. März 1899 auf 479 229 Mann, wobei die Einjährig-Freiwilligen nicht in Anrechnung kommen.]

Durch RG. v. 28. Juni 1896, enthaltend Aenderungen des Ges., betr. die Friedens-Präsenzstärke des Deutschen Heeres v. 3. Aug. 1893 (RGB. 1896 S. 179) ist bestimmt, daß vom 1. April 1897 ab die Infanterie in 624 Bataillonen, die Kavallerie in 465 Escadrons, die Feldartillerie in 494 Batterien, die Fußartillerie in 37 Bataillonen, die Pioniere in 23 Bataillonen, die Eisenbahntruppen in 7 Bataillonen und der Train in 21 Bataillonen formirt werden.

Artikel 61.

Nach Publikation dieser Verfassung ist in dem ganzen Reiche die gesammte Preußische Militairgesetzgebung ungesäumt einzuführen, sowohl die Gesetze selbst, als die zu ihrer Ausführung, Erläuterung oder Ergänzung erlassenen Reglements, Instruktionen und Reskripte, namentlich also das Militair-Strafgesetzbuch vom 3. April 1845., die Militair-Strafgerichtsordnung vom 3. April 1845., die Verordnung über die Ehrengerichte vom 20. Juli 1843., die Bestimmungen über Aushebung, Dienstzeit, Servis- und Verpflegungswesen, Einquartierung, Ersatz von Flurbeschädigungen, Mobilmachung u. s. w. für Krieg und Frieden. Die Militair-Kirchenordnung ist jedoch ausgeschlossen.

Nach gleichmäßiger Durchführung der Kriegsorganisation des Deutschen Heeres wird ein umfassendes Reichs-Militairgesetz dem Reichstage und dem Bundesrathe zur verfassungsmäßigen Beschlußfassung vorgelegt werden.

1. Auf Grund des Art. 61 Abs. 1 der Reichsverfassung sind folgende Verordn. des Präsidiums des Nordd. Bundes ergangen:

a) V. v. 7. Nov. 1867, betr. die Einführung Preuß. Militärgesetze im ganzen Bundesgebiete (BGB. S. 125).[1])

---

[1]) Die durch diese V. im ganzen Nordd. Bundesgebiete eingeführten Preuß. Militärgesetze sind demnächst zum größten Theile durch Reichsgesetze ersetzt worden. Das darunter auch begriffene G. v. 27. Febr. 1850, betr. die Unterstützung der bedürftigen Familien zum Dienste einberufener Reserve- und Landwehrmannschaften (Pr. GS. 1850 S. 70), ist, zuf. des BG. v. 8. April 1868 (BGB. S. 38), auch auf die bedürftigen Familien der zum Dienste einberufenen Ersatzmannschaften für anwendbar erklärt, und hat zuf. des RG. v. 22. Nov. 1871 (RGB. S. 399) auch für Baden Geltung erlangt. Vgl. dazu RG. v. 4. Dez. 1871, betr. den Ersatz der den bedürftigen Familien zum Dienste einberufener Reserven und Landwehrmannschaften gewährten oder noch zu gewährenden gesetzlichen Unterstützungen (RGB. S. 407) und RG. v. 28. Febr. 1888, betr. die Unterstützung von Familien in den Dienst eingetretener Mannschaften (RGB. S. 59), RG. v. 10. Mai 1892, betr. die Unterstützung von Familien der zu Friedensübungen einberufenen Mannschaften (RGB. S. 661), nebst Bekanntm. des Reichskanzlers v. 2. Juni 1892, betr. die Ausführungsvorschriften zu dem G. v. 10. Mai 1892 über die Unterstützung von Familien der zu Friedensübungen einberufenen Mannschaften (RGB. S. 668).

b) V. v. 29. Dez. 1867, betr. die Einführung des Preuß. Militärstrafrechts im ganzen Bundesgebiete (BGB. S. 185), welcher für das Gebiet des Nordd. Bundes erlassenen V. eine Zusammenstellung der das geltende Preuß. Militärstrafrecht enthaltenen Gesetze, Verordnungen und Erlasse beigefügt ist.

Zus. V. v. 24. Nov. 1871 sind die Bestimmungen der V. v. 29. Dez. 1867 auch für Baden in Kraft gesetzt worden (RGB. 1871 S. 401).

Vgl. G. v. 6. Dez. 1873, betr. die Einführung der Preuß. Militärstrafgerichts-O. in Elsaß-Lothringen (GB. f. Els.-Lothr. S. 331).

c) RG. v. 3. Mai 1890, betr. die Abänderung der Militärstrafgerichts-O. (RGB. S. 63). [Nichtunterwerfung der verabschiedeten Offiziere unter die Militärgerichtsbarkeit.]

d) V. v. 22. Dez. 1868, betr. die Einführung der in Preußen geltenden Vorschriften über die Heranziehung der Militärpersonen zu Kommunalauflagen im ganzen Bundesgebiete (BGB. S. 571). Dazu: RG. v. 28. März 1886, betr. die Heranziehung von Militärpersonen zu den Gemeindeabgaben (RGB. S. 65).

2. Bundes- und Reichsgesetze in Betreff des Militärwesens.

a) α) BG. v. 9. Nov. 1867, betr. die Verpflichtung zum Kriegsdienste (BGB. S. 131), zum Reichsgesetze erklärt.

Vgl. Zus. 1 zum Art. 57 der Reichsverfassung.

β) Reichs-Militärgesetz v. 2. Mai 1874 (RGB. S. 75), RG. v. 6. Mai 1880, betr. Ergänzungen und Abänderungen des Reichs-Militärges. v. 2. Mai 1874 (RGB. 1888 S. 103), RG. v. 11. März 1887, betr. die Friedens-Präsenzstärke des Deutschen Heeres §§ 2 u. 3 (RGB. S. 117), RG. v. 11. Febr. 1888 Art. II., betr. Aenderungen der Wehrpflicht (RGB. S. 11), RG. v. 27. Jan. 1890, betr. Aenderung des Reichs-Militärges. v. 2. Mai 1874 (RGB.

1890 S. 7), Allerh. Erl. v. 8. Mai 1888, betr. Bestimmungen zur Ausführung des § 66 des Reichs-Militärges. v. 2. Mai 1874 u. v. 6. Mai 1880 rücksichtlich der Reichsbeamten (RCB. S. 169) u. Art. II. § 2 des RG. v. 26. Mai 1893, betr. die Ersatzertheilung (RGB. S. 185). [Dadurch ist § 9 des Reichs-Militärges. außer Kraft gesetzt.]

γ) RG. v. 12. Febr. 1875 über den Landsturm (RGB. S. 63). Aufgehoben durch Art. II. § 35 des RG. v. 11. Febr. 1888, betr. Aenderungen der Wehrpflicht (RGB. S. 21), dessen Abschn. 4 an die Stelle der Bestimmungen des RG. v. 12. Febr. 1875 über den Landsturm getreten ist.

δ) RG. v. 15. Febr. 1875, betr. die Ausübung der militärischen Kontrole über die Personen des Beurlaubtenstandes, die Uebungen derselben, sowie die gegen sie zulässigen Disziplinarstrafmittel (RGB. S. 65).

ε) Allerh. Erl. v. 28. Sept. 1875 mit der Deutschen Wehr-O. und der Heer-O. (RCB. Nr. 41, S. 534 ff.) und Allerh. Erl. v. 26. Aug. 1880 mit Ergänz. und Aenderungen der Heer-O. (Pr. Min.-Bl. d. i. V. 1881 S. 120 ff.). An die Stelle der Deutschen Wehr-O. v. 28. Sept. 1875 ist, unter Aufhebung aller entgegenstehenden Bestimmungen, namentlich der Deutschen Wehr-O. v. 28. Sept. 1875 und der vorläufigen Ausführungsbestimmungen zu dem G., betr. Aenderungen der Wehrpflicht v. 11. Febr. 1888 (RCB. S. 37), die mittelst Allerh. Erl. v. 22. Nov. 1888 genehmigte Deutsche Wehr-O. getreten. Dazu: Allerh. Erl. v. 14. März 1890 mit Abänderungen und Ergänzungen der Deutschen Wehr-O. (RCB. S. 63) und Bekanntm. des Reichskanzlers v. 20. März 1890 mit den Berichtigungen des Textes der Wehr-O. v. 22. Nov. 1888 (RCB. 1890 S. 69), Allerh. Erl. v. 3. Juni und v. 20. Nov. 1893 mit Aenderungen der Deutschen Wehr-O. v. 22. Nov. 1888 (RCB. 1893 S. 157 u. 318).

b) RG. v. 30. Juni 1873, betr. die Bewilligung von Wohnungsgeldzuschüssen an Offiziere und Aerzte des

Reichsheeres und der Kaiserl. Marine, sowie an die Reichsbeamten (RGB. S. 166).

Vgl. Zus. II. 2 zum Art. 18 der Reichsverf. oben S. 113.

c) α) RG. v. 27. Juni 1871, betr. die Pensionirung und Versorgung der Militärpersonen des Reichsheeres und der Kaiserl. Marine, sowie die Bewilligung für die Hinterbliebenen solcher Personen (RGB. S. 275).

RG. v. 4. April 1874, betr. einige Abänderungen und Ergänzungen des G. v. 27. Juni 1871 über die Pensionirung und Versorgung der Militärpersonen ꝛc. (RGB. 1874 S. 25).

Diese beiden Gesetze gelten auch für Elsaß-Lothringen, zuf. RG. v. 8. Febr. 1875 (RGB. S. 69, GB. f. Elf.-Lothr. S. 9).

Vgl. dazu die Ausführungsbestimmungen des Preuß. Kriegs- und Marine-Min. v. 18. Aug. 1871 (Pr. Armeeverordn.-Bl. S. 227) und des Bundesraths v. 22. Febr. 1875 (RCB. S. 142 und Pr. Armeeverordn.-Bl. S. 63).

RG. v. 30. März 1880, betr. eine Ergänzung des G. v. 27. Juni 1871 über die Pensionirung und Versorgung der Militärpersonen ꝛc. (RGB. 1880 S. 99).

RG. v. 21. April 1886, betr. die Abänderung des Militärpensionsgesetzes v. 27. Juni 1871 (RGB. 1886 S. 78).

RG. v. 24. März 1887, betr. einige auf die Marine bezügliche Abänderungen und Ergänzungen des G. v. 27. Juni 1871 über die Pensionirung und Versorgung der Militärpersonen ꝛc. (RGB. 1887 S. 149).

RG. v. 17. Juni 1887, betr. die Fürsorge für die Wittwen und Waisen von Angehörigen des Reichsheeres und der Kaiserl. Marine (RGB. S. 237), welches die Verpflichtung der Offiziere, Aerzte im Offizierrang und Beamten des Reichsheeres und der Kaiserl. Marine zur Entrichtung von Wittwen- und Waisengeldbeiträgen zur Reichskasse einführt, abgeändert durch Art. II u. IV des

RG. v. 17. Mai 1897 wegen anderweiter Bemessung der Wittwen- und Waisengelder (RGB. S. 455). Dazu: Bekanntm. des Reichskanzlers v. 12. Sept. 1887 zur Ausführung des § 27 des G. v. 17. Juni 1887 (RGB. S. 341).

RG. v. 5. März 1888, betr. den Erlaß der Wittwen- und Waisengeldbeiträge von Angehörigen der Reichs-Civilverwaltung, des Reichsheeres und der Kaiserl. Marine (RGB. S. 65).

RG. v. 22. Mai 1893, betr. einige Aenderungen und Ergänzungen der Militärpensionsgesetze v. 27. Juni 1871 und v. 4. April 1874, sowie des Reichsbeamtengesetzes v. 31. März 1873 und des Gesetzes über den Reichsinvalidenfonds v. 11. Mai 1877 (RGB. 1893 S. 171).

RG. v. 11. Juni 1895 (RGB. S. 261), betr. die Fürsorge für die Wittwen und Waisen der Personen des Soldatenstandes des Reichsheeres und der Kaiserl. Marine vom Feldwebel abwärts, abgeändert durch Art. III u. IV des RG. v. 17. Mai 1897 wegen anderweiter Bemessung der Wittwen- und Waisengelder (RGB. S. 455).

β) RG. v. 23. Mai 1873, betr. die Gründung und Verwaltung des Reichsinvalidenfonds (RGB. S. 117). Dazu:

αα) RG. v. 23. Febr. 1876, wegen Abänderung des G. v. 23. Mai 1873, betr. die Gründung und Verwaltung des Reichsinvalidenfonds (RGB. 1876 S. 24).

ββ) RG. v. 11. Mai 1877, wegen Abänderung des G. v. 23. Mai 1873, betr. die Gründung und Verwaltung des Reichsinvalidenfonds (RGB. 1877 S. 495).

γγ) RG. v. 30. März 1879, wegen Abänderung der G. v. 23. Febr. 1876 und v. 23. Mai 1873, betr. die Verwaltung des Reichsinvalidenfonds (RGB. 1879 S. 119).

δδ) RG. v. 22. Mai 1893, betr. einige Aenderungen und Ergänzungen . . . . des Gesetzes über den Reichsinvalidenfonds v. 11. Mai 1877 (RGB. 1893 S. 171).

εε) RG. v. 22. Mai 1895, wegen Abänderung des G. v. 23. Mai 1873, betr. die Gründung und Verwaltung des Reichsinvalidenfonds (RGB. S. 237).

ζζ) RG. v. 2. Juni 1878, betr. die Gewährung einer Ehrenzulage an die Inhaber des Eisernen Kreuzes von 1870/71 [aus dem Reichsinvalidenfonds] (RGB. S. 99). — Dazu: Allerh. Erl. v. 19. Nov. 1878, betr. die Bestimmung derjenigen militärischen Dienstauszeichnungen, welche außer dem Preuß. Militärehrenzeichen zweiter Klasse neben dem Besitze des Eisernen Kreuzes zweiter Klasse zum Bezuge der Ehrenzulage nach Maßgabe des G. v. 2. Juni 1878 berechtigen (RGB. S. 361).

ηη) R.G. v. 17. Juni 1878, betr. die Uebernahme bisher aus Landesfonds gezahlter Pensionen auf das Reich [Zahlung aus dem Reichsinvalidenfonds] (RGB. S. 127).

ϑϑ) Bekanntm. des Reichskanzlers v. 11. Juni 1874, bertr. die Geschäftsanweisung für die Verwaltung des Reichsinvalidenfonds (RGB. S. 104).

γ) BG. v. 14. Juni 1868, betr. die Bewilligung von lebenslänglichen Pensionen und Unterstützungen an Offiziere und obere Militärbeamte der vormaligen Schleswig-Holsteinischen Armee, sowie an deren Wittwen und Waisen (BGB. S. 335).

BG. v. 3. März 1870, betr. die Bewilligung von lebenslänglichen Pensionen und Unterstützungen an Militärpersonen der Unterklassen der vormaligen Schleswig-Holsteinischen Armee, sowie an deren Wittwen und Waisen (BGB. S. 39).

Vgl. dazu die Ausführungsbestimmungen v. 3. Mai 1870 (Preuß. Min.-Bl. d. i. V. S. 219).

Beide Gesetze gelten auch für die Süddeutschen Staaten, zuf. Art. 80 unter I. Ziffer 9 u. 21 der mit Baden und Hessen vereinbarten Verf. (BGB. 1870 S. 647), der Art. 1 u. 2 Nr. 6 des Bündnißvertrages mit Württemberg v. 25. Nov. 1870 (a. a. O. S. 656) und des § 2 unter I. Nr. 5 u. 11 des RG. v. 22. April 1871 (BGB. S. 87).

Bezüglich der Uebernahme dieser Pensionen und Unterstützungen auf den Reichsinvalidenfonds vgl. das RG. v. 17. Juni 1878 S. 127.

RG. v. 14. Jan. 1894, betr. die Gewährung von Unterstützungen an Invalide aus den Kriegen vor 1870 und an deren Hinterbliebene (RGB. S. 107).

Die Bewilligungen nach Maßgabe dieses Gesetzes werden aus dem Invalidenfonds bestritten.

d) Naturalleistungen für die bewaffnete Macht.

α) BG. v. 25. Juni 1868, betr. die Quartierleistung für die bewaffnete Macht während des Friedenszustandes, nebst Regulativ für die Quartierbedürfnisse, Servistarif und Klasseneintheilung der Orte (BGB. S. 253 ff.).[1])

Abänderungen der Klasseneintheilung: Allerh. Erl. v. 26. April 1869 (BGB. S. 130), und Allerh. Erl. v. 17. März 1870 (BGB. S. 52).

Dazu: Allerh. Erl. v. 31. Dez. 1868 mit der Instruktion zur Ausführung des Bundesgesetzes wegen der Quartierleistung 2c. v. 25. Juni 1868 (BGB. 1869 S. 1), und Allerh. Erl. v. 3. Sept. 1870, betr. die Abänderung des § 15 der Instruktion (BGB. S. 514).

RG. v. 22. Nov. 1871, betr. die Einführung des G. des Nordd. Bundes über die Quartierleistung für die bewaffnete Macht während des Friedenszustandes v. 25. Juni 1868 in Baden (RGB. 1871 S. 400).

G. v. 14. Juli 1871 (für Elsaß-Lothringen), betr. die Quartierleistung für die bewaffnete Macht und die Natural-

---

[1]) In Hessen südlich des Mains ist das BG. v. 25. Juni 1868 auf Grund des Art. 2 Abs. 2 der Militärkonvention zwischen Hessen und Preußen v. 7. April 1867 durch das Hessische Landesgesetz v. 11. Aug. 1869 (Großherzogl. Hessisches Reg.-Bl. S. 617) eingeführt worden.

verpflegung der Truppen im Frieden (GB. f. Elf.-Lothr. S. 187).

RG. v. 9. Febr. 1875, betr. die Einführung des G. des Nordd. Bundes über die Quartierleistung für die bewaffnete Macht während des Friedenszustandes v. 25. Juni 1868 im Königreiche Bayern (RGB. 1875 S. 48).

RG. v. 9. Febr. 1875, betr. die Einführung des G. über die Quartierleistung für die bewaffnete Macht während des Friedenszustandes v. 25. Juni 1868 in Württemberg (RGB. 1875 S. 52).

RG. v. 21. Juni 1887, betr. Abänderung bezw. Ergänzung des G., betr. die Quartierleistung für die bewaffnete Macht während des Friedenszustandes v. 25. Juni 1868, sowie des G. über die Naturalleistungen für die bewaffnete Macht im Frieden v. 13. Febr. 1875 (RGB. 1887 S. 245).

Dazu: Allerh. Erl. v. 30. Aug. 1887, betr. die Instruktion zur Ausführung des G. über die Naturalleistungen für die bewaffnete Macht im Frieden v. 13. Febr. 1875 und der dazu ergangenen abändernden Bestimmungen des G. v. 21. Juni 1887 (RGB. S. 433) und Allerh. Erl. v. 28. Juli 1889, betr. die Abänderung der Instruktion zur Ausführung der G. über die Naturalleistungen für die bewaffnete Macht im Frieden v. 30. Aug. 1887 (RGB. 1889 S. 175).

RG. v. 3. Aug. 1878, betr. die Revision des Servistarifs und der Klasseneintheilung der Orte (RGB. S. 243).

B. v. 22. Febr. 1881, betr. die Aenderung der Klasseneintheilung einzelner Orte (RGB. S. 35).

B. v. 9. Mai 1882, betr. die Aenderung der Klasseneintheilung einzelner Orte (RGB. S. 57).

RG. v. 28. Mai 1887, betr. den Servistarif und die Klasseneintheilung der Orte (RGB. S. 159).

B. v. 29. Juni 1888, betr. eine Abänderung der Klasseneintheilung der Orte (RGB. S. 209).

V. v. 28. März 1892, betr. die Klasseneintheilung einzelner Orte (RGB. S. 340).

RG. v. 26. Juli 1897, betr. den Servistarif und die Klasseneintheilung der Orte (RGB. S. 619).

Bekanntm. des Reichskanzlers v. 15. Juni 1891, betr. Feststellung der Servisklasse eines Gemeindebezirks in Folge Einverleibung in eine andere Gemeinde (RCB. S. 149).

β) RG. v. 13. Febr. 1875 über die Naturalleistungen für die bewaffnete Macht im Frieden (RGB. S. 52).

Dazu: Allerh. Erl. v. 2. Sept. 1875 nebst der Instruktion zur Ausführung des G. v. 13. Febr. 1875 über die Naturalleistungen für die bewaffnete Macht im Frieden (RGB. S. 261) und Allerh. Erl. v. 11. Juli 1878, betr. Abänderungen und Ergänzungen der Instruktion v. 2. Sept. 1875 (RGB. 1878 S. 229), nebst Allerh. Erl. v. 24. Juni 1883, betr. die Zahlungsanweisungen der Vergütungen für die durch die Truppenübungen entstehenden Flurschäden (RGB. S. 264).

RG. v. 21. Juni 1887, betr. Abänderung bezw. Ergänzung des G. über die Naturalleistungen für die bewaffnete Macht im Frieden (RGB. S. 245).

RG. v. 24. Mai 1898, enthaltend Abänderungen des G. über die Naturalleistungen für die bewaffnete Macht im Frieden v. 13. Febr. 1875 und des G. v. 21. Juni 1887 (RGB. S. 357).

Der Text des G. über die Naturalleistungen für die bewaffnete Macht im Frieden v. 13. Febr. 1875, wie er sich aus den Abänderungen ergiebt, ist mit der Bekanntm. des Reichskanzlers v. 24. Mai 1898 im RGB. S. 361 ff. abgedruckt.

Dazu: Allerh. Erl. v. 13. Juli 1898, betr. die Verordnung zur Ausführung des G. über die Naturalleistungen für die bewaffnete Macht im Frieden in der Fassung des G. v. 24. Mai 1898 (RGB. S. 921).

γ) V. v. 11. Febr. 1888, betr. die Militär-Transport-Ordnung für Eisenbahnen im Frieden [Friedens-Transport-Ordnung] (RGB. S. 23).

V. v. 29. Juli 1889, betr. Abänderung und Ergänzung des § 35 der Militär-Transport-Ordnung für Eisenbahnen im Frieden (RGB. S. 172).

V. v. 26. Mai 1890, betr. Ergänzung des § 35 der Militär-Transport-Ordnung für Eisenbahnen im Frieden (RGB. S. 71).

Vgl. die Bekanntm. des Reichskanzlers v. 7. März 1888 (RCB. S. 106), v. 10. Aug. 1889 (RCB. S. 480), v. 3. Juni 1890 (RCB. S. 147) und v. 2. Nov. 1892 (RCB. S. 641).

δ) RG. über die Kriegsleistungen v. 13. Juni 1873 (RGB. S. 129). Auch gültig für Elsaß-Lothringen, zuf. G. v. 6. Okt. 1873 (GB. f. Elſ.-Lothr. S. 262).

Dazu:

αα) V. v. 1. April 1876, betr. die Ausführung des G. v. 13. Juni 1873 über die Kriegsleistungen (RGB. 1876 S. 137).

ββ) V. v. 18. April 1882, betr. die Form der Marschrouten für Kriegsverhältnisse (RGB. S. 47).

γγ) V. v. 6. Juni 1885 zur Ergänzung der Ausführungsbestimmungen zu dem G. v. 13. Juni 1873 über die Kriegsleistungen, v. 1. April 1876 und 18. April 1882 (RGB. 1885 S. 197).

δδ) Bekanntm. des Reichskanzlers v. 28. Jan. 1887, betr. den Militärtarif für Eisenbahnen (RGB. S. 97 und RCB. S. 33).

εε) V. v. 26. Jan. 1887, betr. die Militär-Transport-Ordnung für Eisenbahnen im Kriege [Kriegs-Transport-Ordnung] (RGB. S. 9).

ζζ) V. v. 14. April 1888, betr. die Abänderung und Ergänzung der Ausführungsbestimmungen zu dem G. über die Kriegsleistungen (RGB. S. 142), V. v. 27. Juni 1890 und Ergänzung der (vorgedachten) V.

v. 14. April 1888 (RGB. 1890 S. 75), Bekanntm. des Reichskanzlers v. 3. Nov. 1893, betr. Abänderung der Ausführungsbestimmungen zum Kriegsleistungs-Gesetz in Bezug auf den Fouragesatz für schwere Pferde kaltblütigen Schlages (RCB. S. 316) und Bekanntm. des Reichskanzlers v. 24. Juli 1894, betr. die auf Grund des Gesetzes über die Kriegsleistungen gebildeten Lieferungsverbände und die hinsichtlich der Kriegsleistungen der Gemeinden zuständigen Behörden (RCB. S. 341).

ηη) Bekanntm. des Reichskanzlers v. 10. Aug. 1889, betr. Abänderung und Ergänzung der Anlage XI. zur Kriegs-Transport-Ordnung (RGB. S. 177).

e) RG. v. 21. Dez. 1871, betr. die Beschränkungen des Grundeigenthums in der Umgebung von Festungen (RGB. S. 459). Auch gültig für Elsaß-Lothringen, zuf. G. v. 21. Febr. 1872 (RGB. S. 56, GB. f. Elf.-Lothr. S. 133).

Dazu: Bekanntm. des Reichskanzlers, betr. die Erweiterung von Festungsanlagen v. 26. Febr. 1872 (RGB. S. 56, GB. f. Elf.-Lothr. S. 147), v. 1. Febr. 1873 (RGB. S. 39), v. 27. März 1873 (RGB. S. 58), v. 7. Juni 1876 (RGB. S. 165), v. 8. Jan. 1882 (RGB. S. 3), v. 4. Dez. 1884 (RGB. S. 253), v. 13. Mai 1887 (RGB. S. 157), v. 16. Aug. 1888 (RGB. S. 232) und Bekanntm. des Reichskanzlers v. 28. Juli 1891, betr. die Neubefestigung von Helgoland (RGB. S. 374).

f) RG. v. 28. Mai 1894, betr. den Schutz der Brieftauben und den Brieftaubenverkehr im Kriege (RGB. S. 463), nebst Ausführungsbestimmungen zu diesem G. v. 8. Nov. 1894 (RCB. S. 457).

g) Militärstrafgesetzbuch für das D. R. v. 20. Juni 1872 (RGB. S. 174) und Einführungs-G. zum Militärstrafgesetzbuche für das D. R. v. 20. Juni 1872 (RGB. S. 173). [Dazu: Druckfehlerberichtigung im RGB. 1873. Beilage zu Stück 15 S. 138.]

Zur Anlage unter B. des Militärstrafgesetzbuches v. 20. Juni 1872: V. v. 13. Aug. 1895, betr. die Klasseneintheilung der Militärbeamten des Reichsheeres und der Marine (RGB. S. 431).

h) RG. v. 22. Juni 1871, betr. die Verleihung von Dotationen in Anerkennung hervorragender, im letzten Kriege erworbener Verdienste (RGB. S. 307).

i) Allerh. Erl. v. 20. Mai 1871, betr. die Stiftung einer Kriegsdenkmünze für die Feldzüge 1870 und 1871 nebst Stiftungsstatut) (RGB. S. 111).

Erweiterungen des Stiftungsstatuts: RGB. 1871 S. 113 und 1872 S. 84.

RG. v. 24. Mai 1871, betr. die (Kosten der) Kriegsdenkmünze für die bewaffnete Macht des Reichs (RGB. S. 103).

k) RG. v. 31. Mai 1877, betr. die Verwendung eines Theils des Reingewinns aus dem von dem großen Generalstabe redigirten Werke „Der Deutsch-Französische Krieg 1870/71" (RGB. S. 523) und RG. v. 12. Juli 1884, betr. den Reingewinn aus dem von dem großen Generalstabe verfaßten Werke „Der Deutsch-Französische Krieg 1870/71" (RGB. S. 119). Dazu: Allerh. Erl. v. 21. März 1878, betr. die Generalstabsstiftung [mit dem Statut derselben] (RGB. S. 13) und RG. v. 17. April 1888, betr. den Reingewinn aus kriegsgeschichtlichen Werken des großen Generalstabes (RGB. S. 141).

Artikel 62.[1])

Zur Bestreitung des Aufwandes für das gesammte Deutsche Heer und die zu demselben gehörigen Einrichtungen sind bis zum 31. Dezember

---

[1]) Vgl. hierzu v. Rönne's Staatsrecht des D. R., 2. Aufl., Bd. II. Abth. 1 § 88 S. 148 ff.

1871. dem Kaiser jährlich sovielmal 225 Thaler, in Worten zweihundert fünf und zwanzig Thaler, als die Kopfzahl der Friedensstärke des Heeres nach Artikel 60. beträgt, zur Verfügung zu stellen. Vergl. Abschnitt XII.[1])

Nach dem 31. Dezember 1871. müssen diese Beiträge von den einzelnen Staaten des Bundes zur Reichskasse fortgezahlt werden. Zur Berechnung derselben wird die im Artikel 60. interimistisch festgestellte Friedens-Präsenzstärke so lange festgehalten, bis sie durch ein Reichsgesetz abgeändert ist.

Die Verausgabung dieser Summe für das gesammte Reichsheer und dessen Einrichtungen wird durch das Etatsgesetz festgestellt.

Bei der Feststellung des Militair-Ausgabe-Etats wird die auf Grundlage dieser Verfassung gesetzlich feststehende Organisation des Reichsheeres zu Grunde gelegt.

1. Hinsichtlich der Zahlungen Badens vgl. Prot. v. 15. Nov. 1870, betr. die Vereinbarung zwischen dem Nordd. Bunde, Baden und Hessen über Gründung des Deutschen Bundes (BGB. S. 650) unter 7 (zu Art. 62 der Verf.);[2]) hinsichtlich Württembergs die Verhandlung v. 25. Nov. 1870 über den Beitritt Württembergs zur Verf. des Deutschen Bundes (BGB. S. 657)[3]) und

---

[1]) Vgl. Art. 70 und Schlußbestimmung zum XII. Abschnitt der Reichsverf.

[2]) Vgl. unten Anlage V.

[3]) Vgl. unten Anlage VI.

Art. 13 der Militärkonvention mit Württemberg v. 21. und 25. Nov. 1870 (BGB. S. 658).[1])

Hinsichtlich der Feststellung der von Bayern auf sein Heer zu verwendenden Gesammtsumme vgl. den Bündnißvertrag mit Bayern v. 23. Nov. 1870 (BGB. 1871 S. 9) unter II.[2])

2. RG. v. 9. Dez. 1871, betr. die Friedens-Präsenzstärke des Deutschen Heeres und die Ausgaben für die Verwaltung desselben für die Jahre 1872, 1873 und 1874 (RGB. S. 411).

RG. v. 14. Juni 1873, betr. außerordentliche Ausgaben für die Jahre 1873 und 1874 zur Verbesserung der Lage der Unteroffiziere (RGB. S. 139).

3. Vgl. Art. 71 Abs. 2 der Reichsverf.

Artikel 63.

Die gesammte Landmacht des Reichs wird ein einheitliches Heer bilden, welches in Krieg und Frieden unter dem Befehle des Kaisers steht.

Die Regimenter 2c. führen fortlaufende Nummern durch das ganze Deutsche Heer. Für die Bekleidung sind die Grundfarben und der Schnitt der Königlich Preußischen Armee maßgebend. Dem betreffenden Kontingentsherrn bleibt es überlassen, die äußeren Abzeichen (Kokarden 2c.) zu bestimmen.

Der Kaiser hat die Pflicht und das Recht, dafür Sorge zu tragen, daß innerhalb des Deutschen Heeres alle Truppentheile vollzählig und kriegstüchtig vorhanden sind und daß Einheit in der

---

[1]) Vgl. unten Anlage X.

[2]) Vgl. unten Anlage IX.

Organisation und Formation, in Bewaffnung und Kommando, in der Ausbildung der Mannschaften, sowie in der Qualifikation der Offiziere hergestellt und erhalten wird. Zu diesem Behufe ist der Kaiser berechtigt, sich jederzeit durch Inspektionen von der Verfassung der einzelnen Kontingente zu überzeugen und die Abstellung der dabei vorgefundenen Mängel anzuordnen.

Der Kaiser bestimmt den Präsenzstand, die Gliederung und Eintheilung der Kontingente des Reichsheeres, sowie die Organisation der Landwehr, und hat das Recht, innerhalb des Bundesgebietes die Garnisonen zu bestimmen, sowie die kriegsbereite Aufstellung eines jeden Theils des Reichsheeres anzuordnen.

Behufs Erhaltung der unentbehrlichen Einheit in der Administration, Verpflegung, Bewaffnung und Ausrüstung aller Truppentheile des Deutschen Heeres sind die bezüglichen künftig ergehenden Anordnungen für die Preußische Armee den Kommandeuren der übrigen Kontingente, durch den Artikel 8. Nr. 1. bezeichneten Ausschuß für das Landheer und die Festungen, zur Nachachtung in geeigneter Weise mitzutheilen.

Artikel 64.

Alle Deutsche Truppen sind verpflichtet, den Befehlen des Kaisers unbedingte Folge zu leisten. Diese Verpflichtung ist in den Fahneneid aufzunehmen.

Der Höchstkommandirende eines Kontingents, sowie alle Offiziere, welche Truppen mehr als eines Kontingents befehligen, und alle Festungskommandanten werden von dem Kaiser ernannt. Die von Demselben ernannten Offiziere leisten Ihm den Fahneneid. Bei Generalen und den Generalstellungen versehenden Offizieren innerhalb des Kontingents ist die Ernennung von der jedesmaligen Zustimmung des Kaisers abhängig zu machen.

Der Kaiser ist berechtigt, Behufs Versetzung mit oder ohne Beförderung für die von Ihm im Reichsdienste, sei es im Preußischen Heere, oder in anderen Kontingenten zu besetzenden Stellen aus den Offizieren aller Kontingente des Reichsheeres zu wählen.

Artikel 65.

Das Recht, Festungen innerhalb des Bundesgebietes anzulegen, steht dem Kaiser zu, welcher die Bewilligung der dazu erforderlichen Mittel, soweit das Ordinarium sie nicht gewährt, nach Abschnitt XII. beantragt.

1. RG. v. 30. Mai 1873, betr. die Geldmittel zur Umgestaltung und Ausrüstung von Deutschen Festungen (RGB. S. 123). [Reichs-Festungs-Baufonds.]

Vgl. RG. v. 8. Juli 1872, betr. die Französische Kriegskostenentschädigung (RGB. S. 289).

2. Vgl. RG. v. 21. Dez. 1871, betr. die Beschränkungen des Grundeigenthums in der Umgebung von Festungen (RGB. S. 459). Vgl. Zus. 2e zum Art. 61 der Reichsverf. oben S. 191.

Artikel 66.[1])

Wo nicht besondere Konventionen ein Anderes bestimmen, ernennen die Bundesfürsten, beziehentlich die Senate die Offiziere ihrer Kontingente, mit der Einschränkung des Artikels 64. Sie sind Chefs aller ihren Gebieten angehörenden Truppentheile und genießen die damit verbundenen Ehren. Sie haben namentlich das Recht der Inspizirung zu jeder Zeit und erhalten, außer den regelmäßigen Rapporten und Meldungen über vorkommende Veränderungen, Behufs der nöthigen landesherrlichen Publikation, rechtzeitige Mittheilung von den die betreffenden Truppentheile berührenden Avancements und Ernennungen.

Auch steht ihnen das Recht zu, zu polizeilichen Zwecken nicht blos ihre eigenen Truppen zu verwenden, sondern auch alle anderen Truppentheile des Reichsheeres, welche in ihren Ländergebieten dislocirt sind, zu requiriren.

Artikel 67.

Ersparnisse an dem Militair-Etat fallen unter keinen Umständen einer einzelnen Regierung, sondern jederzeit der Reichskasse zu.

Artikel 68.

Der Kaiser kann, wenn die öffentliche Sicherheit in dem Bundesgebiete bedroht ist, einen jeden Theil

---

[1]) Vgl. hierzu v. Rönne's Staatsrecht des D. R., 2. Aufl., Bd. II. Abth. 2 § 107 S. 126 ff.

desselben in Kriegszustand erklären. Bis zum Erlaß eines die Voraussetzungen, die Form der Verkündigung und die Wirkungen einer solchen Erklärung regelnden Reichsgesetzes gelten dafür die Vorschriften des Preußischen Gesetzes vom 4. Juni 1851. (Gesetz-Samml. für 1851. S. 451 ff.).

Vgl. § 4 des Einf.-G. v. 31. Mai 1870 zum Strafgesetzbuch für den Nordd. Bund (BGB. S. 195) und für Bayern § 7 des RG. v. 22. April 1871 (BGB. S. 89).

Vgl. Militärstrafgesetzbuch für das D. Reich v. 20. Juni 1872 § 9 (RGB. S. 175).

RG. v. 30. Mai 1892 über die Vorbereitung des Kriegszustandes in Elsaß-Lothringen (RGB. S. 667).

Schlußbestimmung zum XI. Abschnitt.

Die in diesem Abschnitt enthaltenen Vorschriften kommen in Bayern nach näherer Bestimmung des Bündnißvertrages vom 23. November 1870. (Bundesgesetzbl. 1871. S. 9.) unter III. §. 5.,[1]) in Württemberg nach näherer Bestimmung der Militairkonvention vom 21./25. November 1870. (Bundesgesetzbl. 1870. S. 658.)[2]) zur Anwendung.

XII. Reichsfinanzen.[3])

Artikel 69.

Alle Einnahmen und Ausgaben des Reichs müssen für jedes Jahr veranschlagt und auf den

---

[1]) Vgl. unten Anlage IX.

[2]) Vgl. unten Anlage X.

[3]) Vgl. v. Rönne's Staatsrecht d. D. R., 2. Aufl., Bd. II Abth. 1 §§ 70—91 S. 65 ff.

Reichshaushalts-Etat gebracht werden. Letzterer wird vor Beginn des Etatsjahres nach folgenden Grundsätzen durch ein Gesetz festgestellt.

RG. v. 29. Febr. 1876, betr. das Etatsjahr für den Reichshaushalt (RGB. S. 121).

G. v. 18. März 1878, betr. die Verlegung des Etatsjahres für das öffentliche Rechnungswesen in Elsaß-Lothringen (GB. f. Els.-Lothr. S. 7).

Artikel 70.

Zur Bestreitung aller gemeinschaftlichen Ausgaben dienen zunächst die etwaigen Ueberschüsse der Vorjahre, sowie die aus den Zöllen, den gemeinschaftlichen Verbrauchssteuern und aus dem Post- und Telegraphenwesen fließenden gemeinschaftlichen Einnahmen. Insoweit dieselben durch diese Einnahmen nicht gedeckt werden, sind sie, so lange Reichssteuern nicht eingeführt sind, durch Beiträge der einzelnen Bundesstaaten nach Maßgabe ihrer Bevölkerung aufzubringen, welche bis zur Höhe des budgetmäßigen Betrages durch den Reichskanzler ausgeschrieben werden.

I. Ad v.: Reichssteuern.

1. Wechselstempelsteuer.[1])

[1]) Vgl. Guttentag'sche Sammlung Deutscher Reichsgesetze Nr. 5: Das Deutsche Reichsgesetz über die Wechselstempelsteuer v. 10. Juni 1869 nebst dem dasselbe abändernden G. v. 4. Juni 1879 nebst Ausführungsbestimmungen, den Entscheidungen der höheren Gerichte und dem Wechselstempel-Tarif. 6. Aufl., bearb. v. P. Loeck. Berlin 1897.

a) BG. v. 10. Juni 1869, betr. die Wechselstempelsteuer im Nordd. Bunde (BGB. S. 193). Auch gültig für Baden und Südhessen, zuf. Art. 80 unter I. ibid. der mit Baden und Hessen vereinbarten Verf. (BGB. 1870 S. 647), für Württemberg, zuf. Art. 6 Nr. 6 des Vertrages mit Württemberg v. 25. Nov. 1870 (BGB. S. 656), für Bayern, zuf. § 4 des RG. v. 22. April 1871 (BGB. S. 88), für die Hohenzollern'schen Lande, zuf. Art. 80 unter II. der mit Baden und Hessen vereinbarten Verf. (BGB. 1870 S. 647) und laut Bekanntm. des Reichskanzlers v. 30. Dez. 1870 (BGB. S. 666) und für Elsaß-Lothringen, zuf. G. v. 14. Juli 1871 (GB. f. Elf.-Lothr. S. 175).

Dazu: Bekanntm. des Bundes- bezw. Reichskanzlers v. 13. Dez. 1869 zur Ausführung des G., betr. die Wechselstempelsteuer (BGB. S. 691), v. 23. Juni 1871 (RGB. S. 267) und v. 13. Dez. 1874 (RGB. S. 148) und für Elsaß-Lothringen Bekanntm. v. 27. Juni 1871 (GB. f. Elf.-Loth. S. 183).

Ueber den Debit der Wechselstempelmarken und gestempelten Blankets zur Entrichtung der Wechselstempelsteuer, sowie das Verfahren bei Erstattung verdorbener Stempelmarken und Blankets: Bekanntm. des Bundes-, bezw. Reichskanzlers v. 13. Dez. 1869 (BGB. S. 695), v. 21. Febr. 1870 (BGB. S. 36), v. 11. Aug. 1871 (RGB. S. 323), v. 11. Juli 1873 (RGB. S. 295), v. 16. Juli 1881 (RGB. S. 245), v. 22. Nov. 1881 (RGB. S. 271), v. 10. Juli 1882 (RGB. S. 122), v. 9. Juni 1884 (RGB. S. 68), v. 15. März 1886 (RGB. S. 60) und v. 28. Okt. 1890 (RGB. S. 343) und für Elsaß-Lothringen: Bekanntm. v. 3. Aug. 1871 (GB. f. Elf.-Lothr. S. 245) und v. 30. Juli 1873 (a. a. O. S. 184).

b) RG. v. 4. Juni 1879, wegen Abänderung des G. v. 10. Juni 1869, betr. die Wechselstempelsteuer (RGB. 1879 S. 151).

Dazu:

Bekanntmachung des Reichskanzlers vom 13. Juni 1879, betr. die Ausgabe neuer Stempelmarken und gestempelter Blankets zur Entrichtung der Wechselstempelsteuer (RGB. S. 153); Bekanntm. des Reichskanzlers v. 24. März 1880, betr. den Umtausch und die Einlösung der vor dem 1. Juli 1879 ausgegebenen Stempelmarken und gestempelten Blankets zur Entrichtung der Wechselstempelsteuer (RGB. S.94); Bekanntm. des Reichskanzlers v. 16. Juli 1881, betr. die Abänderung der Vorschriften über die Verwendung der Wechselstempelmarken (RGB. S. 245); Bekanntm. des Reichskanzlers v. 22. Nov. 1881, betr. die Ausgabe neuer Stempelmarken zur Entrichtung der Wechselstempelsteuer (RGB. S. 271).

Bekanntm. des Reichskanzlers v. 12. Nov. 1879, betr. die Berechnung der Wechselstempelabgabe von den in außerdeutschen Währungen ausgedrückten Wechselsummen (RCB. S. 663). Dazu: Bekanntm. des Reichskanzlers v. 1. Febr. 1882 (RCB. S. 26), v. 6. Febr. 1884 (RCB. S. 27) und v. 18. Mai 1893 (RCB. S. 143).

2. Spielkartenstempelsteuer:

RG. v. 3. Juli 1878, betr. den Spielkartenstempel (RGB. S. 133).

Zur Ausführung dieses G. ergangene Bekanntm. des Reichskanzlers v. 6. Juli 1878 (RCB. S. 403), v. 2. Nov. 1878 (a. a. O. S. 614), v. 11. Nov. 1878 (a. a. O. S. 623), v. 15. April 1879 (RCB. S. 286), v. 24. April 1879 (a. a. O. S. 327), v. 2. Mai 1879 (a. a. O. S. 339), v. 15. Juli 1879 (a. a. O. S. 489), v. 7. Aug. 1879 (a. a. O. S. 516) und v. 16. März 1886 (RCB. S. 59).

Verzeichniß der im Deutschen Reiche zur Abstempelung von Spielkarten dauernd befugten Zoll- und Steuerstellen im RCB. 1880 S. 669.

3. Reichsstempelabgaben.[1])

a) RG. v. 1. Juli 1881, betr. die Erhebung von Reichsstempelabgaben (RGB. S. 185).

Dazu: Ausführungsvorschriften des Bundesrathes v. 7. Juli 1881 zu dem G. v. 1. Juli 1881 (RCB. S. 283) und Bestimmungen des Bundesrathes v. 7. Juli 1881 über die Erhebung und Berechnung der nach dem G. v. 1. Juli 1881 zu entrichtenden Reichsstempelabgaben (a. a. O. S. 304).

Verzeichniß derjenigen Steuerstellen, welche zur Erhebung der Reichsstempelabgaben und zur Abstempelung von ausländischen Aktien, Noten und Schuldverschreibungen nach Maßgabe der Bestimmungen unter „Ausnahmen" zu Ziffer 1 und 2 des Tarifs zum G. v. 1. Juli 1881 zuständig sind, im RCB. S. 387.

b) RG. v. 29. Mai 1885, betr. Abänderung des G. wegen Erhebung von Reichsstempelabgaben v. 1. Juli 1881 (RGB. 1885 S. 171).

Dazu: Bekanntm. des Reichskanzlers v. 3. Juni 1885, betr. die Redaktion des G. wegen Erhebung von Reichsstempelabgaben (RGB. S. 179), Bekanntm. des Reichskanzlers v. 15. Sept. 1885 mit den vom Bundesrathe beschlossenen Bestimmungen zur Ausführung des G., betr. die Erhebung von Reichsstempelabgaben (RCB. S. 417); Bekanntm. des Reichskanzlers v. 29. Dez. 1885, betr. die Erhebung und Verrechnung der Reichsstempelabgaben (RCB. 1886 S. 1); Bekanntm. des Reichskanzlers v. 9. Febr. 1886, betr. einen Zusatz zu den gedachten

---

1) Vgl. Guttentag'sche Samml. D. Reichsgesetze Nr. 18: Reichsstempelgesetz (Börsensteuergesetz) v. 27. April 1894 mit den Ausführungsbestimmungen, einem Auszug aus den Gesetzesmaterialien und Entscheidungen der Verwaltungsbehörden und des Reichsgerichts. Textausgabe mit Anm. 7. Aufl., v. P. Loeck. Berlin 1897.

Ausführungsvorschriften (RCB. S. 32); Bekanntm. des Reichskanzlers v. 10. Mai 1886 desgl. (a. a. O. S. 131); Bekanntm. des Reichskanzlers v. 22. Jan. 1887 wegen Abänderung der gedachten Ausführungsvorschriften (RCB. S. 23); Bekanntm. des Reichskanzlers v. 11. Juni 1887, betr. die Erhebung und Verrechnung der Reichsstempelabgaben (a. a. O. S. 159); Bekanntm. des Reichskanzlers v. 9. April 1891 (RCB. S. 74) und v. 1. März 1892 (RCB. S. 104). Vgl. die Beschlüsse des Bundesrathes v. 17. und 19. Nov. 1886 und 2. Juli 1891 über die Auslegung der Tarifnummern 2, 3 u. 5 des Reichsstempelgesetzes (RCB. 1886 S. 411 und RCB. 1891 S. 209).

c) RG. v. 27. April 1894 wegen Abänderung des Gesetzes, betr. die Erhebung von Reichsstempelabgaben v. $\frac{\text{1. Juli 1881}}{\text{29. Mai 1885}}$ (RGB. 1894 S. 369).

Dazu: Bekanntm. des Reichskanzlers v. 27. April 1894, betr. die Redaktion des Reichsstempelgesetzes (RGB. S. 381) und Bekanntm. des Reichskanzlers v. 27. April 1894, betr.:

1. Die Ausführungsvorschriften A zum Reichsstempelgesetz v. 27. April 1894,

2. die Bestimmungen B über die Erhebung und Verrechnung der nach dem Reichsstempelgesetz zu entrichtenden Abgaben (RCB. 1894 S. 121), und Bekanntm. des Reichskanzlers v. 30. Juni 1896, betr. Abänderung der Ausführungsvorschriften zum Reichsstempelgesetz v. 27. April 1894 (RCB. S. 174).

Artikel 71.

Die gemeinschaftlichen Ausgaben werden in der Regel für ein Jahr bewilligt, können jedoch in besonderen Fällen auch für eine längere Dauer bewilligt werden.

Während der im Artikel 60. normirten Uebergangszeit ist der nach Titeln geordnete Etat über die Ausgaben für das Heer dem Bundesrathe und dem Reichstage nur zur Kenntnißnahme und zur Erinnerung vorzulegen.

Vgl. die Zus. zum Art. 60 der Reichsverf.

Artikel 72.

Ueber die Verwendung aller Einnahmen des Reichs ist durch den Reichskanzler dem Bundesrathe und dem Reichstage zur Entlastung jährlich Rechnung zu legen.

Ueber die Kontrole des Reichshaushalts durch den Rechnungshof des D. Reichs vgl. die in Zus. I. G. zum Art. 18 der Reichsverf. alleg. G. (oben S. 123).

Artikel 73.

In Fällen eines außerordentlichen Bedürfnisses kann im Wege der Reichsgesetzgebung die Aufnahme einer Anleihe, sowie die Uebernahme einer Garantie zu Lasten des Reichs erfolgen.

1. Anleihe-Gesetze.

a) BG. v. 9. Nov. 1867, betr. den außerordentlichen Geldbedarf des Nordd. Bundes zum Zwecke der Erweiterung der Bundeskriegsmarine und der Herstellung der Küstenvertheidigung (BGB. S. 157), nebst den abändernden G. v. 20. Mai 1869 (BGB. S. 137) und v. 6. April 1870 (BGB. S. 65).

b) Anleihen aus Anlaß des Krieges mit Frankreich: BG. v. 21. Juli 1870, betr. den außerordentlichen Geldbedarf der Militär- und Marineverwaltung (BGB. S. 491),

BG. v. 29. Nov. 1870, betr. den ferneren Geldbedarf für die Kriegführung (BGB. S. 619), RG. v. 26. April 1871, betr. die Beschaffung weiterer Geldmittel zur Bestreitung der durch den Krieg veranlaßten außerordentlichen Ausgaben (BGB. S. 91) und RG. v. 28. Okt. 1871, betr. die Zurückzahlung der auf Grund des G. v. 21. Juli 1870 aufgenommenen fünfprozentigen Anleihe (RGB. 1871 S. 343). Vgl. dazu den Schluß-Absatz des Prot. v. 15. Nov. 1870, betr. die Vereinbarung zwischen dem Nordd. Bunde, Baden und Hessen über Gründung des Deutschen Bundes (BGB. S. 650) und Schluß-Prot. zu dem Vertr. v. 23. Nov. 1870, betr. den Beitritt Bayerns zur Verfassung des Deutschen Bundes (BGB. 1871 S. 23 ff.) unter XIII.

c) Reichsanleihen für Zwecke der Marine, des Reichsheeres, der Post- und Telegraphenverwaltung, zur Durchführung der Münzreform, für Zwecke der Reichseisenbahnen, des Anschlusses von Hamburg und Bremen an das Deutsche Zollgebiet, der Vervollständigung des Deutschen Eisenbahnnetzes im Interesse der Landesvertheidigung 2c. Vgl. die betreffenden Reichsgesetze im RGB. 1875 S. 18, 1876 S. 1, 1877 S. 1, 494, 500, 513, 531, 1878 S. 87, 105, 125, 1879 S. 121, 152, 1880 S. 95, 187, 1881 S. 68, 92, 273, 1882 S. 38, 68, 1883 S. 29, 148, 337, 1884 S. 21, 213, 1885 S. 74, 79, 87, 1886 S. 52, 287, 309, 1887 S. 148, 204, 250, 251, 1888 S. 55, 67, 107, 298, 1889 S. 37, 45, 193, 1890 S. 49, 59, 130, 177, 1891 S. 13, 14, 50, 336, 1892 S. 305, 309, 368, 471, 501, 1893 S. 122, 141, 226, 1894 S. 305, 341, 1895 S. 207, 1896 S. 86, 668, 1897 S. 587 und 1898 S. 137.

2. RG. v. 31. Mai 1891, betr. das Reichsschuldbuch (RGB. S. 321).

Dazu: V. v. 24. Jan. 1892 über die Inkraftsetzung des G., betr. das Reichsschuldbuch (RGB. S. 303), Bekanntm. des Reichskanzlers v. 27. Jan. 1892 mit den vom Bundesrathe genehmigten Ausführungsbestimmungen zu dem G. v. 31. Mai 1891, betr. das Reichsschuldbuch (RCB. S. 25) und Bekanntm. der Reichsschuldenverwaltung v. 7. März 1892, betr. Beginn der Eintragung in das Reichsschuldbuch (RCB. S. 157).

3. RG. v. 16. April 1896, 24. März 1897 und 31. März 1898 wegen Verwendung überschüssiger Reichseinnahmen zur Schuldentilgung (RGB. 1896 S. 103, 1897 S. 95, 1898 S. 138).

4. BG. v. 11. Juni 1868, betr. die antheilige Uebernahme einer Garantie des Nordd. Bundes für eine zur Herstellung der dauernden Fahrbarkeit des Sulinaarmes der Donaumündungen von der Europäischen Donauschiffahrtskommission aufzunehmenden Anleihe (BGB. 1869 S. 33).

Vgl. den von der Europäischen Donaukommission unterm 19. Nov. 1889 beschlossenen (an die Stelle der älteren Tarife getretenen) Tarif der an der Sulinamündung zu erhebenden Schiffahrtsabgaben (RCB. 1890 S. 25).

5. BG. v. 31. Mai 1870, betr. die zur Herstellung der St. Gotthard-Eisenbahn von Seiten des Nordd. Bundes zu gewährende Subvention (BGB. S. 312), aufgehoben durch das (an dessen Stelle getretene) RG. v. 2. Nov. 1871, betr. die St. Gotthard-Eisenbahn (RGB. S. 375).

Vgl. Uebereinkunft v. 15. Okt. 1869, Uebereinkunft v. 28. Okt. 1871 und Uebereinkunft v. 12. März 1878 zwischen Deutschland, Italien und der Schweiz wegen Herstellung und Subventionirung einer Eisenbahn über den St. Gotthard (RGB. 1871 S. 376, 378 und 1879 S. 270).

6. RG. v. 14. Nov. 1886, betr. die Bürgschaft des Reichs für die Zinsen einer Egyptischen Staatsanleihe (RGB. S. 301).

Schlußbestimmung zum XII. Abschnitt.

Auf die Ausgaben für das Bayerische Heer finden die Artikel 69. und 71. nur nach Maßgabe der in der Schlußbestimmung zum XI. Abschnitt erwähnten Bestimmungen des Vertrages vom 23. November 1870.[1]) und der Artikel 72. nur insoweit Anwendung, als dem Bundesrathe und dem Reichstage die Ueberweisung der für das Bayerische Heer erforderlichen Summe an Bayern nachzuweisen ist,

XIII. Schlichtung von Streitigkeiten und Strafbestimmungen.

Artikel 74.[2])

Jedes Unternehmen gegen die Existenz, die Integrität, die Sicherheit oder die Verfassung des Deutschen Reichs, endlich die Beleidigung des Bundesrathes, des Reichstages, eines Mitgliedes des Bundesrathes oder des Reichstages, einer Behörde oder eines öffentlichen Beamten des Reichs, während dieselben in der Ausübung ihres Berufes begriffen sind oder in Beziehung auf ihren Beruf, durch Wort, Schrift, Druck, Zeichen, bildliche oder andere Darstellung, werden in den einzelnen Bundesstaaten beurtheilt und bestraft nach Maßgabe der in den letzteren bestehenden oder künftig in Wirksamkeit

---

[1]) Vgl. unten Anlage IX.

[2]) Vgl. hierzu v. Rönne's Staatsrecht des D. R., 2. Aufl. Bd. I. § 10 S. 81 ff.

tretenden Gesetze, nach welchen eine gleiche gegen den einzelnen Bundesstaat, seine Verfassung, seine Kammern oder Stände, seine Kammer- oder Ständemitglieder, seine Behörden und Beamten begangene Handlung zu richten wäre.

Vgl. § 4 des Einführ.-G. v. 31. Mai 1870 eines Strafgesetzbuchs für den Nordd. Bund (BGB. S. 195) und die §§ 81, 93, 105, 196, 197, 339 des Strafgesetzbuches für das D. R.

Artikel 75.

Für diejenigen in Artikel 74. bezeichneten Unternehmungen gegen das Deutsche Reich, welche, wenn gegen einen der einzelnen Bundesstaaten gerichtet, als Hochverrath oder Landesverrath zu qualifiziren wären, ist das gemeinschaftliche Ober-Appellationsgericht der drei freien und Hansestädte in Lübeck die zuständige Spruchbehörde in erster und letzter Instanz.

Die näheren Bestimmungen über die Zuständigkeit und das Verfahren des Ober-Appellationsgerichts erfolgen im Wege der Reichsgesetzgebung. Bis zum Erlasse eines Reichsgesetzes bewendet es bei der seitherigen Zuständigkeit der Gerichte in den einzelnen Bundesstaaten und den auf das Verfahren dieser Gerichte sich beziehenden Bestimmungen.

Vgl. § 136 des Gerichtsverfassungs-G. v. 27. Jan. 1877 (RGB. S. 66).

Artikel 76.[1])

Streitigkeiten zwischen verschiedenen Bundesstaaten, sofern dieselben nicht privatrechtlicher Natur und daher von den kompetenten Gerichtsbehörden zu entscheiden sind, werden auf Anrufen des einen Theils von dem Bundesrathe erledigt.

Verfassungsstreitigkeiten in solchen Bundesstaaten, in deren Verfassung nicht eine Behörde zur Entscheidung solcher Streitigkeiten bestimmt ist, hat auf Anrufen eines Theiles der Bundesrath gütlich auszugleichen oder, wenn das nicht gelingt, im Wege der Reichsgesetzgebung zur Erledigung zu bringen.

Vgl. RG. v. 14. März 1881, betr. die Zuständigkeit des Reichsgerichts für Streitfragen zwischen dem Senat und der Bürgerschaft der freien und Hansestadt Hamburg (RGB. S. 37).

Artikel 77.[2])

Wenn in einem Bundesstaate der Fall einer Justizverweigerung eintritt, und auf gesetzlichen Wegen ausreichende Hülfe nicht erlangt werden kann, so liegt dem Bundesrathe ob, erwiesene, nach der Verfassung und den bestehenden Gesetzen des

---

[1]) Vgl. hierzu v. Rönne's Staatsrecht des D. R., 2. Aufl., Bd. I. § 23 S. 217 ff.

[2]) Vgl. hierzu v. Rönne's Staatsrecht des D. R., 2. Aufl., Bd. I. § 19 S. 184 ff. und § 23 S. 217.

betreffenden Bundesstaates zu beurtheilende Beschwerden über verweigerte oder gehemmte Rechtspflege anzunehmen, und darauf die gerichtliche Hülfe bei der Bundesregierung, die zu der Beschwerde Anlaß gegeben hat, zu bewirken.

XIV. Allgemeine Bestimmungen.

Artikel 78.[1])

Veränderungen der Verfassung erfolgen im Wege der Gesetzgebung. Sie gelten als abgelehnt, wenn sie im Bundesrathe 14 Stimmen gegen sich haben.

Diejenigen Vorschriften der Reichsverfassung, durch welche bestimmte Rechte einzelner Bundesstaaten in deren Verhältniß zur Gesammtheit festgestellt sind, können nur mit Zustimmung des berechtigten Bundesstaates abgeändert werden.

1. Vgl. Prot. v. 15. Nov. 1870, betr. die Vereinbarung zwischen dem Nordd. Bunde, Baden und Hessen über Gründung des Deutschen Bundes unter 8[2]) (BGB. S. 650 ff.), und Verhandl. v. 25. Nov. 1870 über den Beitritt Württembergs zu der zwischen dem Nordd. Bunde, Baden und Hessen vereinbarten Verf. des Deutschen Bundes[3]) (BGB. S. 657).

---

[1]) Vgl. hierzu v. Rönne's Staatsrecht des D. R., 2. Aufl., Bd. II. Abth. 1 § 65 S. 18 ff.

[2]) Vgl. unten Anlage V.

[3]) Vgl. unten Anlage VI.

2. Die Vorschriften der Reichsverfassung, durch welche bestimmte Rechte einzelner Bundesstaaten in deren Verhältniß zur Gesammtheit aufgestellt sind, sind folgende:

a) bezüglich Bayerns: Art. 4 Nr. 1, 8 und 10, Art. 35, Art. 38, Art. 46, Art. 52, Schlußbestimmung zum XI. und XII. Abschnitt;

b) bezüglich Württembergs: Art. 4 Nr. 10, Art. 8, Art. 35, Art. 38, Art. 52, Schlußbestimmung zum XI. Abschnitt;

c) bezüglich Badens: Art. 35, Art. 38;

d) bezüglich Sachsens: Art. 8;

e) bezüglich Hamburgs und Bremens: Art. 34.

Anlagen.

Anlage I.

Art. 80. der zwischen dem Nordd. Bunde und den Großherzogthümern Baden und Hessen vereinbarten Verfassung des Deutschen Bundes v. 15. Nov. 1870.

(BGB. 1870 S. 647.)

XV. Uebergangsbestimmung.

Artikel 80.

Die nachstehend genannten, im Norddeutschen Bunde ergangenen Gesetze werden zu Gesetzen des Deutschen Bundes erklärt und als solche von den nachstehend genannten Zeitpunkten an in das gesammte Bundesgebiet mit der Wirkung eingeführt, daß, wo in diesen Gesetzen von dem Norddeutschen Bunde, dessen Verfassung, Gebiet, Mitgliedern oder Staaten, Indigenat, verfassungsmäßigen Organen, Angehörigen, Beamten, Flagge u. s. w. die Rede ist, der Deutsche Bund und dessen entsprechende Beziehungen zu verstehen sind, nämlich:

I. vom Tage der Wirksamkeit der gegenwärtigen Verfassung an:

1) das G. über das Paßwesen v. 12. Okt. 1867.,
2) das G., betr. die Nationalität der Kauffahrteischiffe und ihre Befugniß zur Führung der Bundesflagge, v. 25. Okt. 1867.,

3) das G. über die Freizügigkeit v. 1. Nov. 1867.,
4) das G., betr. die Organisation der Bundeskonsulate, sowie die Amtsrechte und Pflichten der Bundeskonsuln, v. 8. Nov. 1867.,
5) das G., betr. die Verpflichtung zum Kriegsdienste, v. 9. Nov. 1867.,
6) das G., betr. die vertragsmäßigen Zinsen, v. 14. Nov. 1867.,
7) das G. über die Aufhebung der polizeilichen Beschränkungen der Eheschließung v. 4. Mai 1868.,
8) das G., betr. die Aufhebung der Schuldhaft, v. 29. Mai 1868.,
9) das G., betr. die Bewilligung von lebenslänglichen Pensionen und Unterstützungen an Offiziere und obere Militärbeamte der vormaligen Schleswig-Holsteinschen Armee, sowie an deren Wittwen und Waisen, v. 14. Juni 1868.,
10) das G., betr. die privatrechtliche Stellung der Erwerbs- und Wirthschafts-Genossenschaften, v. 4. Juli 1868.,
11) die Maaß- und Gewichtsordnung für den Nordd. Bund v. 17. Aug. 1868.,
12) das G., Maaßregeln gegen die Rinderpest betr., v. 7. April 1869.,
13) das Wahlgesetz für den Reichstag des Nordd. Bundes v. 31. Mai 1869.,
14) das G., betr. die Kautionen der Bundesbeamten, v. 2. Juni 1869.,
15) das G., betr. die Einführung der allgemeinen Wechselordnung, der Nürnberger Wechselnovellen und des Allgem. Deutschen Handelsgesetzbuchs als Bundesgesetze, v. 5. Juni 1869.,
16) das G., betr. die Wechselstempelsteuer im Nordd. Bunde, v. 10. Juni 1869.,
17) das G., betr. die Errichtung eines obersten Gerichtshofes für Handelssachen, v. 12. Juni 1869.,

18) das G., betr. die Beschlagnahme des Arbeits- oder Dienstlohnes, v. 21. Juni 1869.,
19) das G., betr. die Gewährung der Rechtshülfe, v. 21. Juni 1869.,
20) das G., betr. die Gleichberechtigung der Konfessionen in bürgerlicher und staatsbürgerlicher Beziehung, v. 3. Juli 1869.,
21) das G., betr. die Bewilligung von lebenslänglichen Pensionen und Unterstützungen an Militärpersonen der Unterklassen der vormaligen Schleswig-Holsteinschen Armee, sowie an deren Wittwen und Waisen, v. 3. März 1870.,
22) das G. wegen Beseitigung der Doppelbesteuerung v. 13. Mai 1870.,
23) das G. über die Abgaben von der Flößerei v. 1. Juni 1870.,
24) das G. über die Erwerbung und den Verlust der Bundes- und Staatsangehörigkeit v. 1. Juni 1870.,
25) das G., betr. das Urheberrecht an Schriftwerken, Abbildungen, musikalischen Kompositionen und dramatischen Werken, v. 11. Juni 1870.,
26) das G., betr. die Kommanditgesellschaften auf Aktien und die Aktiengesellschaften, v. 11. Juni 1870.,
27) das G. über die Ausgabe von Papiergeld v. 16. Juni 1870.,
28) das G. über die Befugniß der Bundeskonsuln zu Eheschließungen u. s. w. v. 4. Mai 1870.;

II. vom 1. Jan. 1872. an, jedoch unbeschadet der früheren Geltung im Gebiete des Nordd. Bundes:

1) das G. über die Ausgabe von Banknoten v. 27. März 1870. und

mit Ausschluß von Hessen südlich des Main,

2) das Einführungsgesetz zum Strafgesetzbuch für den Nordd. Bund v. 31. Mai 1870.,
3) das Strafgesetzbuch für den Nordd. Bund v. 31. Mai 1870., und

4) die G. über das Postwesen des Nordd. Bundes v. 2. Nov. 1867., über das Posttaxwesen im Gebiete des Nordd. Bundes v. 4. Nov. 1867., betr. die Einführung von Telegraphen-Freimarken v. 16. Mai 1869. und betr. die Portofreiheiten im Gebiete des Nordd. Bundes v. 5. Juni 1869.

In Hessen, südlich des Main, werden als Bundesgesetze eingeführt, und zwar:

vom Tage der Wirksamkeit dieser Verfassung an:

das G., betr. die Schließung und Beschränkung der öffentlichen Spielbanken, v. 1. Juli 1868.,

das G., betr. die Einführung von Telegraphen-Freimarken, v. 16. Mai 1869.,

die Gewerbeordnung für den Nordd. Bund v. 21. Juni 1869.,

das Einführungsgesetz zum Strafgesetzbuch für den Nordd. Bund v. 31. Mai 1870. und

das Strafgesetzbuch für den Nordd. Bund v. 31. Mai 1870.;

vom 1. Juli 1871. an:

das G. über den Unterstützungswohnsitz v. 6. Juni 1870.

In die Hohenzollernschen Lande wird vom Tage der Wirksamkeit dieser Verfassung an eingeführt das G., betr. die Wechselstempelsteuer im Nordd. Bunde, v. 10. Juni 1869.

Die Erklärung der übrigen im Nordd. Bunde ergangenen Gesetze zu Bundesgesetzen bleibt, soweit diese Gesetze sich auf Angelegenheiten beziehen, welche verfassungsmäßig der Gesetzgebung des Deutschen Bundes unterliegen, der Bundesgesetzgebung vorbehalten.

Anlage II.

Vertrag mit Bayern, v. 23. Nov. 1870. unter III. §. 8.

(BGB. 1871 S. 21.)

Die unter Ziffer II. §. 26. dieses Vertrages aufgeführte Uebergangsbestimmung des nunmehrigen Artikels 79. der Verfassung[1]) findet auf Bayern in Anbetracht der vorgerückten Zeit und der Nothwendigkeit mannigfaltiger Umgestaltung anderer mit dem Gegenstande der Bundesgesetzgebung in Zusammenhang stehender Gesetze und Einrichtungen Anwendung nur in Betreff des Wahlgesetzes für den Reichstag des Norddeutschen Bundes vom 31. Mai 1869. (Art. 79. Nr. 13.).

Im Uebrigen bleibt die Erklärung der im Norddeutschen Bunde ergangenen Gesetze zu Bundesgesetzen für das Königreich Bayern, soweit diese Gesetze auf Angelegenheiten sich beziehen, welche verfassungsmäßig der Gesetzgebung des Deutschen Bundes unterliegen, der Bundesgesetzgebung vorbehalten.

Anlage III.

Vertrag mit Württemberg, v. 25. Nov. 1870.

Art. 2. Nr. 6.

(BGB. 1870 S. 656.)

Artikel 2.

6) Zum Artikel 80. der Verfassung.

Die Einführung der nachstehend genannten Gesetze des Norddeutschen Bundes als Bundesgesetze erfolgt für Württemberg, statt von den im Artikel 80. festgesetzten, von den nachstehend genannten Zeitpunkten an, nämlich:

I. vom 1. Juli 1871. an:

1) des G., betr. die vertragsmäßigen Zinsen, v. 14. Nov. 1867.,

2) des G., betr. die Errichtung eines obersten Gerichtshofes für Handelssachen, v. 12. Juni 1869.;

---

[1]) Dies ist der oben in der Anlage I. mitgetheilte (frühere) Art. 80 der mit Baden und Hessen vereinbarten Verfassung des Deutschen Bundes v. 15. Nov. 1870.

II. vom 1. Jan. 1872. an:

1) des G., betr. die Beschlagnahme des Arbeits- oder Dienstlohns, v. 21. Juni 1869.,
2) des G. über die Ausgabe von Papiergeld v. 16. Juni 1870.

Die Einführung des Gesetzes, Maßregeln gegen die Rinderpest betreffend, vom 7. April 1869. als Bundesgesetz bleibt für Württemberg der Bundesgesetzgebung vorbehalten.[1]) Dasselbe gilt mit der, aus der vorstehenden Bestimmung unter Nr. 4. sich ergebenden Beschränkung von den im Artikel 80. unter II. Nr. 4. genannten, auf das Post- und Telegraphenwesen bezüglichen Gesetzen.

Das Gesetz, betreffend die Schließung und Beschränkung der öffentlichen Spielbanken, vom 1. Juli 1868. wird in Württemberg, vom Tage der Wirksamkeit der Bundesverfassung an, als Bundesgesetz eingeführt.

Anlage IV.

G. v. 22. April 1871. betr. die Einführung Nordd. Bundesgesetze in Bayern.

(BGB. 1871 S. 87.)

Wir **Wilhelm,** von Gottes Gnaden Deutscher Kaiser, König von Preußen rc. verordnen im Namen des Deutschen Reichs, nach erfolgter Zustimmung des Bundesrathes und des Reichstages, was folgt:

§. 1. Die in den nachfolgenden Paragraphen aufgeführten Gesetze des Norddeutschen Bundes werden nach Maßgabe der in diesen Paragraphen enthaltenen näheren Bestimmungen als Reichsgesetze im Königreiche Bayern eingeführt.

---

[1]) Vgl. Anm. zum Art. 4 Nr. 15 der Reichsverf.

§. 2. I. Vom Tage der Wirksamkeit des gegenwärtigen Gesetzes an treten in Kraft:

1) das G. über das Paßwesen v. 12. Okt. 1867.,
2) das G., betr. die Nationalität der Kauffahrteischiffe und ihre Befugniß zur Führung der Bundesflagge, v. 25. Okt. 1867.,
3) das G. über die Freizügigkeit v. 1. Nov. 1867.,
4) das G., betr. die Aufhebung der Schuldhaft, v. 29. Mai 1868.,
5) das G., betr. die Bewilligung von lebenslänglichen Pensionen und Unterstützungen an Offiziere und obere Militairbeamte der vormaligen Schleswig-Holsteinischen Armee, sowie an deren Wittwen und Waisen, v. 14. Juni 1868.,
6) das G., betr. die Schließung und Beschränkung der öffentlichen Spielbanken, v. 1. Juli 1868.,
7) das G., betr. die Kautionen der Bundesbeamten, v. 2. Juni 1869.,
8) das G., betr. die Einführung der Allgemeinen Deutschen Wechselordnung, der Nürnberger Wechselnovellen und des Allgemeinen Deutschen Handelsgesetzbuches als Bundesgesetze, v. 5. Juni 1869.,
9) das G., betr. die Beschlagnahme des Arbeits- oder Dienstlohnes, v. 21. Juni 1869.,
10) das G., betr. die Gleichberechtigung der Konfessionen in bürgerlicher und staatsbürgerlicher Beziehung, v. 3. Juli 1869.,
11) das G., betr. die Bewilligung von lebenslänglichen Pensionen und Unterstützungen an Militairpersonen der Unterklassen der vormaligen Schleswig-Holsteinischen Armee, sowie an deren Wittwen und Waisen, v. 3. März 1870.,
12) das G., betr. die Eheschließung und die Beurkundung des Personenstandes von Bundesangehörigen im Auslande, v. 4. Mai 1870.;

ferner:

II. am 1. Juli 1871.:
das G. wegen Beseitigung der Doppelbesteuerung v. 13. Mai 1870.;

III. am 1. Jan. 1872.:
1) das G. über die Ausgabe von Banknoten v. 27. März 1870.,
2) das G. über die Ausgabe von Papiergeld v. 16. Juni 1870.

§. 3. Das Gesetz v. 8. Nov. 1867, betr. die Organisation der Bundeskonsulate, sowie die Amtsrechte und Pflichten der Bundeskonsuln, tritt mit dem Tage der Wirksamkeit des gegenwärtigen Gesetzes in Kraft. Der §. 24 erhält jedoch folgenden Zusatz:

Die durch den ersten Absatz begründete Zuständigkeit des Preußischen Obertribunals geht v. 1. Juli 1871. an auf das Bundes-Oberhandelsgericht über. Wird in den an dasselbe gelangenden Sachen eine Mitwirkung der Staatsanwaltschaft erforderlich, so ist zu deren Vertretung von dem Präsidenten des Bundes-Oberhandelsgerichts ein Mitglied des letzteren, ein in Leipzig angestellter Staatsanwalt oder ein dort wohnender Advokat zu ernennen.

§. 4. Das Gesetz, betr. die Wechselstempelsteuer, v. 10. Juni 1869. tritt am 1. Juli 1871. in Kraft.

Der Königlich Bayerischen Staatsregierung bleibt überlassen, diejenigen anderen Behörden zu bezeichnen, welche bei Anwendung der im §. 18. dieses Gesetzes erwähnten Vorschriften an die Stelle der Zollbehörden zu treten haben.

§. 5. Die Wirksamkeit des Gesetzes, betr. die Errichtung eines obersten Gerichtshofes für Handelssachen, v. 12. Juni 1869. beginnt am 1. Juli 1871.

In den nach dem Bayerischen Prozeßrechte zu verhandelnden Sachen treten an Stelle des letzten Satzes des §. 18. dieses Gesetzes folgende Bestimmungen:

Handelt es sich um eine zur Zuständigkeit des Bundes-Oberhandelsgerichts gehörige Nichtigkeitsbeschwerde, so hat der oberste Landesgerichtshof, sobald die vorgeschriebene Hinterlegung der Akten erfolgt ist oder eine Frist hierfür nicht mehr läuft, nach Vernehmung des Staatsanwalts mittelst eines in geheimer Sitzung zu fassenden Beschlusses die Abgabe der Akten an das Bundes-Oberhandelsgericht zu verfügen.

Den abzugebenden Akten ist in allen Fällen ein schriftliches Requisitorium des Staatsanwalts beizulegen.

§. 6. Das G. v. 21. Juni 1869., die Gewährung der Rechtshülfe betreffend, wird v. 1. Juli 1871. an mit nachstehendem Zusatz zu §. 39. eingeführt:

Für die Anwendung derjenigen Vorschriften der Bayerischen Civilprozeßordnung, welche den Gerichtsstand oder die Personalhaft betreffen oder überhaupt auf der Annahme beruhen, daß die Rechtsverfolgung im Auslande die Geltendmachung eines Anspruches erschwere, ist gleichfalls das gesammte Gebiet des Deutschen Reichs als Inland zu betrachten.

§. 7. Das Strafgesetzbuch v. 31. Mai 1870. und das Einführungsgesetz zu demselben treten am 1. Jan. 1872. in Geltung.

An Stelle der Vorschriften des §. 4. des gedachten Einführungsgesetzes hat es für Bayern bis auf Weiteres bei den einschlägigen Bestimmungen des Militairstrafrechts, sowie bei den sonstigen gesetzlichen Vorschriften über das Standrecht sein Bewenden.

§. 8. Das G. über die Abgaben von der Flößerei v. 1. Juni 1870. wird mit dem Tage der Wirksamkeit des gegenwärtigen Gesetzes eingeführt.

Die nach §. 2. desselben zu leistende Entschädigung besteht in dem achtzehnfachen Betrage des durchschnittlichen Reinertrages der Abgabe aus den letzten drei Kalenderjahren vor dem Aufhören der Erhebung.

Der Antrag auf Entschädigung ist bei Vermeidung der Präklusion innerhalb sechs Monaten nach dem Tage, mit welchem die Erhebung der Abgabe aufgehört hat, an das Reichskanzleramt zu richten.

§. 9. Das G. über die Erwerbung und den Verlust der Bundes- und Staatsangehörigkeit v. 1. Juni 1870. tritt mit dem Tage der Wirksamkeit des gegenwärtigen Gesetzes in Kraft, jedoch mit Ausnahme der Bestimmungen in §. 1. Absatz 2., §. 8 Absatz 3. und §. 16.

§. 10. Das G. v. 11. Juni 1870., betr. die Kommanditgesellschaften auf Aktien und die Aktiengesellschaften, erlangt vom Tage der Wirksamkeit des gegenwärtigen Gesetzes an mit nachstehenden Vorschriften Geltung:

> Die bis zu dem bezeichneten Tage vollzogenen Eintragungen in dem von den Bayerischen Bezirksgerichten geführten besonderen Register für Aktiengesellschaften, bei welchen der Gegenstand des Unternehmens nicht in Handelsgeschäften besteht, gelten als Eintragungen im Handelsregister, und bleiben in Wirksamkeit, auch wenn die Voraussetzungen nicht vorhanden sind, welche nach dem Gesetze v. 11. Juni 1870. für die Errichtung der Gesellschaft erforderlich sein würden.

§. 11. Das G., betr. das Urheberrecht an Schriftwerken, Abbildungen, musikalischen Kompositionen und dramatischen Werken, v. 11. Juni 1870. tritt am 1. Jan. 1872. in Wirksamkeit, unbeschadet der fortdauernden Geltung des Artikels 68. des Bayerischen Gesetzes über den Schutz der Urheberrechte an literarischen Erzeugnissen und Werken der Kunst v. 28. Juni 1865.

§. 12. Die in den §§. 3. 8. und 9. getroffenen Abänderungen der dort bezeichneten Gesetze finden im ganzen Reiche Anwendung, die Bestimmung im letzten Absatze des §. 8. auch in denjenigen Fällen, in welchen vor Erlaß dieses Gesetzes unzulässige Abgaben von der

Flößerei durch Kaiserliche Verordnung außer Hebung gesetzt worden sind.

Urkundlich unter Unserer Höchsteigenhändigen Unterschrift und beigedrucktem Kaiserlichen Insiegel.

Gegeben Berlin, den 22. April 1871.

(L. S.) **Wilhelm.**

Fürst v. Bismarck.

Anlage V.

Protokoll, betr. die Vereinbarung zwischen dem Nordd. Bunde, Baden und Hessen über Gründung des Deutschen Bundes und Annahme der Bundesverfassung.

Vom 15. November 1870.

(BGB. 1870 S. 650.)

Verhandelt Versailles, den 15. November 1870.

Nachdem Seine Majestät der König von Preußen, im Namen des Norddeutschen Bundes, Seine Königliche Hoheit der Großherzog von Baden und Seine Königliche Hoheit der Großherzog von Hessen und bei Rhein übereingekommen sind, über die Gründung eines Deutschen Bundes in Verhandlung zu treten und zu diesem Zwecke bevollmächtigt haben, und zwar: [hier folgen Namen und Titel der Bevollmächtigten] sind diese Bevollmächtigten in Versailles zusammengetreten und haben sich, nach gegenseitiger Vorlegung und Anerkennung ihrer Vollmachten, über die anliegende Verfassung des Deutschen Bundes verständigt.

Sie sind ferner darüber einverstanden, daß diese Verfassung, vorbehaltlich der weiter unten zu erwähnenden Maaßgaben, mit dem 1. Januar 1871. in Wirksamkeit treten soll, und ertheilen sich deshalb gegenseitig die

Zusage, daß sie unverzüglich den gesetzgebenden Faktoren des Norddeutschen Bundes, beziehungsweise Badens und Hessens zur verfassungsmäßigen Zustimmung vorgelegt und, nach Ertheilung dieser Zustimmung, im Laufe des Monats Dezember ratifizirt werden soll. Der Austausch der Ratifikations-Erklärungen soll in Berlin erfolgen.

In Betracht der großen Schwierigkeiten, welche theils die vorgerückte Zeit, theils die Fortdauer des Krieges, theils endlich die in einigen betheiligten Staaten bereits erfolgte Regulirung des Landesbudgets der Aufstellung eines Etats für die Militairverwaltung des Deutschen Bundes für das Jahr 1871. entgegenstellen, ist man übereingekommen, daß die Gemeinschaft der Ausgaben für das Landheer erst mit dem 1. Januar 1872. beginnen soll. Bis zu diesem Tage wird daher der Ertrag der im Artikel 35. bezeichneten gemeinschaftlichen Abgaben nicht zur Bundeskasse fließen, sondern den Staatskassen Badens und Hessens, letzterer rücksichtlich des auf Südhessen fallenden Antheils, verbleiben und es wird der Beitrag dieser Staaten zu den Bundesausgaben durch Matrikularbeiträge aufgebracht werden, wegen deren Feststellung dem im nächsten Jahre zu berufenden Reichstage eine Vorlage gemacht werden wird.

Auch die Bestimmungen in den Artikeln 49.—52. der Bundesverfassung sollen für Baden erst mit dem 1. Januar 1872. in Wirksamkeit treten, damit die für die Ueberleitung der Landesverwaltung der Posten und Telegraphen in die Bundesverwaltung erforderliche Zeit gewonnen werde.

Im Uebrigen wurden noch nachstehende, im Laufe der Verhandlungen abgegebene Erklärungen in gegenwärtiges Protokoll niedergelegt:

Man war darüber einverstanden,

1) zu Artikel 18. der Verfassung, daß zu den, einem Beamten zustehenden Rechten im Sinne des zweiten Absatzes dieses Artikels diejenigen Rechte

nicht gehören, welche seinen Hinterbliebenen in Beziehung auf Pensionen oder Unterstützungen etwa zustehen;

2) zu den Artikeln 35. und 38. der Verfassung, daß die nach Maaßgabe der Zollvereinsverträge auch ferner zu erhebenden Uebergangsabgaben von Branntwein und Bier ebenso anzusehen sind, wie die auf die Bereitung dieser Getränke gelegten Abgaben;

3) zu Artikel 38. der Verfassung, daß, so lange die jetzige Besteuerung des Bieres in Hessen fortbesteht, nur der dem Betrage der Norddeutschen Braumalzsteuer entsprechende Theil der Hessischen Biersteuer in die Bundeskasse fließen wird;

4) zum VIII. Abschnitt der Verfassung, daß die Verträge, durch welche das Verhältniß des Post- und Telegraphenwesens in Hessen zum Norddeutschen Bunde jetzt geregelt ist, durch die Bundesverfassung nicht aufgehoben sind. Insbesondere behält es hinsichtlich der Zahlung des Kanons und der Chaussee-geld-Entschädigung, sowie der Entschädigung für Wege- und Brückengelder und sonstige Kommunikationsabgaben, ferner hinsichtlich der Vergütung für Benutzung der Staats- und Privatbahnen, und hinsichtlich der Behandlung des Portofreiheitswesens in Südhessen, bis zum Ende des Jahres 1875. sein Bewenden bei dem jetzt bestehenden Zustande. Für die Zeit vom 1. Januar 1876. ab fällt die Zahlung des Kanons und der Chausseegeld-Entschädigung weg. Wie es in Bezug auf die Vergütung für die postalische Benutzung der Eisenbahnen, sowie in Bezug auf die Südhessischen Portofreiheiten für die Zeit nach dem 1. Januar 1876. zu halten sei, bleibt späterer Verständigung vorbehalten. Die Entschädigung für Wege- und Brückengelder und sonstige Kommunikationsabgaben wird auch nach dem 1. Januar 1876. an die Großherzoglich Hessische Regierung

gezahlt, wogegen diese die Entschädigung der Berechtigten auch für die Zukunft wie bisher übernimmt;

5) zu Artikel 52. der Verfassung wurde von den Badischen Bevollmächtigten bemerkt, daß die finanziellen Ergebnisse der Post- und Telegraphenverwaltung des Bundes, wie sie sich bisher gestaltet hätten und in dem Bundeshaushalts-Etat für 1871. veranschlagt seien, ungeachtet der in Artikel 52. getroffenen Bestimmung, keine Gewähr dafür leisteten, daß der auf Baden fallende Antheil an den Einnahmen dieser Verwaltungen auch nur annähernd diejenige Einnahme ergeben werde, welche es gegenwärtig aus seiner eigenen Verwaltung zum Betrage von durchschnittlich 130,000 Rthlrn. beziehe. Sie hielten es deshalb für billig, daß Baden durch eine besondere Verabredung vor einem, seinen Haushalt empfindlich berührenden Einnahme-Ausfall gesichert werde.

Wenngleich von anderen Seiten die Besorgniß der Badischen Bevollmächtigten als begründet nicht anerkannt werden konnte, so einigte man sich doch dahin, daß, wenn im Laufe der Uebergangsperiode der nach dem Prozentverhältniß sich ergebende Antheil Badens an den im Bunde aufkommenden Postüberschüssen in einem Jahre die Summe von 100,000 Rthlrn. nicht erreichen sollte, der an dieser Summe fehlende Betrag Baden auf seine Matrikularbeiträge zu Gute gerechnet werden soll. Eine solche Anrechnung wird jedoch nicht stattfinden in einem Jahre, in welches kriegerische Ereignisse fallen, an denen der Bund betheiligt ist;

6) zu Artikel 56. der Verfassung bemerkten die Bevollmächtigten des Norddeutschen Bundes auf Anfrage der Großherzogl. Badischen Bevollmächtigten,

daß das Bundespräsidium schon bisher, nach Vernehmung des zuständigen Ausschusses des Bundesrathes, Bundeskonsulate errichtet habe, wenn eine solche Einrichtung an einem bestimmten Platze durch das Interesse auch nur Eines Bundesstaates geboten worden sei. Sie verbanden damit die Zusage, daß in diesem Sinne auch in Zukunft werde verfahren werden;

7) zu Artikel 62. der Verfassung wurde verabredet, daß die Zahlung der nach diesem Artikel von Baden aufzubringenden Beiträge mit dem ersten Tage des Monats beginnen soll, welcher auf die Anordnung zur Rückkehr der Badischen Truppen von dem Kriegszustande auf den Friedensfuß folgt;

8) zu Artikel 78. der Verfassung wurde allseitig als selbstverständlich angesehen, daß diejenigen Vorschriften der Verfassung, durch welche bestimmte Rechte einzelner Bundesstaaten in deren Verhältniß zur Gesammtheit festgestellt sind, nur mit Zustimmung des berechtigten Bundesstaates abgeändert werden können;

9) zu Artikel 80. der Verfassung war man in Beziehung auf das Gesetz, betr. die Errichtung eines obersten Gerichtshofes für Handelssachen, v. 12. Juni v. J. darüber einig, daß eine entsprechende Vermehrung der Mitglieder dieses Gerichtshofes durch einen Nachtrag zu dessen Etat für 1871. in Vorschlag zu bringen sein werde.

Es wurde ferner allseitig anerkannt, daß zu den im Norddeutschen Bunde ergangenen Gesetzen, deren Erklärung zu Gesetzen des Deutschen Bundes der Bundesgesetzgebung vorbehalten bleibt, das Gesetz vom 21. Juli d. J., betreffend den außerordentlichen Geldbedarf der Militair- und Marineverwaltung, nicht gehört, und daß das Gesetz vom 31. Mai d. J., betreffend die St. Gotthard-

Eisenbahn,[1]) jedenfalls nicht ohne Veränderung seines Inhalts zum Bundesgesetze würde erklärt werden können.

Gegenwärtiges Protokoll ist vorgelesen, genehmigt und von den im Eingange genannten Bevollmächtigten in Einem, in das Archiv des Bundeskanzler-Amts zu Berlin niederzulegenden Exemplare vollzogen worden.

v. Bismarck. (L. S.)	Jolly. (L. S.)	v. Dalwigk. (L. S.)
v. Friesen. (L. S.)	v. Freydorf. (L. S.)	Hofmann. (L. S.)
Delbrück. (L. S.)		

Anlage VI.

Verhandlung dd. Berlin, d. 25. Nov. 1870. über den Beitritt Württembergs zu der zwischen dem Nordd. Bunde, Baden und Hessen vereinbarten Verfassung des Deutschen Bundes.

(BGB. 1870 S. 657.)

Verhandelt Berlin, den 25. November 1870.

Bei Unterzeichnung des am heutigen Tage über den Beitritt Württembergs zu der zwischen dem Norddeutschen Bunde, Baden und Hessen vereinbarten Verfassung des Deutschen Bundes abgeschlossenen Vertrages haben sich die unterzeichneten Bevollmächtigten über nachstehende Punkte verständigt:

1) die in dem Protokoll d. d. Versailles den 15. November d. J. zwischen den Bevollmächtigten des Norddeutschen Bundes, Badens und Hessens ge-

[1]) Dieses G. ist demnächst durch das RG. v. 2. Mai 1871 (RGB. S. 375) außer Kraft gesetzt worden.

troffenen Verabredungen beziehungsweise von den Bevollmächtigten des Norddeutschen Bundes abgegebenen Erklärungen:

a) über den Beginn der Wirksamkeit der Verfassung,
b) über den Zeitpunkt für den Beginn der Gemeinschaft der Ausgaben für das Landheer,
c) zu Artikel 18. der Verfassung,
d) zu den Artikeln 35. und 38. der Verfassung,
e) zu Artikel 56. der Verfassung,
f) zu Artikel 62. der Verfassung,
g) zu Artikel 78. der Verfassung, und
h) zu Artikel 80. der Verfassung

finden auch auf Württemberg Anwendung.

2) Zu Artikel 45. der Verfassung wurde anerkannt, daß auf den Württembergischen Eisenbahnen bei ihren Bau-, Betriebs- und Verkehrsverhältnissen nicht alle in diesem Artikel aufgeführten Transportgegenstände in allen Gattungen von Verkehren zum Einpfennig-Satz befördert werden können.

3) Zum Artikel 2. Nr. 4. des Vertrages vom heutigen Tage war man darüber einverstanden, daß die Ausdehnung der im Norddeutschen Bunde über die Vorrechte der Post geltenden Bestimmungen auf den internen Verkehr Württembergs insoweit von der Zustimmung Württembergs abhängen soll, als diese Bestimmungen der Post Vorrechte beilegen, welche derselben nach der gegenwärtigen Gesetzgebung in Württemberg nicht zustehen.

Vorgelesen, genehmigt und unterschrieben.

v. Friesen. v. Freydorf. Hofmann. Mittnacht.
Delbrück. Türckheim. v. Suckow.

Anlage VII.

Schlußprotokoll zu dem Vertrage v. 23. Nov. 1870., betr. den Beitritt Bayerns zur Verfassung des Deutschen Bundes.

(BGB. 1871 S. 23.)

Bei der Unterzeichnung des Vertrages über den Abschluß eines Verfassungsbündnisses zwischen Seiner Majestät dem Könige von Preußen Namens des Norddeutschen Bundes und Seiner Majestät dem Könige von Bayern sind die unterzeichneten Bevollmächtigten noch über nachstehende vertragsmäßige Zusagen und Erklärungen übereingekommen:

I. Es wurde auf Anregung der Königlich Bayerischen Bevollmächtigten von Seite des Königlich Preußischen Bevollmächtigten anerkannt, daß, nachdem sich das Gesetzgebungsrecht des Bundes bezüglich der Heimaths- und Niederlassungsverhältnisse auf das Königreich Bayern nicht erstreckt, die Bundes-Legislative auch nicht zuständig sei, das Verehelichungswesen mit verbindlicher Kraft für Bayern zu regeln, und daß also das für den Norddeutschen Bund erlassene Gesetz vom 4. Mai 1868., die Aufhebung der polizeilichen Beschränkungen der Eheschließungen betreffend, jedenfalls nicht zu denjenigen Gesetzen gehört, deren Wirksamkeit auf Bayern ausgedehnt werden könnte.

II. Von Seite des Königlich Preußischen Bevollmächtigten wurde anerkannt, daß unter der Gesetzgebungsbefugniß des Bundes über Staatsbürgerrecht nur das Recht verstanden werden solle, die Bundes- und Staatsangehörigkeit zu regeln und den Grundsatz der politischen Gleichberechtigung aller Konfessionen durchzuführen, daß sich im Uebrigen diese Legislative nicht auf die Frage erstrecken solle, unter welchen Voraussetzungen Jemand zur Ausübung politischer Rechte in einem einzelnen Staate befugt sei.

III. Die unterzeichneten Bevollmächtigten kamen dahin überein, daß in Anbetracht der unter Ziffer I. statuirten Ausnahme von der Bundes-Legislative der Gothaer Vertrag vom 15. Juli 1851. wegen gegenseitiger Uebernahme der Ausgewiesenen und Heimathslosen,[1]) dann die sogenannte Eisenacher Konvention vom 11. Juli 1853. wegen Verpflegung erkrankter und Beerdigung verstorbener Unterthanen[2]) für das Verhältniß Bayerns zu dem übrigen Bundesgebiete fortdauernde Geltung haben sollten.

IV. Als vertragsmäßige Bestimmung wurde in Anbetracht der in Bayern bestehenden besonderen Verhältnisse bezüglich des Immobiliar-Versicherungswesens und des engen Zusammenhanges derselben mit dem Hypothekar-Kreditwesen festgestellt, daß, wenn sich die Gesetzgebung des Bundes mit dem Immobiliar-Versicherungswesen befassen sollte, die vom Bunde zu erlassenden gesetzlichen Bestimmungen in Bayern nur mit Zustimmung der Bayerischen Regierung Geltung erlangen können.

V. Der Königlich Preußische Bevollmächtige gab die Zusicherung, daß Bayern bei der ferneren Ausarbeitung des Entwurfes eines Allgemeinen Deutschen Civilprozeß-Gesetzbuches entsprechend betheiligt werde.

VI. Als unbestritten wurde von dem Königlich Preußischen Bevollmächtigten zugegeben, daß selbst bezüglich der der Bundes-Legislative zugewiesenen Gegenstände die in den einzelnen Staaten geltenden Gesetze und Verordnungen in so lange in Kraft bleiben und auf dem bisherigen Wege der Einzelgesetzgebung abgeändert werden können, bis eine bindende Norm vom Bunde ausgegangen ist.

VII. Der Königlich Preußische Bevollmächtigte gab die Erklärung ab, daß Seine Majestät der König von

---

[1]) Vgl. in der Pr. GS. 1851 S. 711.

[2]) Vgl. ebendaselbst S. 877, 881.

Preußen kraft der Allerhöchstihnen zustehenden Präsidialrechte, mit Zustimmung Seiner Majestät des Königs von Bayern, den Königlich Bayerischen Gesandten an den Höfen, an welchen solche beglaubigt sind, Vollmacht ertheilen werden, die Bundesgesandten in Verhinderungsfällen zu vertreten.

Indem diese Erklärung von den Königlich Bayerischen Bevollmächtigten acceptirt wurde, fügten diese bei, daß die Bayerischen Gesandten angewiesen sein würden, in allen Fällen, in welchen dies zur Geltendmachung allgemein Deutscher Interessen erforderlich oder von Nutzen sein wird, den Bundesgesandten ihre Beihülfe zu leisten.

VIII. Der Bund übernimmt in Anbetracht der Leistungen der Bayrischen Regierung für den diplomatischen Dienst desselben durch die unter Ziffer VII. erwähnte Bereitstellung ihrer Gesandtschaften und in Erwägung des Umstandes, daß an denjenigen Orten, an welchen Bayern eigene Gesandtschaften unterhalten wird, die Vertretung der Bayerischen Angelegenheiten dem Bundesgesandten nicht obliegt, die Verpflichtung, bei Feststellung der Ausgaben für den diplomatischen Dienst des Bundes der Bayerischen Regierung eine angemessene Vergütung in Anrechnung zu bringen.

Ueber Festsetzung der Größe dieser Vergütung bleibt weitere Vereinbarung vorbehalten.

IX. Der Königlich Preußische Bevollmächtigte erkannte es als ein Recht der Bayerischen Regierung an, daß ihr Vertreter im Falle der Verhinderung Preußens den Vorsitz im Bundesrathe führe.

X. Zu den Artikeln 35. und 38. der Bundesverfassung war man darüber einverstanden, daß die nach Maßgabe der Zollvereinsverträge auch ferner zu erhebenden Uebergangsabgaben von Branntwein und Bier ebenso anzusehen sind, wie die auf die Bereitung dieser Getränke gelegten Abgaben.

XI. Es wurde allseitig anerkannt, daß bei dem Abschlusse von Post- und Telegraphen-Verträgen mit außerdeutschen Staaten zur Wahrung der besonderen Landesinteressen Vertreter der an die betreffenden außerdeutschen Staaten angrenzenden Bundesstaaten zugezogen werden sollen, und daß den einzelnen Bundesstaaten unbenommen ist, mit anderen Staaten Verträge über das Post- und Telegraphenwesen abzuschließen, sofern sie lediglich den Grenzverkehr betreffen.

XII. Zu Artikel 56. der Bundesverfassung wurde allseitig anerkannt, daß den einzelnen Bundesstaaten das Recht zustehe, auswärtige Konsuln bei sich zu empfangen und für ihr Gebiet mit dem Exequatur zu versehen.

Ferner wurde die Zusicherung gegeben, daß Bundeskonsuln an auswärtigen Orten auch dann aufgestellt werden sollen, wenn es nur das Interesse eines einzelnen Bundesstaates als wünschenswerth erscheinen läßt, daß dies geschehe.

XIII. Es wurde ferner allseitig anerkannt, daß zu den im Norddeutschen Bunde ergangenen Gesetzen, deren Erklärung zu Gesetzen des Deutschen Bundes der Bundesgesetzgebung vorbehalten bleibt, das G. vom 21. Juli d. J., betreffend den außerordentlichen Geldbedarf der Militair- und Marineverwaltung, nicht gehört, und daß das G. vom 31. Mai d. J., betreffend die St. Gotthard-Eisenbahn,[1]) jedenfalls nicht ohne Veränderung seines Inhalts zum Bundesgesetze würde erklärt werden können.

XIV. In Erwägung der in Ziffer III. §. 5. enthaltenen Bestimmungen über das Kriegswesen wurde — mit besonderer Beziehung auf die Festungen — noch Nachfolgendes vereinbart:

§. 1. Bayern erhält die Festungen Ingolstadt und Germersheim, sowie die Fortifikation von Neu-Ulm und

[1]) Dieses G. ist demnächst durch das RG. v. 2. Nov. 1871 (RGB. S. 375) außer Kraft gesetzt worden.

die im Bayerischen Gebiete auf gemeinsame Kosten etwa künftig angelegt werdenden Befestigungen in vollkommen vertheidigungsfähigem Stande.

§. 2. Solche neu angelegte Befestigungen treten bezüglich ihres immobilen Materials in das ausschließliche Eigenthum Bayerns. Ihr mobiles Material hingegen wird gemeinsames Eigenthum der Staaten des Bundes. In Betreff dieses Materials gilt bis auf Weiteres die Uebereinkunft vom 6. Juli 1869., welche auch hinsichtlich des mobilen Festungsmaterials der vormaligen Deutschen Bundesfestungen Mainz, Rastatt und Ulm in Kraft bleibt.

§. 3. Die Festung Landau wird unmittelbar nach dem gegenwärtigen Kriege als solche aufgehoben.

Die Ausrüstung dieses Platzes, soweit sie gemeinsames Eigenthum, wird nach den der Uebereinkunft vom 6. Juli 1869. zu Grunde liegenden Prinzipien behandelt.

§. 4. Diejenigen Gegenstände des Bayerischen Kriegswesens, Betreffs welcher der Bundesvertrag vom Heutigen oder das vorliegende Protokoll nicht ausdrückliche Bestimmungen enthalten — sohin insbesondere die Bezeichnung der Regimenter rc., die Uniformirung, Garnisonirung, das Personal- und Militair-Bildungswesen u. s. w. — werden durch dieselbe nicht berührt.

Die Betheiligung Bayerischer Offiziere an den für höhere militairwissenschaftliche oder technische Ausbildung bestehenden Anstalten des Bundes wird spezieller Vereinbarung vorbehalten.

XV. Wenn sich in Folge des mangelhaft dahier vorliegenden Materials ergeben sollte, daß bei Aufführung des nunmehrigen Wortlautes der Bundesverfassung unter Ziffer II. §§. 1. bis 26. ein Irrthum unterlaufen ist, behalten sich die kontrahirenden Theile dessen Berichtigung vor.

XVI. Die Bestimmungen dieses Schlußprotokolls sollen ebenso verbindlich sein, wie der Vertrag vom

Heutigen über den Abschluß eines Deutschen Verfassungsbündnisses selbst, und sollen mit diesem gleichzeitig ratifizirt werden.

So geschehen Versailles, den 23. November 1870.

v. Bismarck. (L. S.)

Bray-Steinburg. (L. S.)

Frhr. v. Prankh. (L. S.)

v. Lutz. (L. S.)

Anlage VIII.

Vertrag v. 23. Nov. 1870., betr. den Beitritt Bayerns zur Verfassung des Deutschen Bundes, unter IV. (BGB. 1871 S. 21.)

Da in Anbetracht der großen Schwierigkeiten, welche theils die vorgerückte Zeit, theils die Fortdauer des Krieges der Aufstellung eines Etats für die Militairverwaltung des Deutschen Bundes für das Jahr 1871. und beziehungsweise der Feststellung der von Bayern auf sein Heer zu verwendenden Gesammtsumme für dieses Jahr entgegenstellen, die Bestimmungen unter III. §. 5. dieses Vertrages erst mit dem 1. Januar 1872. in Wirksamkeit treten, wird der Ertrag der im Artikel 35. bezeichneten gemeinschaftlichen Abgaben für das Jahr 1871. nicht zur Bundeskasse fließen, sondern der Staatskasse Bayerns verbleiben, dagegen aber der Beitrag Bayerns zu den Bundesausgaben durch Matrikularbeiträge aufgebracht werden.

Anlage IX.

Bündnißvertrag mit Bayern v. 23. Nov. 1870. (BGB. 1871 S. 9 ff.) unter III. § 5.

Anlangend die Artikel 57. bis 68. von dem Bundes-Kriegswesen, so findet Artikel 57. Anwendung auf das

Königreich Bayern; Artikel 58. ist gleichfalls für das Königreich Bayern gültig. Dieser Artikel erhält jedoch für Bayern folgenden Zusatz:

Der in diesem Artikel bezeichneten Verpflichtung wird von Bayern in der Art entsprochen, daß es die Kosten und Lasten seines Kriegswesens, den Unterhalt der auf seinem Gebiete belegenen festen Plätze und sonstigen Fortifikationen einbegriffen, ausschließlich und allein trägt.

Artikel 59. hat gleichwie der Artikel 60. für Bayern gesetzliche Geltung.

Die Artikel 61. bis 68. finden auf Bayern keine Anwendung. An deren Stelle treten folgende Bestimmungen:

I. Bayern behält zunächst seine Militairgesetzgebung nebst den dazu gehörigen Vollzugs-Instruktionen, Verordnungen, Erläuterungen 2c. bis zur verfassungsmäßigen Beschlußfassung über die der Bundesgesetzgebung anheimfallenden Materien resp. bis zur freien Verständigung bezüglich der Einführung der bereits vor dem Eintritte Bayerns in den Bund in dieser Hinsicht erlassenen Gesetze und sonstigen Bestimmungen.

II. Bayern verpflichtet sich, für sein Kontingent und die zu demselben gehörigen Einrichtungen einen gleichen Geldbetrag zu verwenden, wie nach Verhältniß der Kopfstärke durch den Militair-Etat des Deutschen Bundes für die übrigen Theile des Bundesheeres ausgesetzt wird. Dieser Geldbetrag wird im Bundesbudget für das Königlich Bayerische Kontingent in einer Summe ausgeworfen. Seine Verausgabung wird durch Spezial-Etats geregelt, deren Aufstellung Bayern überlassen bleibt. Hierfür werden im Allgemeinen diejenigen Etatsansätze nach Verhältniß zur Richtschnur dienen, welche für das übrige Bundesheer in den einzelnen Titeln ausgeworfen sind.

III. Das Bayerische Heer bildet einen in sich geschlossenen Bestandtheil des Deutschen Bundesheeres mit selbstständiger Verwaltung unter der Militairhoheit Seiner Majestät des Königs von Bayern; im Kriege — und zwar mit Beginn der Mobilisirung — unter dem Befehle des Bundesfeldherrn. In Bezug auf Organisation, Formation, Ausbildung und Gebühren, dann hinsichtlich der Mobilmachung wird Bayern volle Uebereinstimmung mit den für das Bundesheer bestehenden Normen herstellen. Bezüglich der Bewaffnung und Ausrüstung, sowie der Gradabzeichen behält sich die Königlich Bayerische Regierung die Herstellung der vollen Uebereinstimmung mit dem Bundesheere vor. Der Bundesfeldherr hat die Pflicht und das Recht, sich durch Inspektionen von der Uebereinstimmung in Organisation, Formation und Ausbildung, sowie von der Vollzähligkeit und Kriegstüchtigkeit des Bayerischen Kontingents Ueberzeugung zu verschaffen und wird sich über die Modalitäten der jeweiligen Vornahme und über das Ergebniß dieser Inspektionen mit Seiner Majestät dem Könige von Bayern ins Vernehmen setzen. Die Anordnung der Kriegsbereitschaft (Mobilisirung) des Bayerischen Kontingents oder eines Theils desselben erfolgt auf Veranlassung des Bundesfeldherrn durch Seine Majestät den König von Bayern. Zur steten gegenseitigen Information in den durch diese Vereinbarung geschaffenen militairischen Beziehungen erhalten die Militair-Bevollmächtigten in Berlin und München über die einschlägigen Anordnungen entsprechende Mittheilung durch die resp. Kriegsministerien.

IV. Im Kriege sind die Bayerischen Truppen verpflichtet, den Befehlen des Bundesfeldherrn unbedingt Folge zu leisten. Diese Verpflichtung wird in den Fahneneid aufgenommen.

V. Die Anlage von neuen Befestigungen auf Bayerischem Gebiete im Interesse der gesammtdeutschen Vertheidigung wird Bayern im Wege jeweiliger spezieller Vereinbarung zugestehen. An den Kosten für den Bau und die Ausrüstung solcher Befestigungsanlagen auf seinem Gebiete betheiligt sich Bayern in dem seiner Bevölkerungszahl entsprechenden Verhältnisse gleichmäßig mit den anderen Staaten des Deutschen Bundes; ebenso an den für sonstige Festungsanlagen etwa Seitens des Bundes zu bewilligenden Extraordinarien.[1])

VI. Die Voraussetzungen, unter welchen wegen Bedrohung der öffentlichen Sicherheit das Bundesgebiet oder ein Theil desselben durch den Bundesfeldherrn in Kriegszustand erklärt werden kann, die Form der Verkündung und die Wirkungen einer solchen Erklärung werden durch ein Bundesgesetz geregelt.

VII. Vorstehende Bestimmungen treten mit dem 1. Januar 1872. in Wirksamkeit.

Anlage X.

Militär-Konvention zwischen dem Nordd. Bunde und Württemberg, d. d. $\frac{\text{Versailles}}{\text{Berlin}}$ d. $\frac{21.}{25.}$ Nov. 1870.

(BGB. 1870 S. 658.)

Art. 1. Die Königlich Württembergischen Truppen als Theil des Deutschen Bundesheeres bilden ein in

---

[1]) Vgl. hierzu Schluß-Prot. zu dem Vertr. v. 23. Nov. 1870, betr. den Beitritt Bayerns zur Verf. des Deutschen Bundes (RGB. 1871 S. 23 ff.) unter XIV. (Oben Anlage VII.)

sich geschlossenes Armeekorps nach der anliegenden Formation[1]) nebst der entsprechenden Anzahl von Ersatz- und Besatzungstruppen nach Preußischen Normen im Falle der Mobilmachung oder Kriegsbereitschaft.

Art. 2. Die hierdurch bedingte neue Organisation der Königlich Württembergischen Truppen soll in drei Jahren nach erfolgter Anordnung zur Rückkehr von dem gegenwärtigen Kriegsstand auf den Friedensfuß vollendet sein.

Art. 3. Von dieser Rückkehr an bilden, beginnend mit einem noch näher zu bestimmenden Tage, die Königlich Württembergischen Truppen das vierzehnte Deutsche Bundes-Armeekorps mit ihren eigenen Fahnen und Feldzeichen und erhalten die Divisionen, Brigaden, Regimenter und selbstständigen Bataillone des Armeekorps die entsprechende laufende Nummer in dem Deutschen Bundesheere neben der Nummerirung im Königlich Württembergischen Verbande.

Art. 4. Die Unterstellung der Königlich Württembergischen Truppen unter den Oberbefehl Seiner Majestät des Königs von Preußen als Bundesfeldherrn beginnt ebenfalls an einem noch näher zu bestimmenden Tage und wird in den bisherigen Fahneneid in der Weise aufgenommen, daß es an der betreffenden Stelle heißt:

„daß ich Seiner Majestät dem Könige während meiner Dienstzeit als Soldat treu dienen, dem Bundesfeldherrn und den Kriegsgesetzen Gehorsam leisten und mich stets als tapferer und ehrliebender Soldat verhalten will. So wahr mir Gott helfe.“

Art. 5. Die Ernennung, Beförderung, Versetzung u.s.w. der Offiziere und Beamten des Königlich Württembergischen Armeekorps erfolgt durch Seine Majestät den König

---

[1]) Vgl. die vereinbarte Friedens- und Kriegs-Formation des Königl. Württembergischen Armeekorps im BGB. 1870 S. 663 ff.

von Württemberg, diejenige des Höchstkommandirenden für das Armeekorps nach vorgängiger Zustimmung Seiner Majestät des Königs von Preußen als Bundesfeldherr. Seine Majestät der König von Württemberg genießt als Chef seiner Truppen die Ihm Allerhöchst zustehenden Ehren und Rechte und übt die entsprechenden gerichtsherrlichen Befugnisse sammt dem Bestätigungs- und Begnadigungsrecht bei Erkenntnissen gegen Angehörige des Armeekorps aus, welche über die Befugnisse des Armeekorps-Kommandanten, beziehungsweise des Königlich Württembergischen Kriegsministeriums hinausgehen.

Art. 6. Unbeschadet der dem Bundesfeldherrn gemäß der Bundesverfassung zustehenden Rechte der Disponirung über alle Bundestruppen und ihrer Dislocirung soll für die Dauer friedlicher Verhältnisse das Württembergische Armeekorps in seinem Verband und in seiner Gliederung erhalten bleiben und im eigenen Lande dislocirt sein; eine hiervon abweichende Anordnung des Bundesfeldherrn, sowie die Dislocirung anderer Deutscher Truppentheile in das Königreich Württemberg soll in friedlichen Zeiten nur mit Zustimmung Seiner Majestät des Königs von Württemberg erfolgen, sofern es sich nicht um Besetzung Süddeutscher oder Westdeutscher Festungen handelt.

Art. 7. Ueber die Ernennung der Kommandanten für die im Königreiche Württemberg gelegenen festen Plätze, welche nach Artikel 64. der Bundesverfassung dem Bundesfeldherrn zusteht, sowie über die Demselben gleichermaßen zustehende Berechtigung, neue Befestigungen innerhalb des Königreichs anzulegen, wird sich der Bundesfeldherr eintretenden Falls mit dem Könige von Württemberg vorher in Vernehmen setzen; ebenso wenn der Bundesfeldherr einen von Ihm zu ernennenden Offizier aus dem Königlich Württembergischen Armeekorps wählen will. Um der Beurtheilung dieser Ernennungen eine Grundlage zu gewähren, werden über die Offiziere des Königlich Württembergischen Armeekorps vom Stabsoffizier aufwärts alljährlich Personal- und Qualifikationsberichte nach Preußischem Schema aufgestellt und Seiner Majestät dem Bundesfeldherrn vorgelegt.

Art. 8. Zur Beförderung der Gleichmäßigkeit in der Ausbildung und dem inneren Dienst der Truppen werden nach gegenseitiger Verabredung einige Königlich Württembergische Offiziere je auf 1—2 Jahre in die Königlich Preußische Armee und Königliche Preußische Offiziere in das Königlich Württembergische Armeekorps kommandirt. Hinsichtlich etwa wünschenswerther Versetzung einzelner Offiziere aus Königlich Württembergischen Diensten in die Königlich Preußische Armee oder umgekehrt haben in jedem Spezialfalle besondere Verabredungen stattzufinden.

Art. 9. Der Bundesfeldherr, welchem nach Artikel 63. das Recht zusteht, sich jederzeit durch Inspektionen von der Verfassung der einzelnen Kontingente zu überzeugen, wird die Königlich Württembergischen Truppen alljährlich mindestens einmal entweder Allerhöchstselbst inspiziren, oder durch zu ernennende Inspekteure, deren Personen vorher Seiner Majestät dem Könige von Württemberg bezeichnet werden sollen, in den Garnisonen oder bei den Uebungen inspiziren lassen. Die in Folge solcher Inspizirungen bemerkten sachlichen und persönlichen Mißstände wird der Bundesfeldherr dem Könige von Württemberg mittheilen, welcher Seinerseits dieselben abstellen und von dem Geschehenen alsdann dem Bundesfeldherrn Anzeige machen läßt.

Art. 10. Für die Organisation des Königlich Württembergischen Armeekorps sind — so lange und insoweit nicht auf dem Wege der Bundesgesetzgebung anders bestimmt wird — die derzeitigen Preußischen Normen maaßgebend. Es kommen demgemäß in dem Königreiche Württemberg, außer dem Norddeutschen Gesetz über die Verpflichtung zum Kriegsdienste vom 9. November 1867., nebst der dazu gehörigen Militair-Ersatzinstruktion vom 26. März 1868., insbesondere alle Preußischen Exerzier-

und sonstigen Reglements, Instruktionen und Reskripte zur Ausführung, namentlich die Verordnung über die Ehrengerichte vom 20. Juli 1843., die für Krieg und Frieden gegebenen Bestimmungen über Aushebung, Dienstzeit, Servis-, Verpflegungs- und Invalidenwesen, Mobilmachung u. s. w., über den Ersatz des Offizierkorps und über das Militair-Erziehungs- und Bildungswesen. Ausgenommen sind von der Gemeinsamkeit in den Einrichtungen des Königlich Württembergischen Armeekorps mit denjenigen der Königlich Preußischen Armee: die Militair-Kirchenordnung, das Militair-Strafgesetzbuch und die Militair-Strafgerichtsordnung, sowie die Bestimmungen über Einquartierung und Ersatz von Flurbeschädigungen, worüber in dem Königreiche Württemberg die derzeit bestehenden Gesetze und Einrichtungen vorerst und bis zur Regelung im Wege der Bundesgesetzgebung in Geltung verbleiben. Die Gradabzeichen, sowie die Benennungen und der Modus der Verwaltung sind in dem Königlich Württembergischen Armeekorps dieselben wie in der Königlich Preußischen Armee. Die Bestimmungen über die Bekleidung für das Königlich Württembergische Armeekorps werden von Seiner Majestät dem Könige von Württemberg gegeben und es soll dabei den Verhältnissen der Bundesarmee die möglichste Rechnung getragen werden.

Art. 11. Im Falle eines Krieges steht von dessen Ausbruch bis zu dessen Beendigung die obere Leitung des Telegraphenwesens, soweit solches für die Kriegszwecke eingerichtet ist, dem Bundesfeldherrn zu. Die Königlich Württembergische Regierung wird bereits während des Friedens die bezüglichen Einrichtungen in Uebereinstimmung mit denjenigin des Norddeutschen Bundes treffen, und insbesondere bei dem Ausbau des Telegraphennetzes darauf Bedacht nehmen, auch eine der Kriegsstärke Ihres Armeekorps entsprechende Feldtelegraphie zu organisiren.

Art. 12. Aus der von Württemberg nach Artikel 62. der Bundesverfassung zur Verfügung zu stellenden Summe bestreitet die Königlich Württembergische Regierung, nach Maaßgabe des Bundeshaushalts-Etats, den Aufwand für die Unterhaltung des Königlich Württembergischen Armeekorps, einschließlich Neuanschaffungen, Bauten, Einrichtungen u. s. w. in selbstständiger Verwaltung, sowie den Antheil Württembergs an den Kosten für die gemeinschaftlichen Einrichtungen des Gesammtheeres — Central-Administration, Festungen, Unterhaltung der Militairbildungs-Anstalten, einschließlich der Kriegsschulen und der militairärztlichen Bildungs-Anstalten, der Examinations-Kommissionen, der militairwissenschaftlichen und technischen Institute, des Lehrbataillons, der Militair- und Artillerie-Schießschule, der Militair-Reitschule, der Central-Turnanstalt und des großen Generalstabs. Ersparnisse, welche unter voller Erfüllung der Bundespflichten als Ergebnisse der obwaltenden besonderen Verhältnisse möglich werden, verbleiben zur Verfügung Württembergs. Das Königlich Württembergische Armeekorps partizipirt an den gemeinschaftlichen Einrichtungen und wird im großen Generalstabe verhältnißmäßig vertreten sein.

Art. 13. Die Zahlung der von Württemberg nach Artikel 62. der Bundesverfassung aufzubringenden Summe beginnt mit dem ersten Tage des Monats, welcher auf die Anordnung zur Rückkehr der Königlich Württembergischen Truppen von dem Kriegszustande auf den Friedensfuß folgt. In den Etat und die Abrechnung des Bundesheeres tritt das Königlich Württembergische Armeekorps jedoch erst mit dem 1. Januar 1872. ein. Während der im Artikel 2. verabredeten dreijährigen Uebergangszeit wird für den Etat des Königlich Württembergischen Armeekorps die Rücksicht auf die, in dieser Periode zu vollziehende neue Organisation maaßgebend sein, und zwar sowohl in Beziehung auf die in Ansatz zu bringenden Beträge, als auch in Beziehung auf die

Zulässigkeit der gegenseitigen Uebertragung einzelner Titel und der Uebertragung gleichnamiger Titel aus einem Jahre ins andere.

Art. 14. Verstärkungen der Königlich Württembergischen Truppen durch Einziehung der Beurlaubten, sowie die Kriegsformationen derselben und endlich deren Mobilmachung hängen von den Anordnungen des Bundesfeldherrn ab. Solchen Anordnungen ist allezeit und im ganzen Umfange Folge zu leisten. Die hierdurch erwachsenden Kosten trägt die Bundeskasse, jedoch sind die Königlich Württembergischen Kassen verpflichtet, insoweit ihre vorhandenen Fonds ausreichen, die nothwendigen Gelder vorzuschießen.

Art. 15. Zur Vermittelung der dienstlichen Beziehungen des Königlich Württembergischen Armeekorps zu dem Deutschen Bundesheer findet ein direkter Schriftwechsel zwischen dem Königlich Preußischen und dem Königlich Württembergischen Kriegsministerium statt und erhält letzteres auf diese Weise alle betreffenden zur Zeit gültigen oder später zu erlassenden Reglements, Bestimmungen u. s. w. zur entsprechenden Ausführung. Nebendem wird die Königlich Württembergische Regierung jederzeit in dem Bundesausschuß für das Landheer und die Festungen vertreten sein.

Anlage XI.

Uebersicht der auf Grund des Art. 4 Nr. 13 der Bundes-, beziehungsweise Reichsverfassung ergangenen Bundes- und Reichsgesetze.

I. Bürgerliches Recht.[1])

1. a) BG. v. 5. Juni 1869, betr. die Einführung der allgem. D. Wechsel-O., der Nürnberger Wechsel-

[1]) Vgl. v. Rönne's Staatsrecht des D. R., 2. Aufl., Bd. II, Abth. 2 § 105 S. 89 ff.

novellen und des allgem. D. Handels-Gesetzbuches als Bundesgesetze (BGB. S. 379).[1]) Auch gültig für Baden und Südhessen, zuf. Art. 80 unter I. 15 der mit Baden und Hessen vereinbarten Verf. (BGB. 1870 S. 647), für Württemberg, zuf. Art. 2 Nr. 6 des Vertr. v. 25. Nov. 1870 (BGB. S. 656), und für Bayern, zuf. § 2 unter I. 8 des RG. v. 22. April 1871 (BGB. S. 88).

Auch in Elsaß-Lothringen haben die allgem. D. Wechsel-O. und das allgem. D. Handels-Gesetzbuch durch das G. v. 19. Juni 1872, mit besonderen Einführungsbestimmungen, in der durch dieses Gesetz angeordneten Fassung, v. 1. Okt. 1872 an, Gesetzeskraft erlangt (GB. f. Elf.-Lothr. S. 213).

b) Abänderungen und Ergänzungen des allgem. D. Handels-Gesetzbuches.

α) BG. v. 11. Juni 1870, betr. die Kommanditgesellschaften auf Aktien und die Aktiengesellschaften (BGB. S. 375). Auch gültig für Baden und Südhessen, zuf. Art. 80 unter I. 26 der mit Baden und Hessen vereinbarten Verf. (BGB. 1870 S. 646), für Württemberg, zuf. Art. 2 Nr. 6 des Vertr. v. 25. Nov. 1870 (BGB. S. 656), und für Bayern (mit einem Zusatze), zuf. § 10 des RG. v. 22. April 1871 (BGB. S. 90). Bezüglich Elsaß-Lothringens sind die Bestimmungen des G. v. 11. Juli 1870 in das (zu a. gedachte) G. v. 19. Juni 1872 und die durch dieses letztere angeordnete Fassung des Handels-Gesetzbuches aufgenommen worden.

---

1) Eingeführt in Helgoland durch V. v. 22. März 1891 (RGB. S. 21).

β) RG. v. 16. Dez. 1875, betr. die Umwandlung von Aktien in Reichswährung (RGB. S. 317). [Abänderung des Art. 207a. Abs. 3 des D. Handels-Gesetzbuches.]

γ) RG. v. 18. Juli 1884, betr. die Kommanditgesellschaften auf Aktien und die Aktiengesellschaften (RGB. S. 113).

δ) Seemanns-O. v. 27. Dez. 1872 (RGB. S. 409), welche im § 110 den Tit. 4 des fünften Buches des D. Handels-Gesetzbuches außer Kraft gesetzt hat und an dessen Stelle getreten ist.

ε) Strandungs-O. v. 17. Mai 1874 (RGB. S. 73), durch welche die Vorschriften des Tit. 9 des fünften Buches des Handels-Gesetzbuches modifizirt worden sind.

ζ) RG. v. 30. März 1888, betr. die Löschung nicht mehr bestehender Firmen und Prokuren im Handelsregister (RGB. S. 129).

η) RG. v. 15. Juni 1895, betr. die privatrechtlichen Verhältnisse der Binnenschiffahrt (RGB. S. 301).[1])

ϑ) RG. v. 15. Juni 1895, betr. die privatrechtlichen Verhältnisse der Flößerei (RGB. S. 341).

ι) Börsengesetz v. 22. Juni 1896 (RGB. S. 157).
Dazu: Bekanntm. des Reichskanzlers v. 9. Okt. 1896, betr. die Führung der Börsenregister und die Aufstellung der Gesammtliste (RGB. S. 492), Bekanntm. des Reichskanzlers v. 11. Dez. 1896, betr. die Zulassung von

---

[1]) Vgl. Art. 13 des Einführungsgesetzes zum Handelsgesetzbuch v. 10. Mai 1897 und Bekanntm. des Reichskanzlers v. 20. Mai 1898 (RGB. S. 369), mit welcher der Text verschiedener Reichsgesetze in der v. 1. Jan. 900 an geltenden Fassung publizirt ist.

Werthpapieren zum Börsenhandel (RGB. S. 763), und Bekanntm. des Reichskanzlers v. 28. Juni 1898, betr. die Feststellung des Börsenpreises von Werthpapieren (RGB. S. 915).

x) RG. v. 5. Juli 1896, betr. die Pflichten der Kaufleute bei Aufbewahrung fremder Werthpapiere (RGB. S. 183).

c) Handels-Gesetzbuch v. 10. Mai 1897 (RGB. S. 219) nebst Einführungsgesetz hierzu vom gleichen Tage (a. a. O. S. 437).

2. RG. v. 8. Juni 1871, betr. die Inhaberpapiere mit Prämien (RGB. S. 210). Auch gültig für Elsaß-Lothringen, zuf. G. v. 27. Jan. 1872 (GB. f. Elf.-Lothr. S. 111).

Dazu:

a) Bekanntm. des Reichskanzlers v. 19. Juni 1871, betr. die Vorschriften zur Ausführung des RG. v. 8. Juni 1871 über die Inhaberpapiere mit Prämien (RGB. S. 255), Bekanntm. des Reichskanzlers v. 1. Juli 1871, betr. die Ergänzung der unterm 19. Juni 1871 erlassenen Vorschriften (RGB. S. 304), Bekanntm. des Reichskanzlers v. 10. Juli 1871, betr. die zweite Ergänzung der unterm 19. Juni 1871 erlassenen Vorschriften (RGB. S. 314), Bekanntm. des Reichskanzlers v. 4. Dez. 1871, betr. die Abänderung der unterm 1. Juli 1871 erlassenen ergänzenden Vorschriften (RGB. S. 408).

b) Bekanntm. des Reichskanzlers v. 30. Juni 1872, betr. die Vorschriften zur Ausführung des RG. v. 8. Juni 1871 über die Inhaberpapiere (für Elsaß-Lothringen) GB. f. Elf.-Lothr. 1872 S. 113).

3. RG. v. 7. Juni 1871, betr. die Verbindlichkeit zum Schadensersatz für die bei dem Betriebe von Eisenbahnen, Bergwerken 2c. herbeigeführten Tödtungen

und Körperverletzungen (RGB. S. 207). Auch gültig für Elsaß-Lothringen, zuf. G. v. 1. Nov. 1872 (GB. f. Elf.-Lothr. S. 769).

4. BG. v. 14. Nov. 1867, betr. die vertragsmäßigen Zinsen[1]) (BGB. S. 159). Auch gültig für Baden und Südhessen, zuf. Art. 80 unter I. 6 der mit diesen Staaten vereinbarten Verfassung (BGB. 1870 S. 647), für Württemberg, zuf. Art. 2 Nr. 6 des Vertr. v. 25. Nov. 1870 (BGB. S. 656). Nicht eingeführt in Bayern; das Bayerische G. v. 5. Dez. 1867 hat jedoch ebenfalls das Verbot der Zinseszinsen und einer das Kapital übersteigenden Verzinsung aufgehoben (vgl. v. Rönne's Staatsrecht des D. R., 2. Aufl., Bd. II. Abth. 2 § 105 S. 97 Note 4).

5. a) BG. v. 4. Juli 1868, betr. die privatrechtliche Stellung der Erwerbs- und Wirthschaftsgenossenschaften (BGB. S. 415). Auch gültig für Baden und Südhessen, zuf. Art. 80 unter I. 10 der mit Baden und Hessen vereinbarten Verf. (BGB. 1870 S. 647) und für Württemberg, zuf. Art. 2 Nr. 6 des Vertr. v. 25. Nov. 1870 (BGB. S. 656).

Dazu: RG. v. 19. Mai 1871, betr. die Deklar. des § 1 des G. v. 4. Juli 1868 (RGB. 1871 S. 101).

Dieses Gesetz nebst der Deklar. v. 19. Mai 1871 ist demnächst auch in Bayern v. 1. Aug. 1873 an eingeführt worden durch das RG. v. 23. Juni 1873 (RGB. S. 146) und in Elsaß-Lothringen durch das G. v. 12. Juli 1872 v. 1. Okt. 1873 an (GB. f. Elf.-Lothr. 1872 S. 511).

b) RG. v. 1. Mai 1889, betr. die Erwerbs- und Wirthschaftsgenossenschaften (RGB. S. 55), abgeändert durch RG. v. 12. August 1896, betr. die Abänderung des Gesetzes über die Erwerbs- und

---

[1]) Eingeführt in Helgoland durch V. v. 22. März 1891 (RGB. S. 21).

Wirthschaftsgenossenschaften v. 1. Mai 1889, sowie den Geschäftsbetrieb von Konsumanstalten (RGB. S. 695).[1]

Dazu: Bekanntm. des Reichskanzlers v. 11. Juli 1889, betr. die (vom Bundesrath beschlossenen) Bestimmungen über die Führung des Genossenschaftsregisters und die Anmeldungen zu demselben (RGB. S. 150).

6. RG. v. 20. April 1892, betr. die Gesellschaften mit beschränkter Haftung (RGB. S. 477).[1]

7. RG. v. 17. Febr. 1875, betr. das Alter der Großjährigkeit (RGB. S. 71).

8. a) BG. v. 4. Mai 1870, betr. die Eheschließung und die Beurkundung des Personenstandes von Bundesangehörigen im Auslande (BGB. S. 599). Auch gültig für Baden und Südhessen, zuf. Art. 80 unter I. 28 der mit Baden und Hessen vereinbarten Verf. (BGB. S. 647), für Württemberg, zuf. Art. 2 Nr. 6 des Vertr. v. 25. Nov. 1870 (BGB. S. 656), für Bayern, zuf. § 2 unter I. 12 des RG. v. 22. April 1871 (BGB. S. 87) und für Elsaß-Lothringen, zuf. des G. v. 8. Febr. 1875 Ziffer 2 (RGB. S. 69).

b) RG. v. 6. Febr. 1875 über die Beurkundung des Personenstandes und die Eheschließung (RGB. S. 23).[2]

Dazu:

α) V. v. 4. Nov. 1875, betr. die Beurkundung von Sterbefällen solcher Militärpersonen, welche sich an Bord der in Dienst gestellten Schiffe

[1]) Vgl. Anm. 1 S. 274.

[2]) Vgl. G. v. 16. Mai 1892, betr. die Ausführung des RG. v. 6. Febr. 1875 über die Beurkundung des Personenstandes und die Eheschließung (GB. f. Elf.-Lothr. 1892 S. 51).

oder anderen Fahrzeuge der Marine befinden (RGB. S. 313).

β) V. v. 20. Jan. 1879, betr. die Verrichtungen der Standesbeamten in Bezug auf solche Militärpersonen, welche ihr Standquartier nach eingetretener Mobilmachung verlassen haben (RGB. S. 5).

γ) Bekanntm. des Reichskanzlers v. 22. Juni 1875 mit der Ausführungs-Verordnung des Bundesraths zu dem RG. v. 6. Febr. 1875 (RCB. S. 386).

δ) Bekanntm. des Reichskanzlers v. 10. März 1892, betr. Ergänzung der Ausführungs-Verordnung zum Gesetz über die Beurkundung des Personenstandes und die Eheschließung v. 6. Febr. 1875 (RCB. 1892 S. 161).

9. RG. v. 21. Juli 1879, betr. die Anfechtung von Rechtshandlungen eines Schuldners außerhalb des Konkursverfahrens (RGB. S. 277).[1] [2]

10. RG. v. 4. Nov. 1874, betr. die Aufhebung der Art. 11 u. 12 Buch III. Tit. 12 des revid. Lübischen Rechtes, sowie der Art. 14 u. 16 Th. III. Tit. 12 des Rostocker Stadtrechtes (RGB. S. 128).

---

[1]) Eingeführt in Helgoland durch V. v. 22. März 1891 (RGB. S. 21).

[2]) Vgl. RG. v. 17. Mai 1898, betr. die Ermächtigung des Reichskanzlers zur Bekanntmachung der Texte verschiedener Reichsgesetze (RGB. S. 342) und Bekanntm. des Reichskanzlers v. 20. Mai 1898, mit welcher die Texte verschiedener Reichsgesetze in der vom 1. Jan. 1900 an geltenden Fassung publizirt werden (a. a. O. S. 369).

11. RG. v. 16. Mai 1894, betr. die Abzahlungsgeschäfte (RGB. S. 450).
12. Bürgerliches Gesetzbuch v. 18. Aug. 1896 (RGB. S. 195) nebst Einführungsgesetz hierzu vom gleichen Tage (a. a. O. S. 604).
Dazu: Bekanntm. des Reichskanzlers v. 16. Juni 1898, betr. Ausführungsbestimmungen zu den §§ 980, 981, 983 des Bürgerl. GB. (RGB. S. 912).
13. RG. v. 20. Mai 1898, betr. die Entschädigung der im Wiederaufnahmeverfahren freigesprochenen Personen (RGB. S. 345).

II. Strafrecht.[1]

1. a) Strafgesetzbuch für den Nordd. Bund v. 31. Mai 1870, nebst Einführungsgesetz dazu v. 31. Mai 1870 (BGB. S. 195—273).[2]

Nach Art. 80 der mit Baden und Hessen vereinbarten Verf. (BGB. 1870 S. 647) sind diese beiden Gesetze in Baden mit dem 1. Jan. 1872 und in Südhessen am 1. Jan. 1871 in Kraft getreten.

Für Württemberg ist nach dem Vertr. v. 25. Nov. 1870 (BGB. S. 654 ff.) der vorgedachte Art. 80 bezüglich des B.-Strafgesetzbuchs unverändert, und es ist somit in diesem Staate das Strafgesetzbuch nebst dem Einführungsgesetz am 1. Jan. 1872 in Kraft getreten.

In Bayern ist die Geltung des Strafgesetzbuchs nebst Einführungsgesetz durch § 7 des RG. v.

---

[1]) Vgl. v. Rönne's Staatsrecht des D. R., 2. Aufl., Bd. II. Abth. 2 § 104 S. 84 ff.

[2]) Das Einführungsgesetz v. 31. Mai 1870 und das Strafgesetzbuch für das D. R. in der durch die Bekanntm. v. 26. Febr. 1876 festgestellten Fassung sind in Helgoland eingeführt durch V. v. 22. März 1891 (RGB. S. 21).

22. April 1871 (BGB. S. 89) gleichfalls am 1. Jan. 1872 in Wirksamkeit getreten.

Die erforderlichen redaktionellen Aenderungen wurden für das Strafgesetzbuch (nicht für das Einführungsgesetz) von der Reichsgesetzgebung festgesetzt, und ist, zuf. des RG. v. 15. Mai 1871, betr. die Redaktion des Strafgesetzbuchs für den Nordd. Bund, als Strafgesetzbuch für das Deutsche Reich (RGB. S. 127), das letztere mit dem 1. Jan. 1872 in Wirksamkeit getreten.

Auch in Elsaß-Lothringen ist das Strafgesetzbuch für das Deutsche Reich durch das G. v. 30. Aug. 1871 v. 1. Okt. 1871 an eingeführt worden (GB. f. Elf.-Lothr. S. 255).

Dazu: G. v. 14. Juli 1873, betr. eine Abänderung des Einführungsgesetzes v. 30. Aug. 1871 (GB. f. Elf.-Lothr. 1873 S. 166) und RG. v. 29. März 1888 über die Auslegung des Art. II. des G. v. 30. Aug. 1871, betr. die Einführung des Strafgesetzbuchs für das Deutsche Reich in Elsaß-Lothringen (RGB. 1888 S. 127).

b) Ergänzungen und Abänderungen des Strafgesetzbuchs für das Deutsche Reich.

α) RG. v. 10. Dez. 1871, betr. die Ergänzung des Strafgesetzbuchs für das D. R. [Einschaltung des § 130a, betr. strafbare Handlungen der Geistlichen] (RGB. S. 442). Auch gültig in Elsaß-Lothringen, zuf. G. v. 15. Juli 1872 (GB. f. Elf.-Lothr. S. 531).

β) RG. v. 26. Febr. 1876, betr. die Abänderung von Bestimmungen des Strafgesetzbuchs für das D. R. v. 15. Mai 1871 und die Ergänzung desselben (RGB. 1876 S. 25).

Der Art. V. des (zu β gedachten) G. v. 26. Febr. 1876 hat den Reichskanzler ermächtigt, den Text des Strafgesetzbuchs, wie er sich aus den in dem gedachten Gesetze festgestellten Aenderungen der Fassung ergiebt, durch das RGB. bekannt zu machen. Dies ist geschehen durch die Bekanntm. v. 26. Febr. 1876, betr. die Redaktion des Strafgesetzbuchs für das D. R. (RGB. S. 39 ff.).

γ) RG. v. 24. Mai 1880, betr. den Wucher[1]) [Einschaltung der §§ 302a, 302b, 302c, 302d, und Ersetzung des § 360 Nr. 12] (RGB. S. 109).

δ) RG. v. 13. Mai 1891, betr. die Abänderung von Bestimmungen des Strafgesetzbuchs (RGB. S. 107).

[§§ 272, 364 ergänzt, §§ 317, 318, 360 Nr. 4 abgeändert, §§ 318a u. 367 Nr. 5a eingeschaltet.]

ε) RG. v. 26. März 1893, betr. die Abänderung des § 69 des Strafgesetzbuchs für das D. R. (RGB. S. 133).

ζ) RG. v. 19. Juni 1893, betr. Ergänzung der Bestimmungen über den Wucher (RGB. S. 197).

[§§ 302a und d abgeändert, §§ 302e und 367 Nr. 16 eingeschaltet.]

η) RG. v. 12. März 1894, betr. die Abänderung des Gesetzes über den Unterstützungswohnsitz und die Ergänzung des Strafgesetzbuchs (RGB. S. 259).

[§ 361 Nr. 10 eingeschaltet, § 361 letzter Absatz abgeändert.]

ϑ) Auf Grund des § 145 des Strafgesetzbuchs für das D. Reich ergangene Kaiserl. Verordnungen.

αα) V. v. 23. Dez. 1871 zur Verhütung des Zusammenstoßens der Schiffe auf See (RGB. S. 475). Aufgehoben und ersetzt durch V. v. 9. Mai 1897 zur Verhütung

---

[1]) Eingeführt in Helgoland durch V. v. 22. März 1891 (RGB. S. 21).

des Zusammenstoßens der Schiffe auf See (RGB. S. 203).

ββ) V. v. 15. Aug. 1876 über das Verhalten der Schiffer nach einem Zusammenstoß von Schiffen auf See (RGB. S. 189).

γγ) V. v. 29. Juli 1889 zur Ergänzung der Verordnungen über das Verhalten der Schiffer nach einem Zusammenstoß von Schiffen auf See v. 15. Aug. 1876 und zur Verhütung des Zusammenstoßens der Schiffe auf See v. 7. Jan. 1880 (RGB. 1889 S. 171).

δδ) Noth- und Lootsen-Signalordnung für Schiffe auf See und auf den Küstengewässern v. 14. Aug. 1876 (RGB. S. 187), deren §§ 1—3 durch V. v. 9. Mai 1897 (RGB. S. 203) aufgehoben sind.

εε) V. v. 10. Mai 1897, betr. die Lichter- und Signalführung der Fischerfahrzeuge und der Lootsendampffahrzeuge (RGB. S. 215).

2. RG. v. 4. Dez. 1876, betr. die Schonzeit für den Fang von Robben (RGB. S. 233).

Dazu: V. v. 29. März 1877, betr. die Schonzeit für den Fang von Robben (RGB. S. 409).

3. RG. v. 30. April 1884 zur Ausführung der internationalen Konvention v. 6. Mai 1882, betr. die polizeiliche Regelung der Fischerei in der Nordsee außerhalb der Küstengewässer (RGB. S. 48).[1]

Vgl. den internationalen Vertr. v. 6. Mai 1882, betr. die polizeiliche Regelung der Fischerei in der Nordsee außerhalb der Küstengewässer (RGB. 1884 S. 15) und die Erklärung v. 1. Febr. 1889 zu Art. 8 Abs. 5 dieses Vertr. (RGB. 1890 S. 5).

---

[1]) Eingeführt in Helgoland durch V. v. 22. März 1891 (RGB. S. 21).

4. RG. v. 12. Juli 1887, betr. den Verkehr mit Ersatzmitteln für Butter (RGB. S. 375),[1]) aufgehoben durch § 21 des RG. v. 15. Juni 1897, betr. den Verkehr mit Butter, Käse, Schmalz und deren Ersatzmitteln (RGB. S. 475).

Dazu: Bekanntm. des Reichskanzlers v. 4. Juli 1897, betr. Bestimmungen zur Ausführung des Gesetzes über den Verkehr mit Butter, Käse, Schmalz und deren Ersatzmitteln (RGB. S. 591) und Bekanntm. des Reichskanzlers v. 1. April 1898, betr. Vorschriften für die chemische Untersuchung von Fetten und Käsen (RGB. S. 201).

5. RG. v. 22. März 1888, betr. den Schutz von Vögeln (RGB. S. 111).

G. v. 2. Juli 1890 zur Ausführung des G. v. 22. März 1888, betr. den Schutz von Vögeln [für Elsaß-Lothringen] (GB. f. Elſ.-Lothr. 1890 S. 47). Dazu: V. v. 16. Juli 1890 (GB. f. Elſ.-Lothr. S. 51).

6. RG. v. 4. Mai 1874, betr. die Verhinderung der unbefugten Ausübung von Kirchenämtern (RGB. S. 43).

7. RG. v. 9. Juni 1884 gegen den verbrecherischen und gemeingefährlichen Gebrauch von Sprengstoffen (RGB. S. 61).

Dazu: Bekanntm. des Reichskanzlers v. 13. März 1885, betr. das G. gegen den verbrecherischen und gemeingefährlichen Gebrauch von Sprengstoffen (RGB. 1885 S. 78, RCB. 1885 S. 65). Bekanntm. des Reichskanzlers v. 16. April 1891, betr. das G. gegen den verbrecherischen und gemeingefährlichen Gebrauch von Sprengstoffen (RGB. S. 105, RCB. S. 79). Bekanntm. des Reichskanzlers v. 11. Aug.

---

[1]) Eingeführt in Helgoland durch V. v. 24. Juli 1893 (RGR. S. 236).

1896, betr. das G. gegen den verbrecherischen und gemeingefährlichen Gebrauch von Sprengstoffen (RGB. S. 698).

8. RG. v. 3. Juli 1893 gegen den Verrath militärischer Geheimnisse (RGB. S. 205).

9. Bezüglich des Militär-Strafrechts vgl. Zus. 1a und b und Zus. 2f zum Art. 61 der Reichsverf.

10. RG. zur Bekämpfung des unlauteren Wettbewerbes v. 27. Mai 1896 (RGB. S. 145).

III. Gerichtsverfassung und gerichtliches Verfahren.

1. BG. v. 12. Juni 1869, betr. die Errichtung eines obersten Gerichtshofes für Handelssachen (BGB. S. 201). Auch gültig für Baden und Südhessen, zuf. Art. 80 unter I. 17 der mit Baden und Hessen vereinbarten Verf. (BGB. 1870 S. 647), für Württemberg, zuf. Art. 2 Nr. 6 des Vertr. v. 25. Nov. 1870 (BGB. S. 656), und für Bayern (mit einer Abänderung), zuf. § 5 des RG. v. 22. April 1871 (BGB. S. 89).[1]

Dazu:

α) V. v. 22. Juni 1870, betr. die Ausführung des G. wegen Errichtung eines obersten Gerichtshofes für Handelssachen v. 12. Juni 1869 (BGB. 1870 S. 418).

β) RG. v. 29. März 1873, betr. die dem Reichs-Oberhandelsgericht gegen Rechtsanwälte und Ad-

[1] Vgl. hierzu Prot. v. 15. Nov. 1870, betr. die Vereinbarung zwischen dem Nordd. Bunde, Baden und Hessen über Gründung des D. Bundes unter 9 zum Art. 80 der Verf. (BGB. S. 650) oben Anlage V und Verhandlung v. 25. Nov. 1870 über den Beitritt Württembergs (BGB. S. 657) oben Anlage III.

vokaten zustehenden Disziplinarbefugnisse (RGB. S. 60).

γ) RG. v. 14. Juni 1871, betr. die Bestellung des Reichs-Oberhandelsgerichts zum obersten Gerichtshofe für Elsaß-Lothringen (RGB. S. 315, GB. f. Elf.-Lothr. 1871 S. 249).

δ) Erweiterungen der Zuständigkeit des Reichs-Oberhandelsgerichts durch § 2 des BG. v. 1. Juni 1870, betr. die Abgaben von der Flößerei (BGB. S. 312), durch § 32 des BG. v. 11. Juni 1870, betr. das Urheberrecht an Schriftwerken, Abbildungen, musikalischen Kompositionen und dramatischen Werken (BGB. 1870 S. 346), desgl. § 16 des RG. v. 9. Jan. 1876, betr. das Urheberrecht an Werken der bildenden Künste (RGB. 1876 S. 4), sowie durch § 9 des RG. v. 10. Jan. 1876, betr. den Schutz der Photographien gegen unbefugte Nachbildung (RGB. S. 8), und §§ 14, 15 des RG. v. 11. Jan. 1876, betr. das Urheberrecht an Mustern und Modellen (RGB. S. 11), ferner durch §§ 32, 37 des Reichs-Patent-G. v. 25. Mai 1877 (RGB. S. 509), durch § 3 des RG. v. 22. April 1871, betr. die Einführung Nordd. Bundesgesetze in Bayern [dritte Instanz für die Gerichtsbarkeit der Reichskonsuln] (BGB. S. 88) und § 10 des RG. v. 7. Juni 1871, betr. die Verbindlichkeit zum Schadensersatz für die bei dem Betriebe von Eisenbahnen, Bergwerken 2c. herbeigeführten Tödtungen und Körperverletzungen (RGB. S. 209).

ε) Die zur Zuständigkeit des Reichs-Oberhandelsgerichts gehörigen Sachen sind auf das Reichsgericht übergegangen (Einführungs-G. zum Gerichtsverf.-G. v. 27. Jan. 1877 § 14, RGB. S. 79).

2. BG. v. 29. Mai 1868, betr. die Aufhebung der Schuldhaft[1]) (BGB. S. 237). Auch gültig für Baden und Südhessen, zuf. Art. 80 unter I. 8 der mit Baden und Hessen vereinbarten Verf. (BGB. 1870 S. 647), für Württemberg, zuf. Art. 2 Nr. 6 des Vertr. v. 25. Nov. 1870 (BGB. S. 656), und für Bayern, zuf. § 2 unter I. Nr. 4 des RG. v. 22. April 1871 (BGB. S. 87).
3. BG. v. 21. Juni 1869, betr. die Beschlagnahme des Arbeits- und Dienstlohnes (BGB. S. 242)[1]), abgeändert d. RG. v. 29. März 1897 wegen Abänderung des Gesetzes, betr. die Beschlagnahme des Arbeits- oder Dienstlohnes und der Civilprozeßordnung (RGB. S. 159).[2]) Auch gültig für Baden und Südhessen, zuf. Art. 80 unter I. 18 der mit Baden und Hessen vereinbarten Verf. (BGB. 1870 S. 647), für Württemberg, zuf. Art. 2 unter II. 1 des Vertr. v. 25. Nov. 1870 (BGB. S. 656) und für Bayern, zuf. § 2 unter I. 9 des G. v. 22. April 1871 (BGB. S. 88).
4. RG. v. 12. Mai 1873, betr. das Aufgebot und die Amortisation verlorener oder vernichteter Schuldurkunden des Nordd. Bundes und des Deutschen (RGB. S. 91). Auch gültig für Elsaß-Lothringen, zuf RG. v. 8. Febr. 1875 Ziff. 4 (RGB. S. 69).
5. a) Gerichtsverf.-G., nebst Einführungs-G. zu demselben v. 27. Jan. 1877 (RGB. S. 41 ff.).[1])
   Dazu:
   α) RG. v. 11. April 1877 über den Sitz des Reichsgerichts (RGB. S. 415).
   β) RG. v. 16. Juni 1879, betr. den Uebergang von Geschäften auf das Reichsgericht (RGB. S. 157).

---

[1]) Eingeführt in Helgoland durch V. v. 22. März 1891 (RGB. S. 21).

[2]) Vgl. Anm. 2 S. 278.

γ) V. v. 27. Sept. 1879, betr. die Einrichtung von Hülfssenaten bei dem Reichsgericht (RGB. S. 299).

δ) V. v. 26. Sept. 1879, betr. die Uebertragung Preußischer Rechtssachen auf das Reichsgericht (RGB. S. 287).

V. v. 26. Sept. 1879, betr. die Uebertragung Badischer Rechtssachen auf das Reichsgericht (RGB. S. 288).

V. v. 26. Sept. 1879, betr. die Uebertragung Hessischer Rechtssachen auf das Reichsgericht (RGB. S. 289).

V. v. 26. Sept. 1879, betr. die Uebertragung Oldenburgischer Rechtssachen auf das Reichsgericht (RGB. S. 290).

V. v. 26. Sept. 1879, betr. die Uebertragung Sachsen-Weimarscher und Sachsen-Meiningenscher Rechtssachen auf das Reichsgericht (RGB. S. 291).

V. v. 26. Sept. 1879, betr. die Uebertragung Anhaltischer Rechtssachen auf das Reichsgericht (RGB. S. 292).

V. v. 26. Sept. 1879, betr. die Uebertragung Schwarzburg-Sondershausener Rechtssachen auf das Reichsgericht (RGB. S. 293).

V. v. 26. Sept. 1879, betr. die Uebertragung Schwarzburg-Rudolstädtscher Rechtssachen auf das Reichsgericht (RGB. S. 294).

V. v. 26. Sept. 1879, betr. die Uebertragung Waldeckscher Rechtssachen auf das Reichsgericht (RGB. S. 295).

V. v. 26. Sept. 1879, betr. die Uebertragung Schaumburg-Lippescher Rechtssachen auf das Reichsgericht (RGB. S. 296).

V. v. 26. Sept. 1879, betr. die Zuweisung rechtsanhängiger Sachen aus den freien Hansestädten an das Reichsgericht (RGB. S. 297).

V. v. 26. Sept. 1879, betr. die Zuständigkeit des Reichsgerichts in Streitigkeiten über die Zulässigkeit des Rechtsweges in Bremischen Sachen (RGB. S. 298).

ε) RG. v. 17. März 1886, betr. Abänderung des § 137 des Gerichtsverf.-G. (RGB. S. 61a).[1]

ζ) RG. v. 5. April 1888, betr. die unter Ausschluß der Oeffentlichkeit stattfindenden Gerichtsverhandlungen (RGB. S. 133).[1]

η) RG. v. 12. Juni 1889, betr. die Geschäftssprache der gerichtlichen Behörden in Elsaß-Lothringen (RGB. S. 95).

ϑ) RG. v. 3. Mai 1884, betr. die Prisengerichtsbarkeit (RGB. S. 49).

V. v. 15. Febr. 1889, betr. die Ausübung der Prisengerichtsbarkeit aus Anlaß der Ostafrikanischen Blokade (RGB. S. 5).

ι) RG. v. 17. Mai 1898, betr. Aenderungen des Gerichtsverfassungsges. und der Strafprozeßordnung (RGB. S. 252).[1]

b) Civilprozeß-O., nebst Einführungs-G. zu derselben v. 30. Jan. 1877 (RGB. S. 83 ff.).[2]

Dazu:

α) V. v. 28. Sept. 1879, betr. die Begründung der Revision in bürgerlichen Rechtsstreitigkeiten (RGB. S. 299) und Druckfehlerberichtigung (RGB. 1880 S. 98), nebst Bekanntm. des Reichskanzlers v. 11. April 1880 (RGB. S. 102).

RG. v. 15. März 1881, betr. die Begründung der Revision in bürgerlichen Rechtsstreitigkeiten (RGB. S. 38).

RG. v. 24. Juni 1886, betr. die Revision in bürgerlichen Rechtsstreitigkeiten (RGB. S. 207).

---

[1]) Vgl. Anm. 2 S. 278.

[2]) Eingeführt in Helgoland durch V. v. 22. März 1891 (RGB. S. 21).

RG. v. 30. März 1893, betr. die Begründung der Revision in bürgerlichen Rechtsstreitigkeiten (RGB. S. 139).

β) RG. v. 30. April 1886, betr. die Ergänzung des § 809 der Civilprozeß-O. (RGB. S. 130).[1])

γ) RG. v. 29. März 1897 wegen Abänderung des Gesetzes, betr. die Beschlagnahme des Arbeits- oder Dienstlohns und der Civilprozeß-O. (RGB. S. 159).[1])

δ) RG. v. 17. Mai 1898, betr. Aenderungen der Civilprozeß-O. (RGB. S. 256) nebst Einführungs-G. hierzu vom gleichen Tage (a. a. O. S. 332).[1])

c) Strafprozeß-O., nebst Einführungs-G. zu derselben v. 1. Febr. 1877 (RGB. S. 253 ff.).[2])

Dazu: RG. v. 17. Mai 1898, betr. Aenderungen des Gerichtsverf.-G. und der Strafprozeß-O. (RGB. S. 252).

d) Konkurs-O., nebst Einführungs-G. zu derselben v. 10. Febr. 1877 (RGB. S. 351 ff.).[2])

Dazu: RG. v. 9. Mai 1894, betr. die Abänderung des § 41 der Konkurs-O. (RGB. S. 439).

RG. v. 17. Mai 1898, betr. Aenderungen der Konkurs-O. (RGB. S. 230) nebst Einführungs-G. hierzu vom gleichen Tage (a. a. O. S. 248).[1])

e) Gerichtskosten-G. v. 18. Juni 1878[2])[3]) (RGB. S. 141).

---

[1]) Vgl. Anm. 2 S. 278.

[2]) Eingeführt in Helgoland durch V. v. 22. März 1891 (RGB. S. 21).

[3]) Vgl. Anweisung des Bundesraths v. 23. April 1880, betr. den zum Zwecke der Einziehung von Gerichtskosten unter den Bundesstaaten zu leistenden Beistand (RCB. S. 278). Dazu: Verzeichniß der Behörden (Kassen), an welche das Ersuchen um Einziehung zu richten ist (a. a. O. S. 604).

Gebühren-O. für die Gerichtsvollzieher v. 24. Juni 1878 (RGB. S. 166).[1])

Gebühren-O. für Zeugen und Sachverständige v. 30. Juni 1878 (RGB. S. 173).[1]) [2])

RG. v. 29. Juni 1881, betr. die Abänderung von Bestimmungen des Gerichtskosten-G. und der Gebühren-O. für Gerichtsvollzieher (RGB. S. 178).[2])

V. v. 24. Dez. 1883, betr. die Gebührenfreiheit in dem Verfahren vor dem Reichsgericht (RGB. 1884 S. 1).

Bekanntm. des Reichskanzlers v. 8. Juli 1879 mit der vom Bundesrathe beschlossenen Dienstanweisung, betr. die Einziehung und Berechnung der für die Geschäfte des Reichsgerichts in Ansatz kommenden Kosten (RCB. S. 473).

f) Rechtsanwalts-O. v. 1. Juli 1878 (RGB. S. 177).[1])

Gebühren-O. für Rechtsanwälte v. 7. Juli 1879 (RGB. S. 176).[1]) [2])

g) Ausführungs-Erlaß für Elsaß-Lothringen zu den Reichsjustizgesetzen:

G. für Elsaß-Lothringen v. 4. Nov. 1878, betr. die Ausführung des Gerichtsverf.-G. (GB. f. Els.-Lothr. S. 65).

Hierzu: V. v. 28. März 1898, betreffend das Besoldungsdienstalter der unter das Dienstaltersstufensystem fallenden richterlichen und staatsanwaltlichen Beamten (GB. f. Els.-Lothr. S. 37).

G. für Elsaß-Lothringen v. 8. Juli 1879, betr. die Ausführung der Civilprozeß-O., der Konkurs-O. und der Strafprozeß-O. (GB. f. Els.-Lothr. S. 67).

---

[1]) Eingeführt in Helgoland durch V. v. 22. März 1891 (RGB. S. 21).

[2]) Vgl. Anm. 2 S. 278.

G. für Elsaß-Lothringen v. 31. März 1880, betr. die Vergütung der Reisekosten für die Geschworenen, die Vertrauensmänner und die Schöffen (GB. f. Els.-Lothr. S. 57).

G. für Elsaß-Lothringen v. 3. April 1880, betr. die Ausführung des Gerichtskosten-G. und der Gebühren-O. für Rechtsanwälte, für Gerichtsvollzieher und für Zeugen und Sachverständige (GB. f. Els.-Lothr. S. 58).

G. v. 30. April 1880 über die Zwangsvollstreckung in das unbewegliche Vermögen, einschließlich der Vollziehung des Arrestes und einstweiliger Verfügungen über das Hypotheken-Reinigungsverfahren und über das Verkleinerungsverfahren (GB. f. Els.-Lothr. S. 93).

G. v. 30. Juli 1880, betr. die Ernennung der Subalternbeamten bei den Gerichten (GB. f. Els.-Lothr. S. 128).

B. des Reichskanzlers v. 13. Juni 1879 zur Ausführung der Reichsjustizgesetze (GB. f. Els.-Lothr. S. 61).

B. des Kaiserl. Statthalters v. 26. Jan. 1880. betr. Hülfsbeamte der Staatsanwaltschaft (GB. f. Els.-Lothr. S. 6).

Kaiserl. B. v. 18. Febr. 1880, betr. die für die Bestimmung des Dienstalters der richterlichen und staatsanwaltschaftlichen Beamten maßgebenden Grundsätze (GB. f. Els.-Lothr. S. 7).

Kaiserl. B. v. 29. April 1880, betr. die Bildung von Senaten bei dem Oberlandesgericht in Colmar (GB. f. Els.-Lothr. S. 121).

B. des Kaiserl. Statthalters v. 19. Jan. 1888 und 10. Aug. 1891, betr. Abänderung des Regulativs v. 27. Jan. 1882 über die juristischen Prüfungen und die Vorbereitung zum höheren Justizdienst (GB. f. Els.-Lothr. 1888 S. 3 und 1891

S. 99) und V. v. 14. April 1898, betr. die erste juristische Prüfung (GB. f. Elf.-Lothr. S. 43).

V. des Kaiserl. Statthalters v. 16. Febr. 1892, betr. die Uebertragung richterlicher Geschäfte an Referendare (GB. f. Elf.-Lothr. S. 11).

G. v. 21. Juni 1897, betr. die Rechtsverhältnisse der Gerichtsvollzieher und die Errichtung einer Pensionskasse für Gerichtsvollzieher und deren Hinterbliebene (GB. f. Elf.-Lothringen S. 72).

8. BG. v. 21. Juli 1870, betr. die zu Gunsten der Militärpersonen eintretende Einstellung des Civilprozeß-Verfahrens (BGB. S. 493).

9. RG. v. 24. März 1897 über die Zwangsversteigerung und die Zwangsverwaltung (RGB. S. 97) nebst Einführungsgesetz hierzu vom gleichen Tage (a. a. O. S. 135).[1]

10. Grundbuchordnung v. 24. März 1897 (RGB. S. 139).[1]

11. RG. über die Angelegenheiten der freiwilligen Gerichtsbarkeit (RGB. S. 189).[1]

IV. Polizeiliche Gesetze.

1. BG. v. 1. Juli 1868, betr. die Schließung und Beschränkung der öffentlichen Spielbanken (BGB. S. 367). Auch gültig für Südhessen, zuf. Art. 80 unter 2 der mit Baden und Hessen vereinbarten Verf. (BGB. 1870 S. 647), für Württemberg, zuf. Art. 2 Nr. 6 des Vertr. v. 25. Nov. 1870 (BGB. S. 656), und für Bayern, zuf. § 2 unter I. 6 des RG. v. 22. April 1871 (BGB. S. 87). Nicht eingeführt in Baden, wo bereits ein gleiches Landesgesetz bestand.

2. a) V. v. 11. Februar 1873, betr. das Verbot der Einfuhr von Reben zum Verpflanzen (RGB. S. 43), V. v. 31. Okt. 1879, betr. das Verbot der Einfuhr von Reben und sonstigen Theilen des Weinstocks

---

1) Vgl. Anm. 2 S. 278.

(RGB. S. 303) und V. v. 4. Juli 1883, betr. das Verbot der Einfuhr und der Ausfuhr von Pflanzen und sonstigen Gegenständen des Wein- und Gartenbaues (RGB. S. 153).

Dazu: V. v. 16. Juni 1886, betr. die Einfuhr und die Ausfuhr von Gewächsen, sowie von sonstigen Gegenständen des Wein- und Gartenbaues (RGB. S. 191).

Vgl. die auf Grund der Vorschriften im § 4 Ziffer 1 und im § 5 Ziffer 1 u. 3 der V. v. 4. Juli 1883 erlassenen Bekanntm. des Reichskanzlers v. 12. Juli 1883 (RGB. S. 242), v. 1. Nov. 1883 (RGB. S. 335), n. 23. Jan. 1884 (RGB. S. 10), v. 31. Jan. 1884 (RGB. S. 11), v. 26. Febr. 1884 (RGB. S. 15), v. 24. Mai 1884 (RGB. S. 51), v. 26. Mai 1884 (RGB. S. 52), v. 4. Juli 1884 (RGB. S. 64), v. 24. Aug. 1884 (RGB. S. 191), v. 10. Nov. 1884 (RGB. S. 219), v. 8. Febr. 1885 (RGB. S. 19), v. 30. Mai 1886 (RGB. S. 180), v. 21. Jan. 1887 (RGB. S. 7), v. 20. Okt. 1887 (RGB. S. 517), v. 11. Dez. 1887 (RGB. S. 531), v. 16. Sept. 1888 (RGB. S. 233), v. 18. Dez. 1888 (RGB. S. 301), v. 19. April 1889 (RGB. S. 54), v. 9. Jan. 1891 (RGB. S. 8), v. 7. Mai 1892 (RGB. S. 663), v. 14. Jan. 1895 (RGB. S. 3), v. 12. Juli 1895 (RGB. S. 419) und v. 27. Jan. 1896 (RGB. S. 7).[1])

[1]) Aehnliche Einfuhrverbote, welche gegen die Reblauskrankheit gerichtet sind, haben erlassen: die Oesterreichisch-Ungarische Regierung (RCB. 1874 S. 69), die Ungarische Regierung (RCB. 1875 S. 90), die Portugiesische Regierung (RCB. 1878 S. 684), die Ungarische Regierung (RCB. 1879 S. 648), die Oesterreichische Regierung (RCB. 1879 S. 666), die Griechische Regierung (RCB. 1880 S. 7).

V. v. 7. April 1887, betr. die Einfuhr bewurzelter Gewächse aus den bei der internationalen Reblauskonvention nicht betheiligten Staaten (RGB. S. 155). Dazu: Bekanntm. des Reichskanzlers v. 23. Aug. 1887 (RGB. S. 431).

b) Abgesehen von den zu a erwähnten Einfuhrverboten sind Maßregeln gegen die Reblauskrankheit getroffen durch:

α) das RG. v. 6. März 1875, betr. Maßregeln gegen die Reblauskrankheit (RGB. S. 115);

β) die internationale Uebereinkunft v. 17. Sept. 1878, betr. Maßregeln gegen die Reblaus (RGB. 1880 S. 15),[1] welche jedoch ersetzt ist durch:

γ) die internationale Reblauskonvention v. 3. Nov. 1881 (RGB. 1882 S. 125)[2] und Deklaration v. 15. April 1889 (RGB. S. 203);

δ) das RG. v. 3. Juli 1883, betr. die Abwehr und Unterdrückung der Reblauskrankheit (RGB. S. 149).[3]

---

[1]) Vgl. dazu: Bekanntm. des Reichskanzlers v. 5. April 1880, betr. den Beitritt Luxemburgs (RGB. S. 108) und v. 31. Mai 1880, betr. den Beitritt Serbiens (RGB. S. 118).

[2]) Vgl. hierzu: Bekanntm. des Reichskanzlers v. 7. Juli 1882, betr. den Beitritt Belgiens (RGB. S. 138), v. 15. Sept. 1882, betr. den Beitritt Luxemburgs (RGB. S. 139), v. 2. Jan. 1884, betr. den Beitritt der Niederlande (RGB. S. 7), v. 24. Okt. 1884, betr. den Beitritt Serbiens (RGB. S. 215), v. 28. Jan. 1888, betr. den Beitritt Italiens (RGB. S. 8), v. 6. Juni 1891, betr. den Beitritt Spaniens (RGB. S. 348) und v. 19. Jan. 1892, betr. den Beitritt Rumäniens (RGB. S. 239).

[3]) Vgl. das G. v. 3. Juli 1883 mit den zu demselben erlassenen Ausführungsbestimm. in Guttentag's Gesetzgebung Bd. V. S. 475—482.

3. V. v. 26. Febr. 1875, betr. das Verbot der Einfuhr von Kartoffeln aus Amerika, sowie von Abfällen und Verpackungsmaterial solcher Kartoffeln (RGB. S. 135).

4. V. v. 5. Febr. 1898, betr. die Einfuhr lebender Pflanzen und frischen Obstes aus Amerika (zur Verhütung der Einschleppung der San José-Schildlaus) (RGB. S. 5).

5. V. v. 6. März 1883, betr. die Einfuhr von Schweinen, Schweinefleisch und Würsten amerikanischen Ursprungs (RGB. S. 31), abgeändert durch V. v. 3. Sept. 1891 (RGB. S. 385). V. v. 29. Nov. 1887, betr. das Verbot der Einfuhr von Schweinen, Schweinefleisch und Würsten Dänischen, Schwedischen oder Norwegischen Ursprungs (RGB. S. 529).[1] V. v. 14. Juli 1889, betr. das Verbot der Einfuhr von lebenden Schweinen aus Rußland, Oesterreich-Ungarn und den Hinterländern Oesterreich-Ungarns (RGB. S. 149) und Viehseuchen-Uebereinkommen v. 6. Dez. 1891 zwischen dem Deutschen Reich und Oesterreich-Ungarn (RGB. 1892 S. 90).

6. Internationale Uebereinkunft v. 15. April 1893, betr. Maßregeln gegen die Cholera (RGB. S. 343), Bekanntm. des Reichskanzlers v. 9. Sept. 1894 über die seitens der Niederlande erfolgte Ratifikation der am 15. April 1893 zu Dresden abgeschlossenen internationalen Uebereinkunft, betr. Maßregeln gegen die Cholera (RGB. 1894 S. 519), v. 15. Febr. 1895 (RGB. S. 152) über den Beitritt Serbiens und Liechtensteins zu der am 15. April 1893 zu Dresden abgeschlossenen internationalen Uebereinkunft, betr. Maßregeln gegen die Cholera, v. 14. Dez. 1895

---

[1]) Aufgehoben durch V. v. 5. Dez. 1890 (RGB. S. 203).

(RGB. S. 461) über die Ausdehnung der am 15. April 1893 zu Dresden abgeschlossenen internationalen Uebereinkunft, betr. Maßregeln gegen die Cholera, auf die britischen Kolonien Natal, Ceylon, Lagos, St. Helena und Canada und v. 18. Okt. 1897 über den Beitritt Rumäniens zu dieser Uebereinkunft (RGB. S. 776).

7. Vgl. die zur Verhütung der Einschleppung der Pest erlassenen V. v. 8. Febr. und 6. Sept. 1897, betr. Beschränkungen der Einfuhr aus Asien (RGB. S. 15 und 725).

8. Internationale Sanitätskonvention v. 3. April 1894. Zusatzerklärung zu dieser Uebereinkunft v. 30. Okt. 1897 (RGB. 1898 S. 973).

9. Internationaler Vertrag zur Unterdrückung des Branntweinhandels unter den Nordseefischern auf hoher See v. 16. Nov. 1887 (RGB. S. 427).

Dazu: RG. v. 4. März 1894, betr. die Ausführung des internationalen Vertrages vom $\frac{\text{16. Nov. 1887}}{\text{14. Febr. 1893}}$ zur Unterdrückung des Branntweinhandels unter den Nordseefischern auf hoher See (RGB. 1894 S. 151).

10. RG. v. 19. Mai 1891, betr. die Prüfung der Läufe und Verschlüsse der Handfeuerwaffen (RGB. S. 109).

Dazu: Bekanntm. des Reichskanzlers v. 22. Juli 1892 und v. 8. Mai 1895, betr. die Ausführung des G. v. 19. Mai 1891 (RGB. 1892 S. 674 und RGB. 1895 S. 232), Bekanntm. v. 23. Juli 1893 (RGB. S. 227), Bekanntm. v. 1. Febr. 1894, betr. die Anerkennung ausländischer Prüfungszeichen für Handfeuerwaffen im Deutschen Reich (RCB. S. 20), Bekanntm. v. 30. Juni 1894 (RCB. S. 350), endlich V. v. 20. Dez. 1892 über die

Inkraftsetzung des G. v. 19. Mai 1891 (RGB. 1892 S. 1055).

V. Anhang.

RG. v. 12. März 1893, betr. die Einführung einer einheitlichen Zeitbestimmung (RGB. S. 93), abgeändert durch RG. v. 31. Juli 1895 (RGB. S. 426).

Sachregister.

Die Zahlen bedeuten die Seiten.

A.

E.

G.

H.

J.

L.

M.

N.

O.

R.

S.

T.

U.

W.

Druckfehler.

S. 131, Zeile 14, **Dienst**reisen statt Durchreisen.

S. 150, Zeile 8, Zollvereins**grenze** statt Zollvereinsgesetze.

Druck von Otto Walter, Berlin S.

J. Guttentag, Verlagsbuchhandlung, G. m. b. H.
in Berlin SW48, Wilhelmstraße 119/120.

Bürgerliches Gesetzbuch

nebst Einführungsgesetz.

Mit Einleitung, Anmerkungen und Sachregister.

In Verbindung mit

Dr. F. André, a. o. Professor,
M. Greiff, Amtsgerichtsrath,
F. Ritgen, Amtsrichter,
Dr. K. Unzner, Landgerichtsrath,

f. Z. Schriftführer bei der Kommission für die zweite Lesung des Entwurfs eines Bürgerlichen Gesetzbuchs,

herausgegeben

von

Dr. A. Achilles,
Reichsgerichtsrath a. D.

f. Z. Kommissar des Reichs-Justizamts bei derselben Kommission.

Zweite, vermehrte Auflage.

8°. In eleg. Leinenband. Preis 5 Mk. 50 Pf.

FSC
www.fsc.org
MIX
Papier | Fördert
gute Waldnutzung
FSC® C083411

Kolibri 360 GmbH
Ferdinand-Jühlke-Straße 7
99095 Erfurt, Deutschland
produktsicherheit@kolibri360.de